手把手教你
编制高质量
现金流量表
从入门到精通
|第2版|

徐峥 夏诗源 著

机械工业出版社
China Machine Press

图书在版编目（CIP）数据

手把手教你编制高质量现金流量表：从入门到精通 / 徐峥，夏诗源著 . --2 版 . -- 北京：机械工业出版社，2022.4
ISBN 978-7-111-70444-7

I. ①手… II. ①徐… ②夏… III. ①现金流量表 – 编制 – 基本知识 IV. ① F231.5

中国版本图书馆 CIP 数据核字（2022）第 049442 号

本书的目的是不仅带你认识现金流量表常规知识，还带你掌握如何编制高质量现金流量表。作者用其十几年的审计经验、培训心得，写成了本书，详细介绍了现金流量表相关的基本准则、编制的基本原理与思路、不同行业的编制实例、合并现金流量表的编制技巧，以及常见的现金流量表编制过程中的问题等。

本书第 2 版根据新的法规政策，做了相应实务处理修订。本书中的案例全部来自作者接触过的真实事例，在表现形式上，力求模拟实务工作的真实场景，说透现金流量表的编制原理与操作的基本思路。本书将在现金流量表相关的工作中容易遇到的困难一一道来，并提出实际的解决思路。因此，这不是一本纯理论的图书，而是一本以理论为基础的实务工作操作指南，是从事财务、会计、审计、教学等工作的人学习和应用现金流量表的好帮手。

手把手教你编制高质量现金流量表
从入门到精通 第 2 版

出版发行：机械工业出版社（北京市西城区百万庄大街 22 号　邮政编码：100037）	
责任编辑：刘新艳	责任校对：殷　虹
印　　刷：北京诚信伟业印刷有限公司	版　　次：2022 年 5 月第 2 版第 1 次印刷
开　　本：170mm×230mm　1/16	印　　张：21
书　　号：ISBN 978-7-111-70444-7	定　　价：69.00 元

客服电话：（010）88361066　88379833　68326294　　投稿热线：（010）88379007
华章网站：www.hzbook.com　　读者信箱：hzjg@hzbook.com

版权所有 • 侵权必究
封底无防伪标均为盗版

前 言
Preface

近年来，数只曾经公认的"明星股""白马股"纷纷被曝出财务造假，康美药业通过财务不记账、虚假记账等方式虚增货币资金，康得新通过虚构销售业务、虚构费用等方式虚增营业收入和成本费用，瑞幸咖啡发布公告自曝财务造假，确认虚增销售额……这些公司的造假，让无数机构和投资人损失惨重，极大地影响了投资人的信心，也让投资人对企业提升会计信息披露质量有了更高的呼声。

事实上，多年来，大家一直认为，尽管财务业绩容易借助各种方式造假，但现金流量是不易造假的指标。因为现金流量的造假，并非企业内部之力可以实现的，需要外部机构银行的配合。

但是，多年来，现金流量的好坏一直是一个比较模糊的标准，不同行业和企业现金流量的列报都有其各自的特点，一般资本市场人士也对现金流量表缺乏足够的重视，难以通过现金流量表展现的信息探究企业经营的现状。

此外，尽管现金流量表是"四表一注"中的重要组成部分，一直被投资人、债权人、税务机关、证监会等关注，但是，很多投资人、债权人，甚至一些行业内的专业人士对这张表的原理知之甚少。究其原因，主要是目前我国现金流量表准则的制定步伐落后于日新月异的经济社会，部分企业还依赖于会计软件或者请会计师事务所来编制现金流量表，当前会计实务领域在现金流量表方面的研究还较为匮乏。

如果你正为现金流量表的编制不平衡而焦虑，如果你正为收到现金流量表的问询而苦恼，如果你正为现金流量表的编制原理而困惑，如果你对现金流量表的阅读和理解还缺少相应的思路，那么，本书会给你一把解决问题的钥匙，让你掌握编制现金流量表的思路。

本书的特点在于：

- 用简单通俗的语言，通过实例或案例解决现金流量表的原理问题，避免读者生搬硬套，让读者真正理解原理，学会以不变应万变，通过原理解决千变万化的实务问题。
- 《企业会计准则第31号——现金流量表》自2006年发布以来一直未予修订，较多经济业务和事项在准则中缺乏明确的指引。本书对准则中未明确、未规范的经济事项的编制，从实务原理出发，提供了解决的思路和方法。
- 金融工具准则、收入准则、租赁准则等新准则修订实施，财务报表格式多次修订，使现金流量表编制的实务中存在着较多令人困惑的地方。本书将从原理出发探寻新准则、新报表格式对现金流量表列报的影响。
- 详尽介绍了合并现金流量表的编制原理，采用对比分析的方法阐述了合并现金流量表的编制过程，运用准则通过案例对报表编制给予了相关的指引。

这不是一本理论的准则图书，而是一本将理论与实务相融合的图书。本人来自实务一线，从审计执业人员到事务所的技术人员，具有丰富的实操经验。同时，专注现金流量表培训13年，并潜心思考，积累了大量的实务研究成果。本书是我13年的专业经验的总结与分享，将准则中未予明确的问题一一揭开，为读者提供了解决问题的方法和思路。

距第一次在网络课堂上为学员讲授"现金流量表的实务编制与分析"课程，已经过去了13年的时光。岁月悠长、平静，如梭飞逝，学员和读者的陪伴，温暖了寂寥的写书时光。愿艰难困苦后终能玉汝于成，愿曾经的梦想终能被光照亮，愿所有读者终能开卷有益。如果你通过书中的文字，能够收获一份豁然开朗，那么，我所有的付出就都是值得的。感谢每一位选择了本书的读者，让我们在岁月长河中共同收获与成长。

徐峥

2022年1月8日

目录

前言

第1章 从净利润到净现金流量的演变 /1

1.1 传统利润表中"净利润"的定义 /1
1.2 净利润评价指标的不足 /2
  1.2.1 大量人为估计导致净利润指标存在一定的主观性 /3
  1.2.2 利润表指标在使用过程中存在固有限制 /4
1.3 净现金流量指标的定义 /4
1.4 从净利润到净现金流量的发展变化 /5
1.5 评价收益质量的意义 /8

第2章 现金流量表的定义和意义 /10

2.1 现金流量表的定义 /10
2.2 现金流量表的基本原理 /11
2.3 现金流量表相关准则的出台背景 /11
2.4 我国现金流量表列报的发展与变迁 /12
  2.4.1 现金流量表的雏形:"财务状况变动表" /12
  2.4.2 对"财务状况变动表"增加具体列报项目 /13

2.4.3 财务状况变动表的列报规范 / 13

2.4.4 以现金为基础的现金流量表准则正式颁布 / 13

2.4.5 现金流量表中出现了"货币资金" / 14

2.4.6 对现金流量表的设置和结构予以修订 / 15

2.4.7 《企业会计准则第31号——现金流量表》发布 / 15

2.5 中国的现金流量表准则与国际现金流量表准则的差异 / 16

2.5.1 编制基础的差异 / 17

2.5.2 编制方法的差异 / 17

2.5.3 现金流量分类的差异 / 18

2.5.4 经营活动、投资活动和筹资活动现金流量及其他现金流量内容 / 18

2.6 学习编制现金流量表的意义 / 20

第3章 现金流量表的基本概念 / 22

3.1 什么叫现金及现金等价物 / 22

3.2 "货币资金"与"现金及现金等价物"的关系 / 23

3.3 什么叫"现金流量"和"现金流量净额" / 24

第4章 现金流量表的基本结构 / 26

4.1 一般企业现金流量表的基本格式和结构 / 26

4.1.1 现金流量表主表格式 / 26

4.1.2 现金流量表附注 / 28

4.2 金融企业现金流量表的基本格式和结构 / 32

4.3 各行次主要内容解析 / 35

4.3.1 什么是经营活动现金流量 / 35

4.3.2 什么是投资活动现金流量 / 36

4.3.3　什么是筹资活动现金流量　/ 37

4.3.4　如何理解"汇率变动对现金流量的影响"　/ 39

4.3.5　初步了解"将净利润调节为经营活动现金流量"　/ 39

4.3.6　初步了解"不涉及现金收支的重大投资和筹资活动"　/ 41

4.3.7　现金流量表附注的其他组成　/ 41

第5章　现金流量表的编制方法及调整思路　/ 42

5.1　现金流量表常用的编制方法　/ 42

5.2　编制现金流量表前的准备工作　/ 43

5.3　各种编制方法的编制思路　/ 43

　　5.3.1　工作底稿法的编制思路　/ 43

　　5.3.2　T形账户法的编制思路　/ 45

　　5.3.3　公式分析法的编制思路　/ 45

　　5.3.4　记账凭证法的编制思路　/ 47

　　5.3.5　明细分类账法的编制思路　/ 47

　　5.3.6　间接法的调整思路　/ 47

　　5.3.7　记账凭证、账簿、报表相结合的编制方法　/ 49

　　5.3.8　编制现金流量表时应注意的其他问题　/ 51

第6章　现金流量表的编制原理及检验标准　/ 52

6.1　现金流量的分类原则　/ 52

　　6.1.1　三大活动的主要内容　/ 52

　　6.1.2　会计方法的选择对现金流量分类的影响　/ 54

6.2　现金流量表的编制原则　/ 56

6.3　现金流量表的编制原理　/ 57

6.4 现金流量表的编制基础 / 59

6.5 用直接法编制现金流量表的不足 / 61

6.6 现金流量表的合格标准 / 61

6.7 主表与附注的钩稽关系 / 62

6.8 现金流量表主表与附注和另两大报表的钩稽关系 / 62

第7章 各项目现金流量的调整思路 / 66

7.1 经营活动现金流量项目的调整 / 66

    7.1.1 销售商品、提供劳务收到的现金 / 67

    7.1.2 收到的税费返还 / 75

    7.1.3 收到其他与经营活动有关的现金 / 75

    7.1.4 购买商品、接受劳务支付的现金 / 77

    7.1.5 支付给职工以及为职工支付的现金 / 82

    7.1.6 支付的各项税费 / 84

    7.1.7 支付其他与经营活动有关的现金 / 84

7.2 投资活动现金流量项目的调整 / 84

    7.2.1 收回投资收到的现金 / 85

    7.2.2 取得投资收益收到的现金 / 86

    7.2.3 处置固定资产、无形资产和其他长期资产收回的现金净额 / 87

    7.2.4 处置子公司及其他营业单位收到的现金净额 / 87

    7.2.5 收到其他与投资活动有关的现金 / 88

    7.2.6 购建固定资产、无形资产和其他长期资产支付的现金 / 89

    7.2.7 投资支付的现金 / 89

    7.2.8 取得子公司及其他营业单位支付的现金净额 / 90

7.2.9　支付其他与投资活动有关的现金 / 91

7.3　筹资活动现金流量项目的调整 / 91

　　　7.3.1　吸收投资收到的现金 / 91

　　　7.3.2　取得借款收到的现金 / 92

　　　7.3.3　收到其他与筹资活动有关的现金 / 92

　　　7.3.4　偿还债务支付的现金 / 93

　　　7.3.5　分配股利、利润或偿付利息支付的现金 / 93

　　　7.3.6　支付其他与筹资活动有关的现金 / 93

7.4　"汇率变动对现金及现金等价物的影响"的调整 / 94

7.5　现金流量表附注的调整事项 / 97

第8章　新准则对现金流量表列报的影响 / 99

8.1　政府补助在现金流量表中的列报 / 99

　　　8.1.1　收到财政无偿拨款 / 99

　　　8.1.2　政府补助退回 / 104

　　　8.1.3　收到财政贴息 / 105

　　　8.1.4　收到税收返还 / 107

　　　8.1.5　无偿给予非货币性资产 / 107

8.2　金融工具在现金流量表中的列报 / 107

　　　8.2.1　确认金融资产的现金流量表列报 / 108

　　　8.2.2　发行交易性金融负债 / 111

　　　8.2.3　发行看涨期权 / 112

　　　8.2.4　套期保值业务 / 113

　　　8.2.5　金融资产转移的现金流量表列报 / 114

　　　8.2.6　利息列报对编制现金流量表的影响 / 115

8.3　新收入准则下现金流量表列报问题的探讨 / 116

8.3.1 现金流量表列报思路分析 / 117

8.3.2 修订后新增项目对现金流量表的影响 / 118

8.3.3 其他不影响现金流量的事项 / 122

8.4 新租赁准则对现金流量表列报的影响 / 123

第9章 生产型企业现金流量表编制实例分析 / 125

9.1 案例背景及相关资料 / 125

9.2 工作底稿法的编制步骤与方法 / 131

9.2.1 现金流量表主表的编制与调整 / 131

9.2.2 附注的编制与调整 / 144

第10章 商业企业现金流量表编制实例分析 / 147

10.1 案例背景及相关资料 / 147

10.2 用工作底稿法编制现金流量表 / 154

第11章 金融企业现金流量表编制实例分析 / 170

11.1 案例背景及相关资料 / 170

11.2 用工作底稿法编制现金流量表 / 175

第12章 合并现金流量表的编制 / 192

12.1 合并现金流量表概述 / 192

12.1.1 定义 / 192

12.1.2 编制原理 / 192

12.1.3 《企业会计准则》相关规定 / 193

12.1.4 可供选择的编制方法 / 194

12.1.5 常见的合并现金流量表需要抵销的项目 / 196

12.2 合并现金流量表和个别现金流量表的异同 / 200
    12.2.1 共同点 / 200
    12.2.2 主要区别 / 200
12.3 同一控制与非同一控制的合并形式对现金流量表的不同影响 / 202
12.4 合并现金流量表编制的基本过程 / 202
12.5 非同一控制下取得或处置子公司的合并现金流量表处理 / 208
    12.5.1 基本原理和思路 / 208
    12.5.2 非同一控制下增加子公司的合并现金流量表编制过程 / 209
    12.5.3 非同一控制下处置子公司的合并现金流量表编制思路 / 213
12.6 同一控制下合并现金流量表的基本思路 / 219
    12.6.1 同一控制下合并的经济本质 / 219
    12.6.2 合并现金流量表包含的内容 / 220
    12.6.3 与非同一控制下合并业务的不同点 / 220
    12.6.4 同一控制下合并业务现金流量的列示 / 221
    12.6.5 少数股东权益项目在合并现金流量表中的反映 / 221
12.7 其他应注意事项 / 222
12.8 现金流量表编制综合案例 / 223

第13章 现金流量表编制的常见问题及解决思路 / 237

13.1 现金流量表初稿无法平衡如何处理 / 237
    13.1.1 直接法下的检查与处理 / 237

13.1.2　间接法下的检查与处理　/ 238

13.2　银行承兑汇票保证金在现金流量表中的列报　/ 244

13.3　定期存款在现金流量表中的列报　/ 247

13.4　银行存款利息收入在现金流量表中的列报　/ 249

13.5　"以前年度损益调整"的处理　/ 249

13.6　汇兑损益在现金流量表中的列报　/ 250

13.7　现金流量是以总额反映还是以净额反映　/ 252

13.8　核销应收款项转销的坏账准备在现金流量表上如何列报　/ 252

13.9　外币现金流量表折算为本位币报表时，主表和补充资料分别使用何种折算汇率　/ 252

13.10　注销清算子公司的现金流量表问题　/ 254

13.11　房地产公司将开发的项目转为自用时在现金流量表上如何归类　/ 254

13.12　公司在研发活动中发生的现金流出应在经营活动还是投资活动中列报　/ 256

13.13　关联方之间的资金拆借在现金流量表中的列报　/ 257

13.14　保理业务在现金流量表中的列报　/ 259

13.15　企业购买理财产品产生利息收入的现金流量表列报　/ 261

13.16　填列"利息收入、支付的金融机构手续费"时应注意哪些事项　/ 261

13.17　"支付给职工以及为职工支付的现金"与相关会计科目存在什么样的钩稽关系　/ 262

13.18　商业汇票背书在现金流量表中的列报　/ 263

13.19 向有关劳务中介机构支付的劳务费用在现金流量表中的列报 / 264

13.20 固定资产盘亏在现金流量表中的列报 / 266

13.21 安全生产费在现金流量表中的列报 / 267

13.22 现金捐赠在现金流量表中的列报 / 269

13.23 递延所得税资产或负债在附注中如何列报 / 270

13.24 发行债券收到的现金净额在现金流量表中的列报 / 271

13.25 处置金融性资产时差价现金在现金流量表中的列报 / 272

13.26 现金折扣和商业汇票贴现息在现金流量表中的列报 / 273

13.27 "固定资产报废损失"项目在现金流量表中的列报 / 276

13.28 附注中存货的变动如何填列 / 277

13.29 因银行承兑汇票贴现而取得的现金在现金流量表中的列报 / 279

13.30 定期存单的质押与解除质押业务 / 279

13.31 关联方之间的票据如何抵销和还原 / 279

13.32 现金流量表的行次可以出现负数吗 / 281

13.33 手工账的情况下如何编制现金流量表 / 282

13.34 如何快速用 Excel 编制现金流量表 / 285

  13.34.1 基本思路 / 286

  13.34.2 Excel 现金流量表编制的具体步骤 / 286

第 14 章 现金流量表的实务分析 / 290

14.1 现金流量表分析的主要内容 / 291

14.2 现金流量表分析的作用 / 292

14.3 现金流量表分析中应关注的常见问题 / 295

14.4 现金流量表的分析方法 / 297

14.5 现金流量表结构分析 / 299

    14.5.1 现金流量表结构分析的重要性 / 299

    14.5.2 现金流量表结构分析的主要方式 / 300

    14.5.3 现金流量表结构分析的内容 / 300

14.6 偿债能力分析 / 301

    14.6.1 现金流量偿债能力分析的意义 / 301

    14.6.2 通过现金流量的相关指标对偿债能力进行分析 / 303

14.7 趋势分析 / 308

14.8 支付能力分析 / 312

14.9 对现金流量表应做综合性的分析 / 315

14.10 重点关注现金流的操纵 / 316

参考文献 / 319

第 1 章

从净利润到净现金流量的演变

1.1 传统利润表中"净利润"的定义

执行《企业会计准则》的企业,所编制的一套完整的财务报表至少应包括"四表一注",即资产负债表、利润表、现金流量表、所有者权益变动表(或股东权益变动表)和财务报表附注。四张报表和附注不是独立存在的,报表与报表之间,报表与附注之间,都存在着密切的关联。

资产负债表是一张静态报表,反映企业在资产负债表日资产、负债和所有者权益的状况,展现了企业的财务状况。利润表则是一张动态的期间报表,反映企业在一定会计期间的经营成果,记录了企业以什么样的成本费用,获得了多少收入,最终的实际盈亏情况如何。现金流量表反映企业在一定会计期间内经营活动、投资活动和筹资活动对其现金及现金等价物所产生的影响。所有者权益变动表是反映企业在一定会计期间内所有者权益变动情况的报表。财务报表附注是对资产负债表、利润表和现金流量表的有关内容与项目所做的说明和解释,帮助财务报表使用者深入了解基本财务报表。

四大报表中,利润表是报表使用人非常关注的一张报表。利润表是对资产负债表的补充,是对资产负债表中的未分配利润形成的具体反映。利润表的结构如图 1-1 所示。

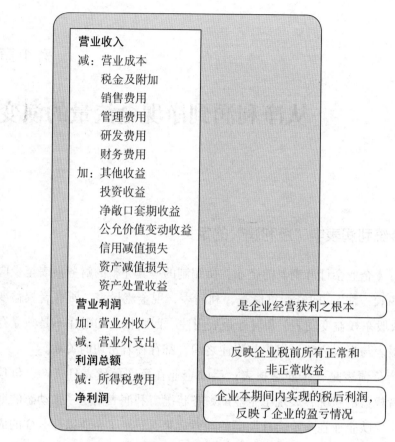

图 1-1 利润表的结构图

从图 1-1 可知，企业的净利润是指利润总额按规定缴纳了企业所得税后的利润留成，一般被称为税后利润。净利润是一个企业经营的最终成果，净利润多，企业的经营效益就好；净利润少，企业的经营效益就差。它是衡量一个企业经营效益的重要指标。

1.2 净利润评价指标的不足

净利润是评价一个企业经营成果的重要指标，客观地反映了企业经营效益情况。但是，对于报表使用者来说，如果单一地使用净利润这一指标，存在着较多的不足。主要原因在于净利润指标的计算以权责发生制为基础，在这种基础下，一方面，净利润的计算含有大量的主观估计因素；另一方面，收入和费用的确认并不以是否有货币资金的流入和流出为前提。

1.2.1　大量人为估计导致净利润指标存在一定的主观性

净利润指标的计算以权责发生制为基础。在净利润的计算中，大量运用了应计、摊销、递延和分配程序，使得净资产和净利润信息中含有大量人为主观的估计。权责发生制又称应收应付制原则，是指以应收应付为确定本期收入和费用的标准，而不管货币资金是否在本期收到或付出。也就是说，一切要素的时间确认，特别是收入和费用的时间确认，均以权利已经形成或义务（责任）已经发生为标准。在这种情况下，即使发生的收入和费用在本期并未产生货币资金的流入和流出，也应确认其对利润的影响。

在权责发生制的核算基础下，存在大量主观人为估计。

比如，固定资产折旧计入相关的成本费用，对企业的净利润影响较大。固定资产的成本，是在购置时发生的。因为其属于企业的长期资产，一次计入当期费用，不利于对企业的成本效益情况进行客观分析。故根据权责发生制原则，固定资产的折旧，是分期计入所涵盖的会计期间的。折旧计算所用的残值率、折旧期限以及折旧方法等，都存在大量的人为判断与估计，不同方法的选择会对净利润产生不同的影响。

又如，职工薪酬的计提，根据受益原则计入相应的成本费用科目。无论是否实际列支，只要属于本期间发生，均计入当期成本费用。所计提的费用、在成本费用中的分摊，均是人为判断的结果。

再如，资产减值损失是指企业在资产负债表日，经过对资产的测试，判断资产的可收回金额低于其账面价值而计提资产减值损失准备所确认的相应损失。资产减值损失的范围主要是对固定资产、无形资产、对子公司和联营企业以及合营企业的长期股权投资等企业拥有的资产所计提的减值准备。在资产减值损失的计提中，其可收回金额存在人为判断确定的因素。可见，资产减值损失的计提对企业净利润的影响较大，受人为因素影响也较大。

除了以上所列举的存在人为影响因素的会计事项处理，在实际工作中，影响利润的人为因素还有很多，如公允价值变动的确认、无形资产的摊销等。因此，利润表的净利润指标存在较多的人为影响因素。

此外，还存在利用会计政策操纵利润的情况。企业操纵利润的方式通常有：过早确认收入，确认虚假收入，利用一次性或非持续性的活动推高利润，将当期费用推迟到以后期间确认，使用其他手法隐瞒费用或损失，将当期利润推迟到以后期间确认，将未来费用确认在当期，改变会计政策等。

例：某公司2022年度净利润大幅增长，增速超过50%。从年报可知，公司于报告年度进行了一个重要的会计政策变更，即将投资性房地产从成本计量模式变更为以公允价值计量。

由此可见，利用会计政策的变更，可以对利润产生较大的调整。这也充分说明，仅利用净利润来评价一个企业的经营情况，存在一定的不足。

1.2.2 利润表指标在使用过程中存在固有限制

利润表所反映的损益信息存在一定的固有限制。比如，实现的利润并不一定已取得现金，如实现的销售收入仍存在收不到现金而发生坏账的可能性。计提的费用或支出也并不一定必然导致现金的流出。因此，如果仅将净利润作为重要指标，对报表使用人来说是不全面的。

1.3　净现金流量指标的定义

在资金链左右企业正常周转的情况下，企业有可能因为资金链断裂而倒闭或重组。现金流是企业最重要的财务指标之一，投资者及其他报表使用者对企业现金流量表的关注应远远超过其他报表。

净利润和净现金流量都是反映企业在一定会计期间内盈利能力和盈利水平的财务指标。净利润是静态指标，反映的是企业在一定会计期间内的经营成果。净现金流量是动态指标，是一定会计期间内现金及现金等价物的流入（收入）减去流出（支出）的余额（净收入或净支出），反映了企业本会计期内净增加或净减少的现金及现金等价物数额。净利润指标界定的基础是权责发生制，而净现金流量指标界定的基础是收付实现制。以收付实现制为原则，排除了人为主观认定和人为估计的因素干扰。同时，它不仅考虑了现金流量的数量，而且考虑了收益的时间和货币的时间价值。它还是税后指标。因此净现金流量比净利润更能客观地反映企业或技术资产的净收益。

在现金流量表中，净现金流量根据其来源被划分为三类：经营活动的净现金流量、投资活动的净现金流量和筹资活动的净现金流量，分别反映三大活动的现金流量的变动额。

1.4 从净利润到净现金流量的发展变化

要阐述从净利润到净现金流量的发展变化，我们先来看下面两个小案例。

【例 1-1】 甲公司生产的产品实现收入 2 000 万元，实际收到 1 000 万元，其他暂计入应收账款。从供应商处购买了 600 万元的原材料，均为实际付现，未记应付账款。假定公司其他方面的开支忽略不计，不考虑税费因素。据此计算净利润和净现金流量。

解析：

在现金流量表中，净现金流量的计算过程列示如下：

现金流入量：1 000 万元。

现金流出量：600 万元。

净现金流量＝现金流入－现金流出＝1 000万元－600万元＝400万元

计算依据：收付实现制。

在利润表中，净利润的计算过程列示如下：

净利润＝收入－费用＝2 000万元－600万元＝1 400万元

计算依据：权责发生制。

从这个小案例可知，企业的净利润与净现金流量是不相等的。

导致两者不相等的主要原因：一是有大量的应收账款没有收回，使得企业现金没有更多地增加；二是企业偿还了大量的债务或者购买了大量的材料而未使用，导致现金没有随利润的实现而增加，但可能为下一期现金增加创造了条件。

【例1-2】 甲公司2022年所发生的经济业务汇总编制资产负债表、利润表和现金流量表如表1-1～表1-3所示（假设不考虑企业所得税的影响）。

表1-1 资产负债表简表

编制单位：甲公司　　　　　2022年12月31日　　　　　单位：万元

项目	金额	项目	金额
资产		负债	
货币资金	2 520	短期借款	700
应收账款	800	长期借款	1 300
存货	1 200	股东权益	
固定资产	2 040	实收资本	5 000
无形资产	760	未分配利润	320
资产总计	7 320	负债与股东权益总计	7 320

表1-2 利润表简表

编制单位：甲公司　　　　　2022年度　　　　　单位：万元

项目	金额
营业收入	1 800
营业成本	1 000
管理费用	480
净利润	320

表 1-3 现金流量表简表

编制单位：甲公司　　　　　2022 年度　　　　　　　　单位：万元

项目	金额
经营活动产生的现金流量	
销售商品、提供劳务收到的现金	1 000
购买商品、接受劳务支付的现金	1 100
支付给职工以及为职工支付的现金	1 380
经营活动现金流量净额	−1 480
投资活动产生的现金流量	
购建固定资产、无形资产支付的现金	3 000
投资活动现金流量净额	−3 000
筹资活动产生的现金流量	
吸收股东投资收到的现金	5 000
取得借款收到的现金	2 000
筹资活动现金流量净额	7 000
现金及现金等价物净变动额	2 520

从上述报表可以看出，甲公司 2022 年度的净利润为 320 万元，但是经营活动现金流量净额为 −1 480 万元，原因一是价值 800 万元的产品销售出去以后没有收到现金形成的应收账款，原因二是有已支付现金但是尚未销售出去的 1 000 万元的存货。

在日常工作中，我们经常看到，有些企业，账上净利润充足，却没有足够的现金流量偿还到期债务。有些企业虽然净利润较少，现金流量却很充裕。所以，利润是算出来的，钱却是实实在在赚回来的。因此，在实际工作中，分析一个企业的经营状况，仅仅通过对净利润的分析，是不全面的。只有通过对现金流量表、利润表、资产负债表进行综合分析，才可以更清晰地了解企业本期的财务状况、经营活动以及现金流量情况，更全面地评价企业本期经营活动的质量，获悉企业经营活动的获利情况，有助于报表使用人做出相关决策，这也是编制现金流量表的意义所在。

1.5 评价收益质量的意义

收益质量是指会计收益所表达的与企业经济价值有关的信息的可靠程度。高质量的收益是指报表收益对企业过去、现在的经济成果和未来经济前景的描述是可靠和可信任的。反之，如果报表收益对企业过去、现在的经济成果和未来经济前景的描述具有误导性，那么该收益就被认为是低质量的。

收益可以从两个角度来理解：一方面，从信息角度看，收益主要是指会计报表上揭示的收益信息，是由企业提供并用来满足使用者需要的。因此，可以将其看作一种信息产品，并且这种产品会随着需要的变化而变化。既然收益信息这种产品是用来满足一定需要的，那么它就存在质量问题，收益信息必须具备一定的质量特征。信息的质量特征是有用性，为了满足有用性，信息必须具备两个主要特性——相关性和可靠性，其次还有可比性。

另一方面，从经济角度看，收益是指会计期间内经济利益的增加，反映了企业的盈利能力。报表使用者利用收益信息的主要目的是评价企业的收益状况，预测企业获得收益的前景。既然收益是指经济利益的增加，那么就有收益多少之分，相应地，企业的盈利能力也有强弱之别，因此也存在质量问题。所以，收益质量也应该包含收益在经济层面上的含义，此时收益质量反映的是企业的收益水平和收益能力。

一般来说，收益质量高的公司具有以下特点：

（1）有持续的、稳健的会计政策，该政策对公司财务状况和净收益的计量是谨慎的。

（2）公司的收益是由经常性的、与公司基本业务相关的交易所带来的，而不是一次性的。

（3）会计上反映的销售收入能迅速转化为现金，企业的债务水平适当，收益趋势是稳定的、可预测的。

因此，在实际工作中，评价一个企业的收益质量，比单纯评价一个企业的净利润指标更有意义。编制现金流量表的主要目的，是为会计报表使用者提供企业在一定会计期间内现金和现金等价物流入与流出的信息，以便会计报表使用者了解与评价企业获取现金和现金等价物的能力，并据以预测企业未来现金流量。通过现金流量表，能够从现金流量的角度评价企业的收益质量，因此，现金流量表的编制，对企业的财务分析、经营决策具有积极的意义。

第 2 章

现金流量表的定义和意义

2.1 现金流量表的定义

在《企业会计准则第 30 号——财务报表列报》中,财务报表被定义为是对企业财务状况、经营成果和现金流量的结构性表述。财务报表至少应当包括下列组成部分:

(1)资产负债表。

(2)利润表。

(3)现金流量表。

(4)所有者权益(或股东权益)变动表。

(5)附注。

现金流量表是财务报表中不可缺少的重要组成部分。在《企业会计准则》中,现金流量表的定义是反映企业在一定会计期间现金和现金等价物流入和流出的报表。从其定义可知,现金流量表与资产负债表不同,不是一个时点报表。现金流量表是一个期间报表,其反映的是现金和现金等价物在一定会计期间内的流入和流出情况。现金流量表的内容概括起来主要是回答以下三个问题:

(1)本期现金从何而来?

(2)本期的现金用向何方?

(3)现金余额发生了什么变化?

2.2　现金流量表的基本原理

企业应当以实际收付的现金及现金等价物为基础编制现金流量表，并且将现金流量划分为经营活动现金流量、投资活动现金流量和筹资活动现金流量。经营活动是指企业投资活动和筹资活动以外的所有交易和事项；投资活动是指企业长期资产的购建和不包括在现金等价物范围的投资及其处置活动；筹资活动是指导致企业资本及债务规模和构成发生变化的活动。企业应当结合行业特点判断相关业务活动产生的现金流量的分类。不同形式现金之间的转换以及现金与现金等价物之间的转换均不产生现金流量。

企业在对会计业务进行处理时，其会计分录通常分为以下三大类。

（1）不涉及现金流量表编制基础，不影响现金流量，如：

借：制造费用、管理费用等　　　　　　　　12 000

　　贷：累计折旧　　　　　　　　　　　　　　　12 000

（2）同时引起现金流量表编制基础变动，但不影响现金流量，如：

借：库存现金　　　　　　　　　　　　　　3 000

　　贷：银行存款　　　　　　　　　　　　　　　3 000

（3）单方面引起现金流量表编制基础变动，且影响现金流量，如：

借：银行存款　　　　　　　　　　　　　　10 000

　　贷：应收账款　　　　　　　　　　　　　　　10 000

上述三类事项中，（1）和（2）都不会影响现金流量，只有（3）会影响现金流量，对现金流量表主表产生影响。

2.3　现金流量表相关准则的出台背景

1971年3月，美国会计原则委员会发布了《第19号意见书》，明确要求企业编制能概括反映利润表编报期间财务状况变动的报表，美国会计原则委员会将之称为"财务状况变动表"。

1987年11月，美国财务会计准则委员会第95号文件《现金流量表》

中规定用"现金流量表"取代"财务状况变动表"。该文件于1988年正式生效。

1989年，国际会计准则理事会发布《国际会计准则第7号——现金流量表》，取代了1977年发布的《国际会计准则第7号——财务状况变动表》。

1992年，国际会计准则理事会更新的《国际会计准则第7号——现金流量表》正式发布。

为了适应社会主义市场经济发展的需要，规范企业现金流量表的编制方法及其应提供的现金流量信息，1995年4月21日我国财政部发布了《企业会计准则——现金流量表（征求意见稿）》，公开征求意见。在充分听取全国各方面以及国内外专家的意见和建议的基础上，1998年3月20日我国财政部发布了《企业会计准则——现金流量表》，并定于1998年1月1日起在所有企业施行。根据三年多的执行情况和经济环境的变化，我国财政部于2001年1月对该现金流量表准则进行了修订。为了完善我国会计准则体系，财政部于2006年2月发布了再次修订的现金流量表准则，并定名为《企业会计准则第31号——现金流量表》。

2.4 我国现金流量表列报的发展与变迁

2.4.1 现金流量表的雏形："财务状况变动表"

现金流量表的雏形，最早应追溯至1985年颁布的《中华人民共和国中外合资经营企业会计制度》。这一会计制度规范了我国第一张"现金流量表"，规定其主要用于说明财务状况变动的原因。

最初的现金流量表被称为"财务状况变动表"。在我国，现金流量表产生之前，企业列报的报表是资产负债表和利润表。资产负债表能够反映企业的财务状况，却不能反映财务状况变动的原因与过程，而以权责发生制为基础编制的利润表有收入和成本计量存在较多人为估计的缺陷。因此，要求企业披露财务状况变动表，能够动态地反映企业在一定时期内的财务状况变化原因，有助于预测企业未来的财务风险。

我国最初的"现金流量表"是以流动资本为基础编制的，分别采用不同方法计算、列报流动资本增减的原因与结果。其基本理念是将流动资本作为企业财务支付能力，分析财务支付能力变动的原因，展示这些原因导致的流动资产与流动负债的变化结果。财务状况变动表是现金流量表的雏形，揭示了企业财务状况变动的原因，并对应地反映了财务状况变动的结果。

2.4.2 对"财务状况变动表"增加具体列报项目

1992年，在1985年发布的《中华人民共和国中外合资经营企业会计制度》的基础上，财政部发布了《中华人民共和国外商投资企业会计制度》，对财务状况变动表增加了具体的列报项目，如长期投资溢价摊销（减折价摊销）、应付公司债折价摊销（减溢价摊销）、捐赠固定资产支出等具体项目，主要是因为经济环境、政策的变化和认识更加缜密。

2.4.3 财务状况变动表的列报规范

财务状况变动表的列报规范发布于1992年，"两则两制"[⊖]时期所规范的《财务状况变动表》适用于内资的工业企业，而2.4.2节中提及的《财务状况变动表》适用于在中国境内设立的外商投资企业。两者相比，主体结构没有变化，列报的指导思想也没有变化。但是，由于内资企业与外资企业的财务政策不同，因此有些允许外商投资者收回投资等财务规定对内资企业不适用。

2.4.4 以现金为基础的现金流量表准则正式颁布

因为将流动资本作为企业的支付能力具有很大的不确定性，为帮助报表使用者正确地认识企业的支付能力，将以流动资本为基础的财务状况

⊖ 两则即《企业会计准则》《企业财务通则》，两制即《行业会计制度》《行业财务管理制度》。

变动表改为以现金为基础的现金流量表成为时代需求。

1995年财政部发布了《企业会计准则——现金流量表（征求意见稿）》。1998年3月20日《企业会计准则——现金流量表》正式发布。现金流量表的出现，改变了财务状况变动表的编制基础，将过去的以流动资本为基础，改为以现金为基础。这张表分为主表与附注。主表从正面列示现金流入与流出的具体原因。这种列报方法被称为直接法。附注采用的是继承性的间接法。间接法对净利润进行调整，即从"净利润"项目开始到"递延所得税贷项"，反映企业"本期经营活动应该取得的现金利润"，后面从"存货的减少"到"增值税增加净额"项目，说明"本期经营活动应该取得的现金利润"不等于"实际经营活动取得的现金利润"的原因。

现金流量表的变革，开始建立现金为王的财务管理意识，区分不同活动的现金流入、流出列报，将企业的现金收支活动按其特征分为"经营活动""投资活动""筹资活动"。前面讲过，经营活动，是指投资活动和筹资活动之外的所有交易和事项，即企业创造增量价值的日常活动。投资活动，是指企业长期资产的购建和不包括在现金等价物范围的投资及其处置活动。筹资活动，是指导致企业资本及债务规模和构成发生变化的活动。经营活动的现金流入给企业注入了血液，经营活动现金流入大于流出，说明企业取得了增量血液——现金利润。投资活动的现金流入除了收到股利或利息外，主要是处置投资，这种现金流入可能会削弱企业持续经营的能力，投资活动的现金流出主要是购建长期资产，为企业今后发展积蓄能量。筹资活动的现金流入除发行股票外，大多是增加借款，这将增加企业的破产风险，提高资本成本，筹资活动的现金流出会直接减少企业的现金流，影响企业可持续发展。现金流量表分不同活动列报现金流入、流出的目的是为报表使用者预测企业未来财务前景提供更加有用的信息。

2.4.5 现金流量表中出现了"货币资金"

1998年，财政部发布了《股份有限公司会计制度——会计科目和会计报表》，这一规范下的现金流量表直接法没有变化，但是现金流量表附注的列报发生了概念性的变化。现金流量表中出现"货币资金"的概念。我国第 1 版现金流量表准则中对"现金"进行了明确界定：现金，指企业库存现金以及可以随时用于支付的存款。"现金"不等于"货币资金"。"货币资金"中包括锁定用途的存款，而"现金"是可以随时用于支付的库存现金及存款。

2.4.6 对现金流量表的设置和结构予以修订

2001 年，财政部对现金流量表的设置和结构予以修订。与 1998 年发布的《股份有限公司会计制度——会计科目和会计报表》对现金流量表的列报要求相比，这次的主要变化是：

（1）现金流量表主表结构没有变化，但在项目设置上进行了简化，如取消了"经营活动产生的现金流量"中的"收到的增值税销项税额""收到租金"等项目；在不影响报表使用者做出正确认识的基础上，合并了一些项目，提高了编制效率与质量。投资收益的现金流入不再区分股权投资收到的股利或利润与债权投资收到的利息收入。

（2）补充资料结构发生了变化，突出了"将净利润调节为经营活动的现金流量"，将"不涉及现金收支的投资和筹资活动"放在了第二部分。第二部分中删除了"以存货偿还债务"，因为处置存货属于经营活动，所以在"将净利润调节为经营活动的现金流量"中增加了"其他"非现金活动对经营性资产的影响。

（3）补充资料中"货币资金"的概念改为"现金"，不再出现"资产负债表"与"现金流量表"概念混用的现象。

2.4.7 《企业会计准则第 31 号——现金流量表》发布

2006 年财政部发布了《企业会计准则第 31 号——现金流量表》，对现金流量表做了进一步的规范和完善。这个准则规定了现金流量表主表的列报方法为直接法。和 2001 年的列报要求相比，现金流量表增加了比较信息——"上年金额"栏，向报表使用者提供了评价、参考、预测未来的有用信息。

主表的主要变化：增加了"期末现金及现金等价物余额"项目；增加了"汇率变动对现金及现金等价物的影响"，把现金等价物与现金同等对待；增加了企业重组对现金流量影响的信息，在投资活动现金流入中增加了"处置子公司及其他营业单位收到的现金净额"，在投资活动现金流出中增加了"取得子公司及其他营业单位支付的现金净额"。

附注的主要变化：因为《企业会计准则》的"资产负债表"取消了"待摊费用"与"预提费用"项目，所以现金流量表附注中取消了"待摊费用""预提费用"的调整项目；2001 年《企业会计准则》引入"公允价值计价模式"，导致了不影响现金流量的损益的确认需要由权责发生制调整为收付实现制，增加了"公允价值变动损失"调整项目；由于《企业会计准则》规定所得税由过去的"应付税款法"改为"资产负债表债务法"，确认了不影响现金流量的"递延所得税费用"，因此将过去的"递延税款贷项"改为两个调整项目，即加："递延所得税资产减少"（减：增加），加："递延所得税负债增加"（加：减少）。

自 2006 年《企业会计准则第 31 号——现金流量表》发布后，现金流量表的准则一直未进行过大的修订。从我国社会主义市场经济体制改革以来现金流量表列报的变迁，可以看出人们对现金流量表认知的变化，以及报表使用者对现金流量表信息需求的变化。

2.5 中国的现金流量表准则与国际现金流量表准则的差异

在现行的会计准则下，除了小企业外，现金流量表是企业必须报送的报表之一。现金流量表的推行，对开展跨国经营、进行境外筹资、增强中国会计准则的国际化和加强国际经济合作起到积极的推动作用。对于进一步规范企业信息披露，提高会计信息的相关性和有用性，推动我国证券市场乃至整个市场经济的发展，具有积极的现实意义。

现金流量表的编制起源于 20 世纪 60 年代中期，美国最开始要求编制资金来源及应用的报告，到了 20 世纪 80 年代，美国要求企业必须提供现金流量表，国际会计准则随后也要求提供现金流量表及附注。如今，各国及国际会计准则都将现金流量表作为完整财务报告体系中不可或缺的一部分。现金流量表的编制目的是将现金流量表的数据转换成有助于信息使用者对经济主体行为进行可靠判断的信息，从而更好地满足会计信息使用者的需要。编制现金流量表的意义在于披露经营、投资、筹资活动的现金流量重要信息，揭示利润与现金流之间的钩稽关系。

2.5.1 编制基础的差异

我国将现金和现金等价物作为现金流量表的编制基础。国际会计准则中将"现金"定义为"库存现金和活期存款"，将"现金等价物"定义为期限短（不大于三个月）、流动性强、易于转化为已知金额的现金且价值变动风险较小的投资。在我国的《企业会计准则》中，"现金"的定义是：企业库存现金及可以随时用于支付的存款。"现金等价物"的定义为：企业持有的期限短⊖、流动性强、易于转换为已知金额现金、价值变动风险很小的投资。可见，我国的企业会计准则和国际会计准则对"现金"及"现金等价物"的定义是类似的。

2.5.2 编制方法的差异

我国《企业会计准则第 31 号——现金流量表》要求编制现金流量表必须采用直接法，同时要求在现金流量表附注中披露将净利润调节为经营活动现金流量的信息，但是没有在准则中明确规定用间接法，现金流量表

⊖ 没有明确定义具体期限，但《企业会计准则第 31 号——现金流量表》应用指南中解释了"期限短"以三个月为限。

准则应用指南中解释用间接法。国际会计准则在第18条中明确定义了直接法和间接法，企业可以按照两种方法之一"报告源于经营活动的现金流量"；在第19条中明确鼓励采用直接法，没有提及反对采用间接法，但提及"直接法提供了有助于估计未来现金流量但不能通过间接法获得的信息"。

2.5.3　现金流量分类的差异

国际会计准则委员会将现金流量分为经营活动现金流量、投资活动现金流量和筹资活动现金流量三大类。根据我国的实际情况，借鉴国际上多数国家和国际会计准则的处理方法，我国《企业会计准则第31号——现金流量表》将现金流量划分为经营活动产生的现金流量、投资活动产生的现金流量和筹资活动产生的现金流量三大类。我国的定义比国际会计准则的定义更严谨。

2.5.4　经营活动、投资活动和筹资活动现金流量及其他现金流量内容

1. 经营活动现金流量主要内容

我国《企业会计准则第31号——现金流量表》中经营活动现金流量主要内容为：销售商品、提供劳务收到的现金（不包括收到的增值税销项税额，扣除因销货退回支付的现金）；购买商品、接受劳务支付的现金（不包括能够抵扣增值税销项税额的进项税额，扣除因购货退回收到的现金）；支付的增值税税款（不包括不能抵扣增值税销项税额的进项税额）；支付的企业所得税税款（我国会计准则没有单独列示明确提及）等。

国际会计准则中经营活动现金流量主要内容为：所得税税款支出或退回（如果可以确认它归属于投资和筹资活动，则不在此列单独列示）。

2. 投资活动现金流量主要内容

我国《企业会计准则第31号——现金流量表》中投资活动现金流量

主要内容为：处置固定资产、无形资产和其他长期资产收回的现金净额（如为负数，应作为投资活动现金流出项目反映）；收回投资收到的现金；取得投资收益收到的现金等。

国际会计准则中投资活动现金流量主要内容为：取得其他企业的权益或债权性证券，以及与其他企业合营所导致的现金支出（不包括购买现金等价物或者为交易而持有的证券的现金支出）；出售其他企业的权益或债权性证券，以及在合营企业中的利息所取得的现金收入（不包括出售现金等价物或者为交易而持有的证券所取得的现金收入）；预支现金和贷款给其他企业（不包括金融机构的预支现金和贷款）；收回给其他企业的预支现金和贷款（不包括金融机构的预支现金和贷款）等。

3. 不涉及现金的投资和筹资活动的主要内容

我国《企业会计准则第31号——现金流量表》规定：对于不涉及当期现金收支，但影响企业财务状况或在未来可能影响企业现金流量的重大投资、筹资活动，也应在报表附注中加以说明，如企业承担债务形式、购置资产、以长期投资偿还债务等。

国际会计准则中规定：不需要使用现金或现金等价物的投资和筹资活动，不应包括在现金流量表中。这些交易应在其他财务报表中披露，以提供所有关于这些投资和筹资活动的相关信息。

我国会计准则与国际会计准则关于经营活动、投资活动和筹资活动现金流入或流出的具体条款不是完全对应的，概念表述差异如上所述，但《企业会计准则第31号——现金流量表》应用指南的解释又把这些差异调到基本意思接近，使得概念的总体内涵是相近的，意思表达的经济业务实质是相近的。

国际会计准则和我国会计准则虽然都是原则导向的，但是，可能是因为国际会计准则委员会的大部分委员都经历过美国规则导向的会计准则，所以国际会计准则比我国会计准则要繁复得多。

2.6 学习编制现金流量表的意义

现在很多财务软件提供自动编制现金流量表的功能。利用财务软件编制现金流量表，在系统初始设置时应充分考虑编制的要求。采用现金流量控制科目编制现金流量表需进行如下设置：①设置现金流量科目；②设置现金流量科目控制选项；③修改现金流量项目；④凭证填制分现金流量项目录入信息。

在填制凭证时，涉及现金流量科目时，必须将现金流量信息正确地记录到现金流量项目中，这样可将现金流量的归集处理工作分解到日常凭证填制中，可以有效地减轻期末业务的工作量。

用软件编制现金流量表的优点：在填制凭证时将涉及的现金流量科目分别归类至相关项目中，可以节约编制时间，提升工作效率，且每笔进行指定分类，相对来说，比其他调整分录法、公式分析法等方法更为精确。

用软件编制现金流量表的缺点：采用这种方法要求财务人员有较高的会计业务处理能力。如果财务人员业务水平不高，对现金流量表的原理缺少基本的理解，在填制凭证中指定分类项目时，容易归类不合理，从而导致现金流量表编制不准确。

作为一名财务人员，无论采用哪种方法编制现金流量表，都需要理解现金流量表的基本原理。任何一种软件，所实现的功能都是为了节约时间、提高效率。如果不理解原理，在填制凭证归类现金流量时，不能正确指定，会造成现金流量表分类不合理。同时，现金流量表附注对财务人员的分析能力要求更高。财务人员需要理解基本的原理，且对企业的现金流量情况有所了解，才能据以分析填列附注。

在实务中，现金流量表编制的难点主要在于：

（1）需要准确区分现金流量表的结构和各项目的定义。

（2）需要准确地解读现金流量表的经济意义。

（3）需要明白资产负债表、利润表和现金流量表之间的密切联系。

（4）需要准确地知道相应的业务在编制过程中应如何反映。

现金流量表框架中的每一个项目都有其自有的含义，每一个项目的编制也都不是一成不变的。尤其在今天，新的业务模式不断出现，会计准则在与时俱进的修订中也日趋复杂。在编制过程中，我们需要结合业务对每一个项目的定义进行分析。现金流量表的编制难点在于，每一个单位的经济业务都是千变万化的，每个行业也都有其自有的特点。因此我们要能够准确解读涉及的每一个项目的经济含义，选择最为合理的、符合企业实际现状的现金流量表的列报内容。

第 3 章

现金流量表的基本概念

3.1 什么叫现金及现金等价物

在现金流量表的相关定义中,"现金及现金等价物"是一个重要的概念,因为这是现金流量表编制的基础。

现金,是指企业库存现金以及可以随时用于支付的存款。可见,这里的"现金"是一个广义的概念,"现金"不仅包括"现金"账户核算的库存现金,还包括企业"银行存款"账户核算的存入金融企业、可以随时用于支付的存款,也包括"其他货币资金"账户核算的外埠存款、银行汇票存款、银行本票存款、信用证保证金存款和在途货币资金等其他货币资金。现金的主要特点是可以随时用于支付。

现金等价物,是指企业持有的期限短、流动性强、易于转换为已知金额现金、价值变动风险很小的投资。其主要特点是金额确定、流动性强、易变现、期限短。

由以上表述可知,一般来说,短期债券投资可以称为现金等价物,因为其金额确定、容易变现且期限短,而股票投资不能被称为现金等价物,因为其变现金额不能确定。

通常情况下,企业的"货币资金"科目中,除了使用受限的货币资金,如不能随时支付的定期存款、使用受限的应收票据保证金等,其他均可以视为现金及现金等价物。

3.2 "货币资金"与"现金及现金等价物"的关系

根据以上表述,我们还可以知道,现金流量表中的"现金"不能等同于会计中的"库存现金",因为"现金"中还包含可以随时用于支付的银行存款。既然说可以随时用于支付的银行存款属于企业的"现金"范畴,那么,不可以随时用于支付的定期存款,或者银行的承兑汇票保证金等,是否属于"现金"呢?显然不属于。因此,如果企业的货币资金中均为可随时用于支付或可随时变现的款项,则资产负债表中的"货币资金"等同于"现金及现金等价物"。如果包含不可随时变现的款项,则"货币资金"在剔除这部分内容后才可以归类于"现金及现金等价物"。

【例3-1】 甲公司披露的2020~2022年的财务报表附注中,货币资金披露的具体明细项目如表3-1所示。

表3-1 甲公司2020~2022年财务报表附注中披露的信息

(单位:元)

项目	2022年12月31日	2021年12月31日	2020年12月31日
库存现金	34 758.82	3 158.82	9 934.55
银行存款	865 375 369.29	81 315 335.85	93 481 403.40
其他货币资金	321 835 654.65	232 043 254.45	230 743 381.73
合计	1 187 245 782.76	313 361 749.12	324 234 719.68

注:(1)2022年12月31日其他货币资金中银行贷款保证金为321 830 000.00元。
(2)2021年12月31日其他货币资金中银行贷款保证金为231 830 000.00元。
(3)2020年12月31日其他货币资金中银行贷款保证金为226 438 350.00元。

上述披露的银行贷款保证金为使用受限的货币资金,不属于现金及现金等价物。因此,现金流量表的附注中,对"现金及现金等价物"做如表3-2~表3-4所示的披露。

表 3-2　现金及现金等价物净变动

（单位：元）

现金及现金等价物净变动情况	2022 年 12 月 31 日	2021 年 12 月 31 日	2020 年 12 月 31 日
现金的期末余额	865 415 782.76	81 531 749.12	97 796 369.68
减：现金的期初余额	81 531 749.12	97 796 369.68	81 875 396.99
加：现金等价物的期末余额	—	—	—
减：现金等价物的期初余额	—	—	—
现金及现金等价物净增加额	783 884 033.64	−16 264 620.56	15 920 972.69

表 3-3　期末现金及现金等价物余额

（单位：元）

项目	2022 年 12 月 31 日	2021 年 12 月 31 日	2020 年 12 月 31 日
一、现金	865 415 782.76	81 531 749.12	97 796 369.68
其中：库存现金	34 758.82	3 158.82	9 934.55
可随时用于支付的银行存款	865 375 369.29	81 315 335.85	93 481 403.40
可随时用于支付的其他货币资金	5 654.65	213 254.45	4 305 031.73
二、现金等价物	—	—	—
三、期末现金及现金等价物余额	865 415 782.76	81 531 749.12	97 796 369.68

表 3-4　所有权或使用权受到限制的资产

（单位：元）

项目	2022 年 12 月 31 日	2021 年 12 月 31 日	2020 年 12 月 31 日	受限原因
其他货币资金	321 830 000.00	231 830 000.00	226 438 350.00	银行贷款保证金

3.3　什么叫"现金流量"和"现金流量净额"

在编制现金流量表的过程中，我们还要注意，"现金流量"和"现金流量净额"是两个不同的概念。

现金流量，是指企业在业务活动中产生的现金的流入和流出。其分类取决于所对应的业务活动，主要包括：

（1）经营活动产生的现金流量。经营活动是指企业投资活动和筹资活动以外的所有交易和事项。各类企业由于行业特点不同，对经营活动的认定也存在一定的差异。一般工商企业的经营活动包括销售商品、提供劳务、经营性租赁、购买商品、接受劳务、制造产品、广告宣传、销售产品、缴纳税款等。银行的经营活动主要包括吸收客户存款、发放贷款等。

（2）投资活动产生的现金流量。投资活动是指企业长期资产的购建和不包括在现金等价物范围的投资及其处置活动，包括取得或收回权益性证券的投资，取得或收回债券投资，购建和处置固定资产、无形资产与其他长期资产等。

（3）筹资活动产生的现金流量。筹资活动是指导致企业资本及债务规模和构成发生变化的活动，主要为筹集资金及偿还资金或给予资金回报的活动，包括吸收权益性资本、资本溢价、发行债券、借入资金、支付股利、支付利息、偿还债务等。

现金流量净额与现金流量有所区别，是指现金流入量和流出量的差额。现金流量表中既有各项目的现金流量，也有现金流量净额。我们在编制过程中，应该明确这两个概念。

第 4 章

现金流量表的基本结构

4.1 一般企业现金流量表的基本格式和结构

根据《企业会计准则第 31 号——现金流量表》，企业的现金流量表由经营活动产生的现金流量、投资活动产生的现金流量和筹资活动产生的现金流量三部分构成。通过分析现金流量的结构，可以了解企业现金的来龙去脉和现金收支构成，从而评价企业的经营状况、创现能力、筹资能力和资金实力。

现金流量表分为主表和附注（即补充资料）两大部分。主表的各项目金额实际上就是每笔现金流入、流出的归属，而附注的各项目金额则是相应会计账户的当期发生额或期末与期初余额的差额。

4.1.1 现金流量表主表格式

一般企业现金流量表主表格式如表 4-1 所示。

第4章 现金流量表的基本结构 27

表 4-1　一般企业现金流量表主表

编制单位：　　　　　　　　　　年　　月　　　　　　　　　　　　　会企 03 表
单位：元

项目	行次	本期金额	项目	行次	本期金额
一、经营活动产生的现金流量			取得子公司及其他营业单位支付的现金净额	21	—
销售商品、提供劳务收到的现金	1	—	支付其他与投资活动有关的现金	22	—
收到的税费返还	2	—	投资活动现金流出小计	23	—
收到其他与经营活动有关的现金	3	—	投资活动产生的现金流量净额	24	—
经营活动现金流入小计	4	—	三、筹资活动产生的现金流量	25	—
购买商品、接受劳务支付的现金	5	—	吸收投资所收到的现金	26	—
支付给职工以及为职工支付的现金	6	—	其中：子公司吸收少数股东投资收到的现金	27	—
支付的各项税费	7	—	取得借款收到的现金	28	—
支付其他与经营活动有关的现金	8	—	收到其他与筹资活动有关的现金	29	—
经营活动现金流出小计	9	—	筹资活动现金流入小计	30	—
经营活动产生的现金流量净额	10	—	偿还债务支付的现金	31	—
二、投资活动产生的现金流量	11	—	分配股利、利润或偿付利息支付的现金	32	—
收回投资收到的现金	12	—	其中：子公司支付给少数股东的股利、利润	33	—
取得投资收益收到的现金	13	—	支付其他与筹资活动有关的现金	34	—
处置固定资产、无形资产和其他长期资产收回的现金净额	14	—	筹资活动现金流出小计	35	—
处置子公司及其他营业单位收到的现金净额	15	—	筹资活动产生的现金流量净额	36	—
收到其他与投资活动有关的现金	16	—	四、汇率变动对现金及现金等价物的影响	37	—
投资活动现金流入小计	17	—	五、现金及现金等价物净增加额	38	—
购建固定资产、无形资产和其他长期资产支付的现金	18	—	加：期初现金及现金等价物余额	39	—
投资支付的现金	19	—	六、期末现金及现金等价物余额	40	—
	20	—			

4.1.2 现金流量表附注

1. 现金流量表项目

（1）收到其他与经营活动有关的现金（见表4-2）。

表 4-2

（单位：元）

项目	本期发生额	上期发生额
合计		

收到其他与经营活动有关的现金说明：……

（2）支付其他与经营活动有关的现金（见表4-3）。

表 4-3

（单位：元）

项目	本期发生额	上期发生额
合计		

支付其他与经营活动有关的现金说明：……

（3）收到其他与投资活动有关的现金（见表4-4）。

表 4-4

（单位：元）

项目	本期发生额	上期发生额
合计		

收到其他与投资活动有关的现金说明：……

（4）支付其他与投资活动有关的现金（见表4-5）。

表 4-5

（单位：元）

项目	本期发生额	上期发生额
合计		

支付其他与投资活动有关的现金说明：……

（5）收到其他与筹资活动有关的现金（见表4-6）。

表 4-6

（单位：元）

项目	本期发生额	上期发生额
合计		

收到其他与筹资活动有关的现金说明：……

（6）支付其他与筹资活动有关的现金（见表4-7）。

表 4-7

（单位：元）

项目	本期发生额	上期发生额
合计		

支付其他与筹资活动有关的现金说明：……

2. 现金流量表补充资料

现金流量表补充资料如表4-8所示。

表 4-8　现金流量表补充资料

年度

（1）现金流量表补充资料。　　　　　　　　　　　　　　　（单位：元）

项目	本期金额	上期金额
1. 将净利润调节为经营活动现金流量		
净利润		
加：资产减值准备		
信用减值准备		
固定资产折旧、油气资产折耗、生产性生物资产折旧		
无形资产摊销		
长期待摊费用摊销		
处置固定资产、无形资产和其他长期资产的损失（收益以"-"号填列）		
固定资产报废损失（收益以"-"号填列）		
公允价值变动损失（收益以"-"号填列）		
财务费用（收益以"-"号填列）		
投资损失（收益以"-"号填列）		
递延所得税资产减少（增加以"-"号填列）		
递延所得税负债增加（减少以"-"号填列）		
存货的减少（增加以"-"号填列）		
经营性应收项目的减少（增加以"-"号填列）		
经营性应付项目的增加（减少以"-"号填列）		
其他		
经营活动产生的现金流量净额		
2. 不涉及现金收支的重大投资和筹资活动		
债务转为资本		
一年内到期的可转换公司债券		
融资租入固定资产		
3. 现金及现金等价物净变动情况		
现金的期末余额		
减：现金的期初余额		
加：现金等价物的期末余额		
减：现金等价物的期初余额		
现金及现金等价物净增加额		

（2）本期支付的取得子公司的现金净额。

项目	金额（元）
本期发生的企业合并在本期支付的现金或现金等价物	
其中：××公司	
××公司	
减：购买日子公司持有的现金及现金等价物	
其中：××公司	
××公司	
加：以前期间发生的企业合并在本期支付的现金或现金等价物	
其中：××公司	
××公司	
取得子公司支付的现金净额	

（3）本期收到的处置子公司的现金净额。

项目	金额（元）
本期处置子公司在本期收到的现金或现金等价物	
其中：××公司	
××公司	
减：丧失控制权日子公司持有的现金及现金等价物	
其中：××公司	
××公司	
加：以前期间处置子公司在本期收到的现金或现金等价物	
其中：××公司	
××公司	
处置子公司收到的现金净额	

（4）现金及现金等价物的构成。　　　　　　　　　　　　（单位：元）

项目	期末余额	期初余额
一、现金		
其中：库存现金		
可随时用于支付的银行存款		
可随时用于支付的其他货币资金		
可用于支付的存放中央银行款项		
存放同业款项		
拆放同业款项		
二、现金等价物		
其中：三个月内到期的债券投资		
三、期末现金及现金等价物余额		
其中：母公司或集团内子公司使用受限制的现金和现金等价物		

3. 现金及现金等价物的披露格式

现金及现金等价物的披露格式如表4-9所示。

表　4-9

(单位：元)

项目	本期金额	上期金额
一、现金		
其中：库存现金		
可随时用于支付的银行存款		
可随时用于支付的其他货币资金		
可用于支付的存放中央银行款项		
存放同业款项		
拆放同业款项		
二、现金等价物		
其中：三个月内到期的债券投资		
三、期末现金及现金等价物余额		
其中：母公司或集团内子公司使用受限制的现金和现金等价物		

4.2　金融企业现金流量表的基本格式和结构

财政部于 2018 年 12 月 27 日发布了《关于修订印发 2018 年度金融企业财务报表格式的通知》(财会〔2018〕36 号)，为进一步规范金融企业财务报表列报，保证会计信息质量，根据《企业会计准则第 22 号——金融工具确认和计量》(财会〔2017〕7 号)、《企业会计准则第 23 号——金融资产转移》(财会〔2017〕8 号)、《企业会计准则第 24 号——套期会计》(财会〔2017〕9 号)、《企业会计准则第 37 号——金融工具列报》(财会〔2017〕14 号，以上四项统称为新金融工具准则)、《企业会计准则第 14 号——收入》(财会〔2017〕22 号，简称新收入准则)、《企业会计准则第 16 号——政府补助》(财会〔2017〕15 号)、《企业会计准则第 42 号——持有待售的非流动资产、处置组和终止经营》(财会〔2017〕13 号)七项企业会计准则的新变化，以及企业会计准则实施情况，对金融企业财务报表格式进行了修订。金融企业现金流量表样式如表 4-10 所示。

表 4-10 金融企业现金流量表样式

会金融 03 表

编制单位：_____   ___年__月   单位：元

项目	本期金额	上期金额
一、经营活动产生的现金流量：		
销售商品、提供劳务收到的现金		
[客户存款和同业存放款项净增加额]³		
[向中央银行借款净增加额]³		
向其他金融机构拆入资金净增加额		
[收到原保险合同保费取得的现金]²		
[收到再保业务现金净额]²		
[保户储金及投资款净增加额]²		
收取利息、手续费及佣金的现金		
拆入资金净增加额		
回购业务资金净增加额		
[代理买卖证券收到的现金净额]¹		
收到其他与经营活动有关的现金		
经营活动现金流入小计		
[客户贷款及垫款净增加额]³		
[存放中央银行和同业款项净增加额]³		
[支付原保险合同赔付款项的现金]²		
为交易目的而持有的金融资产净增加额		
拆出资金净增加额		
返售业务资金净增加额		
支付利息、手续费及佣金的现金		
[支付保单红利的现金]²		
支付给职工及为职工支付的现金		
支付的各项税费		
支付其他与经营活动有关的现金		
经营活动现金流出小计		
经营活动产生的现金流量净额		
二、投资活动产生的现金流量：		
收回投资收到的现金		
取得投资收益收到的现金		

（续）

项目	本期金额	上期金额
处置固定资产、无形资产和其他长期资产收回的现金净额		
收到其他与投资活动有关的现金		
投资活动现金流入小计		
投资支付的现金		
[返售业务资金净增加额]²		
[质押贷款净增加额]²		
购建固定资产、无形资产和其他长期资产支付的现金		
支付其他与投资活动有关的现金		
投资活动现金流出小计		
投资活动产生的现金流量净额		
三、筹资活动产生的现金流量：		
吸收投资收到的现金		
取得借款收到的现金		
发行债券收到的现金		
[回购业务资金净增加额]²		
收到其他与筹资活动有关的现金		
筹资活动现金流入小计		
偿还债务支付的现金		
分配股利、利润或偿付利息支付的现金		
支付其他与筹资活动有关的现金		
筹资活动现金流出小计		
筹资活动产生的现金流量净额		
四、汇率变动对现金及现金等价物的影响		
五、现金及现金等价物净增加额		
加：期初现金及现金等价物余额		
六、期末现金及现金等价物余额		

注1：[……]¹ 系证券公司专用项目，企业正式使用时不加方括号。下同。

注2：[……]² 系保险公司专用项目。

注3：[……]³ 系银行专用项目。

注4：无方括号和角标的项目为通用项目，适用于两类及两类以上金融企业。

4.3 各行次主要内容解析

4.3.1 什么是经营活动现金流量

在现金流量表的主表中，经营活动现金流量是单独列示的一个重要的组成部分。

企业的经营活动，指企业投资活动和筹资活动以外的所有交易和事项。以生产企业为例，经营活动就是一个产、供、销的过程。经营活动无时无刻不在影响三大报表。

经营活动的起点，是购买原材料用于生产经营，这就是生产过程中的"供"。这项活动，在增加存货的同时，减少货币资金或增加负债，增加企业的增值税进项税。"产"就是将买回来的材料用固定资产加工成产品，这项活动形成的是存货形态上和物质上的转变，在资产负债表上，影响的是企业的存货项目。此外，这项活动需要支付人员工资，支付日常经营费用，接受加工劳务等。"销"就是把生产出的产品销售出去的过程，这个过程将增加企业的货币资金或应收债权，增加企业的经营收入，增加相应应缴纳的税收，减少企业的产成品。同时，销售行为的发生，对应结转存货的成本，增加了利润表上的营业成本。产供销的过程，就是对人、财、物等生产要素的运用过程，在这个过程中，公司的存货不断发生变化，周而复始，利润表上的利润变大，资产负债表上的资产、负债、权益也就越来越大。

在这个过程中，现金流入和流出也是一个重要的因素。企业采购材料、销售商品、发放工资、计缴税金等行为，有的会导致现金的流入和流出，有的却没有导致现金的流入和流出。现金流量表的"经营活动产生的现金流量"中列示的就是能够直接导致现金流入和流出的经营活动项目。

根据《企业会计准则第31号——现金流量表》，经营活动产生的现金流量至少应当单独列示反映下列信息的项目：

（1）销售商品、提供劳务收到的现金。

（2）收到的税费返还。

（3）收到其他与经营活动有关的现金。

（4）购买商品、接受劳务支付的现金。

（5）支付给职工以及为职工支付的现金。

（6）支付的各项税费。

（7）支付其他与经营活动有关的现金。

上述项目中，（1）至（3）反映的是企业经营活动现金流入，（4）至（7）反映的是企业经营活动现金流出。这些项目反映了企业经营活动全过程中的现金流入和流出。在现金流量表的编制中，不仅要通过直接法在主表中予以反映，还要通过间接法对其结果进行验证。现金流量表的"经营活动产生的现金流量净额"项目，可以说明企业的经营活动对现金流入和流出的影响程度，帮助企业判断在不对外融资的前提下，是否能够维持生产经营、偿还债务、支付员工薪酬、缴纳税费、进行对外投资等活动。因此，其编制的重要性不言而喻。

4.3.2　什么是投资活动现金流量

投资活动，是指企业长期资产的购建和不包括在现金等价物范围的投资及其处置活动。

企业在经营过程中，需要投入资产用于经营活动。企业购建固定资产、无形资产，建设在建工程等行为，以及处置购建的固定资产等长期资产，都属于企业的内部投资活动。

当企业有了一定的积累，对外进行投资是让资产保值增值的重要手段。投资活动主要是指企业以现金、实物或购买股票与债券等有价证券的形式对其他单位进行投资，以及在持有投资的过程中取得投资收益。此外，企业将所持有投资收回，也属于企业外部投资活动的内容。

根据《企业会计准则第31号——现金流量表》，投资活动产生的现金流量至少应当单独列示反映下列信息的项目：

（1）收回投资收到的现金。

（2）取得投资收益收到的现金。

（3）处置固定资产、无形资产和其他长期资产收回的现金净额。

（4）处置子公司及其他营业单位收到的现金净额。

（5）收到其他与投资活动有关的现金。

（6）购建固定资产、无形资产和其他长期资产支付的现金。

（7）投资支付的现金。

（8）取得子公司及其他营业单位支付的现金净额。

（9）支付其他与投资活动有关的现金。

上述项目中，（1）至（5）反映的是企业投资活动现金流入，（6）至（9）反映的是企业投资活动现金流出。对于一个正常经营的企业来说，一般投资活动的发生不如经营活动频繁。相对来说，在现金流量表的编制中，投资活动现金流量的编制难度比经营活动现金流量要低。

4.3.3 什么是筹资活动现金流量

筹资活动，是指导致企业资本及债务规模和构成发生变化的活动。

企业的筹资活动包括资本投入、股权融资和债权融资三部分。企业取得借款、发行债券、发行股票、融资租赁等活动，都属于筹资活动的范畴。

资本投入是指公司的投资者按照公司章程或合同、协议的约定，实际投入企业资本的活动，形成的是公司账面的"实收资本"。"实收资本"是企业注册登记的法定资本总额的来源，它表明所有者对企业的基本产权关系。实收资本是企业永久性的资金来源，它是保证企业持续经营和偿还债务的最基本的物质基础，是企业抵御各种风险的缓冲器。

股权融资是指企业的股东愿意让出部分企业所有权，通过企业增资的方式引进新的股东的融资方式。股权融资所获得的资金，企业无须还本付息，但新股东将与老股东同样分享企业的盈利与增长。股权融资的特点决定了其用途的广泛性，既可以充实企业的营运资金，也可以用于企业的投资活动。

债权融资是指企业通过借钱的方式进行融资，债权融资所获得的资金，企业首先要承担资金的利息，另外在借款到期后要向债权人偿还资金的本金。债权融资的特点决定了其主要用于解决企业营运资金短缺的问题，而不是用于资本项下的开支。

这三种融资方式，是企业保证营运资金充足的重要手段。在企业的实际经营活动中，资本投入和股权融资的方式，不用还本付息，也就不会产生可以税前扣除的利息支出。而债权融资的方式，不仅需要还本还需要付息，其利息支出，在符合税法规定的前提下，可以税前扣除。因此，适当地利用债权融资，可以调整资本结构，给企业带来额外的收益。

因此，一个正常经营的扩张迅速的企业，都会有一定的筹资活动现金流入和流出，在现金流量表中则反映为"筹资活动产生的现金流量"。通过对企业筹资活动现金流量的分析，可以了解企业通过筹资活动获取现金的能力，判断筹资活动对企业现金流量净额的影响程度。

根据《企业会计准则第31号——现金流量表》，筹资活动产生的现金流量至少应当单独列示反映下列信息的项目：

（1）吸收投资收到的现金。

（2）取得借款收到的现金。

（3）收到其他与筹资活动有关的现金。

（4）偿还债务支付的现金。

（5）分配股利、利润或偿付利息支付的现金。

（6）支付其他与筹资活动有关的现金。

上述项目中，（1）至（3）反映的是企业筹资活动现金流入，（4）至（6）反映的是企业筹资活动现金流出，在现金流量表中，反映了企业资金融入和融出，以及分配股利、利润或偿付利息的全部现金流入和流出。通过分析筹资活动的现金流量，可以了解企业通过筹资活动获取现金的能力，判断筹资活动对企业现金流量净额的影响程度。

4.3.4 如何理解"汇率变动对现金流量的影响"

《企业会计准则第 19 号——外币折算》中规定,企业对于发生的外币交易,应当将外币金额折算为记账本位币金额。

外币交易应当在初始确认时,采用交易发生日的即期汇率将外币金额折算为记账本位币金额,也可以采用按照系统合理的方法确定的、与交易发生日即期汇率近似的汇率折算。

企业在资产负债表日,应当按照下列规定对外币货币性项目和外币非货币性项目进行处理:①外币货币性项目,采用资产负债表日即期汇率折算。因资产负债表日即期汇率与初始确认时或者前一资产负债表日即期汇率不同而产生的汇兑差额,计入当期损益。②以历史成本计量的外币非货币性项目,仍采用交易发生日的即期汇率折算,不改变其记账本位币金额。货币性项目,是指企业持有的货币资金和将以固定或可确定的金额收取的资产或者偿付的负债。非货币性项目,是指货币性项目以外的项目。

汇率变动对现金的影响,指企业外币现金流量及境外子公司的现金流量折算成记账本位币时,所采用的是现金流量发生日的汇率或即期汇率的近似汇率,而现金流量表"现金及现金等价物净增加额"项目中外币现金净增加额按资产负债表日的即期汇率折算。这两者的差额即为汇率变动对现金的影响。无论该项目金额为正还是为负,都不发生现金流动,仅仅是外币折算的问题。

由于在外币的核算中,汇率变动对外币货币资金及往来账户的余额都将产生影响,因此在现金流量表的编制中,应当将汇率变动对现金的影响单独列示,从而准确反映出现金及现金等价物的变动情况。

4.3.5 初步了解"将净利润调节为经营活动现金流量"

企业会计制度的现金流量表中反映了主表和附注的信息。附注最主要的内容是将净利润调节为经营活动现金净流量,并与主表中的经营活动现金净流量钩稽。执行《企业会计准则》后,在列报的会计报表里,现金流量表只反映了主表。但是，这并不代表附注就不需要列报了。

我们在前面说过，经营活动是企业涉及最多、发生最频繁的活动，直接反映了企业的产供销过程。在"经营活动产生的现金流量""投资活动产生的现金流量"和"筹资活动产生的现金流量"三大类现金流量中，只有"经营活动产生的现金流量"代表企业自身的"造血功能"，是确保企业可持续发展的根本。从内容上看，它所覆盖的业务也最为广泛复杂。

因此，我国的会计准则中要求编制现金流量表"补充资料"，用间接法将净利润调节为经营活动现金流量，以便和主表中直接法的结果相互验证，提高可信度。此外，在现实工作中，越来越多的人意识到，仅仅依据"净利润"指标不能准确合理地了解企业的实际经营成果和可持续发展的能力。一个企业有利润，却未必有充足的现金来源。为了帮助报表使用者了解"净利润"与"经营活动现金净流量"这两项指标之间存在什么样的差异，间接法的编制也是有必要的。

在将净利润还原为经营活动现金流量的过程中，我们需要将影响了净利润但不影响经营活动现金流量的因素，以及影响经营活动现金流量但不影响净利润的因素进行调整，相当于将净利润还原为经营活动现金流量，让报表使用人了解净利润和经营活动现金流量之间的关系。

在实务中，很多初学者在编制补充资料时，默认直接法下得到的"经营活动现金流量"是唯一的正确值，然后将间接法调节过程的"其他"项作为强行轧平项目，以实现两者表面上的一致。但是，用传统"直接法"编制出的经营活动现金流量数据，未必就是一个正确的结果。例如，假设应付账款减少就是"购买商品、接受劳务支付的现金"，但在复杂的实务工作中，应付账款的变化可能不仅仅是经营活动的体现，固定资产、无形资产等长期资产项目引起的应付账款的变动，应该体现在"投资活动现金流量"中。因此，把用直接法编制的"经营活动现金流量"的结果当成唯一的基准值，无法实现相互验证一致的过程。

因此，我们在编制现金流量表时，应同时使用直接法和间接法，最终得到同一结果,本质上是"殊途同归"。这才是正确的编制方法。

4.3.6 初步了解"不涉及现金收支的重大投资和筹资活动"

在现金流量表补充资料中,不涉及现金收支的投资和筹资活动主要包括债务转为资本、一年内到期的可转换公司债券、融资租入固定资产项目。

这些项目本身是不影响现金流量的,因此现金流量表的主表中不予反映。不涉及现金收支的重大投资和筹资活动,反映企业在一定期间内影响资产或负债但不形成该期现金收支的所有投资和筹资活动的信息。这些投资和筹资活动虽然不涉及当期现金收支,但对以后各期的现金流量有重大影响。例如,企业融资租入设备,将形成的负债计入"长期应付款"账户,当期并不支付设备款及租金,但以后各期必须为此支付现金,从而在一定期间内形成了一项固定的现金支出。

因此,《企业会计准则第31号——现金流量表》规定,企业应当在附注中披露不涉及当期现金收支,但影响企业财务状况或在未来可能影响企业现金流量的重大投资和筹资活动,主要包括:①债务转为资本,反映企业本期转为资本的债务金额;②一年内到期的可转换公司债券,反映企业一年内到期的可转换公司债券的本息;③融资租入固定资产,反映企业本期融资租入的固定资产。

4.3.7 现金流量表附注的其他组成

现金流量表附注中,除了间接法以及不涉及现金收支的投资和筹资活动内容外,还需要反映现金及现金等价物的净增加额。这部分增加额,由现金的期末余额减去期初余额,以及现金等价物的期末余额减去期初余额合计而成。这部分差额,应与现金流量表主表中的"现金及现金等价物净增加额"钩稽相符。如果资产负债表中的"货币资金"科目的金额,均为现金和现金等价物,不包含使用受限的现金,则这部分现金及现金等价物的净增加额,与货币资金的期初期末变动额一致。

第 5 章

现金流量表的编制方法及调整思路

5.1 现金流量表常用的编制方法

不管是企业的财务人员还是会计师事务所的从业人员，都需要掌握现金流量表的基本编制方法。现在，现金流量表的编制方法很多，有工作底稿法、T形账户法、公式分析法等。网上也有一些所谓的快速编制软件。很多初学者以为，现金流量表的编制有捷径，可以用软件直接生成。还有很多财务人员认为，现在都已经实行财务电算化了，只要在软件中设置好，就可以直接生成准确的现金流量表，无须学习其编制方法。

现在网上提供的很多现成的自动生成现金流量表的电子表格，简单一点的就是输入资产负债表和利润表的数据就生成现金流量表的，稍微复杂点的还加入了部分调整项目。前者生成的报表纯粹是做做形式，后者的话，由于企业的业务千差万别，核算的明细内容也可能各不相同，很难把所有应该包括进来的调整项目完全考虑到，所以生成的报表也难以保证不会漏掉一些项目，尤其是重要项目。这些网上的自动生成软件，只是机械地利用科目的增减生成报表，生成的结果往往不准确，不能真实反映各种复杂的实务情况。

事实上，不管使用哪一种方法来编制，都必须遵循现金流量表的基本原则。无论是工作底稿法、T形账户法还是公式分析法，其编制的基础与原理都是一致的，只是表现形式不一样。财务人员在使用财务软件编制的过程中，也需要运用人为的判断，才能选择出正确的现金流量项目。而且，很多编制人员发现，主表易平衡，附注难平衡。在实务工作中，倒挤数字、随意轧差的现象屡见不鲜。因此，无论是手工编制还是用软件编制，我们都要以现金流量表的编制原理为出发点，才能做到编制时心不慌，每个数字都有准确的来源，每个数字都可以满足彼此之间的钩稽关系。

5.2 编制现金流量表前的准备工作

（1）检查报表的钩稽平衡关系。特别要注意期初未分配利润与本期未分配利润的钩稽关系。如果不平衡应查明原因，是否有提取盈余公积、分配股利、以前年度损益调整的因素，否则无法编制平衡。

（2）确定货币资金中的现金及现金等价物。一般情况下，企业货币资金中的定期存款、票据保证金等，属于使用受限的货币资金，不属于现金及现金等价物，应在编制现金流量表时做出调整。

（3）获取科目余额表及各科目的明细账资料，做分析填列现金流量表的准备工作。

（4）对于合并现金流量表，确定合并范围是否合理，本期发生合并范围变动的性质。

5.3 各种编制方法的编制思路

5.3.1 工作底稿法的编制思路

采用工作底稿法编制现金流量表，是以工作底稿为手段，以利润表和资产负债表数据为基础，对每个项目进行分析并编制调整分录，从而编制出现金流量表。

工作底稿法的编制程序依次是：

（1）将资产负债表的期初数和期末数过入工作底稿的期初数栏和期

末数栏,将利润表本年发生数过入工作底稿本期数栏。

(2)对当期业务进行分析并编制调整分录。

(3)将调整分录过入工作底稿相应部分。

(4)核对调整分录。借贷合计应当相等。资产负债表的期初数加减调整分录中的借贷金额以后,应当等于期末数;利润表项目中调整分录借贷金额应当等于本期数。

(5)根据工作底稿中的现金流量表项目编制正式的现金流量表。

调整分录的编制,根据每个人思路不同,有着不同的方法,但只要分析过程正确,最终结果是相同的。比如对一个项目的调整顺序,可以先调整,也可以后调整;对一个项目的调整内容,可以一次调整完毕,也可以分多次进行调整。例如,增值税的销项税额可以分成两个步骤进行调整,即拆分为赊销活动和现销活动产生的销项税额进行调整。但在实务中,完全可以将赊销活动和现销活动产生的销项税额合并在一起进行调整,这样更有利于理解和掌握。

在现金流量表涵盖的期间,企业已经以会计凭证为载体,对发生的所有经济业务事项编制了会计分录。这些会计分录遵循会计准则和会计制度的规范,通过会计账簿进行归纳汇总,最终生成反映财务状况的资产负债表和反映经营成果的利润表。编制调整分录,事实上就是凭借日常会计处理的规律性,将资产负债表和利润表所有项目的当期发生额,以尽可能少的次数还原成期间汇总会计分录,同时将汇总会计分录中涉及"现金及现金等价物"的科目,替换成现金流量表项目。

编制调整分录的常规顺序是,先按利润表项目顺序从上到下进行分析调整,然后按资产负债表项目顺序从上到下进行分析调整。在实际工作中,可以按照方便的原则,打破这个常规。比如在调整利润表项目时,会涉及部分资产负债表项目的变动,我们可以在调整完该利润表项目后随即调整所涉及的资产负债表项目的剩余差额,以节约重复翻查明细账簿的时间。

对于熟练者,应尽量做到以资产负债表项目净增加额(期末数 - 期初数）为基础来编制调整分录，减少调整分录的数量，提高现金流量表的编制速度；对于入门者，也可以区分资产负债表项目借方发生额和贷方发生额，分别编制调整分录，以提高分析过程的准确性。

工作底稿法的优点：符合准则的要求，能够在一张表中完成编表要求，一目了然。

工作底稿法的缺点：掌握较为困难。

5.3.2　T形账户法的编制思路

工作底稿法和T形账户法的编制程序基本一致，区别在于验算平衡方式不一样：工作底稿法通过现金流量表工作底稿来验算调整分录是否平衡；T形账户法通过开设"现金及现金等价物"T形账户来验算调整分录是否平衡。

T形账户法以T形账户为手段，必须开设所有非现金项目的T形账户，然后开设一个大的"现金及现金等价物"T形账户，以利润表为基础，结合资产负债表分析每个非现金项目的增减变动，并编制调整分录。最后根据大的"现金及现金等价物"T形账户编制正式的现金流量表。

T形账户法的优点：核对正确与否较为快捷，便于查找出错误。

T形账户法的缺点：工作量较大。

5.3.3　公式分析法的编制思路

利用资产负债表、利润表资料，辅以少量的辅助记录和明细表，通过项目间关系的分析，得出填列各项目的计算公式，无须编制调整分录。

常见的计算公式如下：

销售商品、提供劳务收到的现金＝主营业务收入和其他业务收入＋应交增值税的销项税额＋（预收款项期末余额－预收款项期初余额）－（应收账款期末余额－应收账款期初余额）－（应收票据期末余额－应收票据期初余额）＋当期收回前期核销的坏账－当期核销的坏账－票据贴现的利息购买商品、接受劳务支付的现金＝主营业务成本和其他业务支出＋应交增值税的进项税额＋非正常损失导致的进项税转出＋（存货的期末余额－存货的期初余额）＋在建工程领用的存货＋盘亏的存货－盘盈的存货＋非正常损失的存货＋（预付账款期末余额－预付账款期初余额）－（应付账款期末余额－应付账款期初余额）－（应付票据期末余额－应付票据期初余额）

> 注：如果企业执行的是2017年发布的《企业会计准则第14号——收入》，则还应考虑合同资产、合同负债等科目变动的因素。

支付给职工以及为职工支付的现金＝（应付职工薪酬期末余额－应付职工薪酬期初余额）－（应交税费中个人所得税期末余额－应交税费中个人所得税期初余额）

> 注：如果企业执行的是2000年发布的《企业会计制度》，则还应考虑从生产成本、制造费用、销售费用、管理费用中提取的工资、福利费、社会保险费、住房公积金等。如果其他应收款中存在代垫房租、代垫家属医药费等明细科目期末余额，还应考虑该科目的变动额。

支付的各项税费（除增值税）＝应交税费期初余额＋在税金及附加和所得税费用中核算的税费计提发生额－应交税费期末余额

> 注：不包括个人所得税的变动数。

应当注意的是，由于增值税是流转税，如果需要用公式来反映，则可以反映为"本期支付的增值税＝应交增值税期初余额＋城市维护建设税/适用税率（或教育费附加/适用费率）－应交增值税期末余额"。此外，如果企业执行的是2000年发布的《企业会计制度》，则还应考虑计入其他业务支出、营业外支出、管理费用、存货的税费以及其他应交款的本期变动额。

公式分析法的优点：效率较高。

公式分析法的缺点：存在一定的环境限制性，在产生不平衡时不容易检查。

5.3.4 记账凭证法的编制思路

以记账凭证为编制现金流量表的数据来源，通过将记账凭证划分为若干类别，现金流量表数据直接来自记账凭证，根据凭证所涉及的科目来判断所对应的现金流量，从而直接反映现金流入和现金流出。

记账凭证法的优点：操作简单，在记账凭证法下，只需要将单方向影响现金的项目列示于现金流量表。在经过现金类科目期初、期末余额核对之后，即认定报表编制的结果。能够最大限度地降低数据调整的出错率，以记账凭证为起点编制现金流量表的工作可以随时进行。提供信息可靠及时，符合会计人员的思维习惯与工作习惯，在实务工作中容易被接受和掌握。

记账凭证法的缺点：在手工编制现金流量表时，工作量较大。根据凭证摘要判断金额在现金流量表中的列示行次，需要一定的工作经验。现金流量表展示的是全部现金流量情况，在附注当中进行间接法调整的时候，会存在大量的重复劳动。此外，在应用于合并现金流量表编制时存在局限。

5.3.5 明细分类账法的编制思路

以现金流量表主表中的具体项目分别设置二级和三级明细账户，依据会计日常核算编制的涉及"库存现金""银行存款"和"其他货币资金"账户的记账凭证进行逐日逐笔登记，期末结算各明细账户，将结果填入现金流量表主表对应的项目中。优缺点类似于记账凭证法。

5.3.6 间接法的调整思路

采用间接法编制的现金流量表，便于将净利润与经营活动产生的现金流量净额进行比较，了解净利润与经营活动产生的现金流量存在差异的原因，从现金流量的角度分析净利润的质量。

企业的现金流量表应以直接法编制，同时还要在补充资料中运用间接法，以本期净利润为起算点，调整不涉及现金的收入、费用、营业外收支以及应收、应付等项目的增减变动，计算并列示经营活动的现金流量。简单地说，就是调节影响了净利润而没有影响经营活动现金净流量的因素，以及影响了经营活动现金净流量但没有影响净利润的因素，将其反映在现金流量表的附注中。这个关系可以用一个公式来表示：净利润＋调整项目＝经营活动产生的现金流量净额。

　　在编制完现金流量表全部的调整分录之后，如果将涉及利润表损益类项目和现金流量表经营活动现金流量类项目的若干笔分录挑选出来，合并成一个汇总调整分录，则这个汇总调整分录将仍然保持借贷平衡，并不难判定：此汇总调整分录中，所有利润表损益类项目金额之和（贷方金额减借方金额）等于企业本期"净利润"，所有现金流量表经营活动现金流量类项目金额之和（贷方金额减借方金额）等于"经营活动产生的现金流量净额"，而这两个金额正是现金流量表补充资料中间接法列示内容的首行和末行。由于间接法遵循"净利润＋调整项目＝经营活动产生的现金流量净额"的等式，汇总调整分录也遵循借贷平衡的规范，所以汇总调整分录中，除利润表损益类项目和现金流量表经营活动现金流量类项目之外的其他项目金额之和（贷方金额减借方金额），必然等于间接法中的调整项目金额之和。因此，可以运用调整分录去推算间接法调整项目的金额，而无须再去分析企业的明细账簿，并且能够确保间接法编制结果的平衡。具体步骤如下。

　　第一步，在直接法的调整分录中，将涉及利润表损益类项目和现金流量表经营活动现金流量类项目的分录挑选出来。

　　第二步，设计现金流量表间接法工作底稿，并将利润表上"净利润"项目和用直接法编制出的现金流量表主表上"经营活动产生的现金流量净额"的金额，直接过入间接法工作底稿的"净利润"和"经营活动产生的现金流量净额"两个项目的"计算数"栏。

　　第三步，对挑选出来的调整分录，去除利润表损益类项目和现金流量表经营活动现金流量类项目后，逐项进行分析，将金额过入相对应的间接法工作底稿调整项目的"调整分录"栏的借方和贷方。

第四步,计算间接法工作底稿"调整分录"栏,用贷方减去借方,得出各调整项目的"计算数"。

第五步,将间接法工作底稿的"计算数"栏金额填入:

(1)信用减值准备和资产减值准备;

(2)固定资产折旧、油气资产折耗、生产性生物资产折旧;

(3)无形资产摊销;

(4)长期待摊费用摊销;

(5)处置固定资产、无形资产和其他长期资产的损失;

(6)固定资产报废损失;

(7)公允价值变动损失;

(8)财务费用;

(9)投资损失;

(10)递延所得税资产减少;

(11)递延所得税负债增加;

(12)存货的减少;

(13)经营性应收项目的减少;

(14)经营性应付项目的增加。

上述14个事项中,(1)至(12)属于影响净利润但没有影响经营活动现金净流量的项目,(13)和(14)属于影响经营活动现金净流量但没有影响净利润的项目。

5.3.7 记账凭证、账簿、报表相结合的编制方法

在实务中,也有一些实务工作者采取记账凭证、账簿、报表相结合编制现金流量表的方法,旨在扬长避短,更易于掌握,操作性更强。新方法编制现金流量表的步骤如下。

第一步,主要依据出纳账或资产负债表确定现金及现金等价物净增

加额（现金流量表中第五项数据）。这是从现金流量表的最后部分编起，所确定的是最具综合性的数据。目前，企业中一般没有不能随时支付的存款和投资，因而现金及现金等价物净增加额一般就等于资产负债表中期末货币资金与期初货币资金的差额或者出纳账（现金日记账和银行存款日记账）的期末余额合计减期初余额合计。

第二步，从当期全部记账凭证中分出单方向对应现金流量的记账凭证。这种方法也叫凭证法。其基本思路是：从记账凭证出发，保留单方向导致现金流量增减的记账凭证，抽出不导致现金流量增减的记账凭证。

第三步，将现金流量区分为经营活动产生的现金流量和非经营活动产生的现金流量。

第四步，填写投资活动和筹资活动现金流量（现金流量表中第二、三项数据）。一般企业非经营活动产生的现金流量相比于经营活动产生的现金流量通常很少甚至没有。按照重要性原则，现金流量表中对其的反映也比经营活动产生的现金流量粗略得多，因而这些类型的现金流量一般很容易计算，可以考虑优先确定。

先分别根据属于投资活动和筹资活动的记账凭证汇总填写投资活动和筹资活动产生的现金流量净额，然后分项目填写投资活动和筹资活动产生的现金流量，利用各项目数据汇总确定净额，并和已填净额比较，判断有无差错。

第五步，利用已填的前几项数据推算出经营活动产生的现金流量净额。首先，根据已填写的现金及现金等价物净增加额、投资活动和筹资活动产生的现金流量净额推算出经营活动产生的现金流量净额。然后分项目填写经营活动产生的现金流量，利用各项目数据汇总确定净额，并和已填净额比较，判断有无差错。最后确认现金流量的类型，进一步确定经营活动产生的现金流量应归属的具体项目。

第六步，经营活动产生的现金流量各项目的具体编制。这一步是关键，一般现金流量表主要要求列示的就是这部分内容。

在初学阶段，经营活动产生的现金流量各项目可采用记账凭证分类汇总的方法计算，在此基础上逐步学会根据账簿期末余额或资产负债表中的资料推算，进一步可学习用公式法推算。

5.3.8 编制现金流量表时应注意的其他问题

（1）确定经营活动产生的现金流量部分具体项目的金额，据此算出经营活动产生的现金流量净额，将其和上一步骤推算出的经营活动产生的现金流量净额比较，若有差异，表明表中数据填写有误。

（2）适当注意一些难以界定项目的分类问题。如购买固定资产时产生的增值税进项税额，应界定为投资活动产生的现金流量。按照《企业会计准则》的规定，会计核算中属于营业外收支的罚款收入、罚款支出和捐赠支出均作为经营活动产生的现金流入或流出；融资租赁所支付的现金属于筹资活动的现金流量。

（3）每个月都坚持编制一份现金流量表，年末汇总全年 12 个月的现金流量表就得到年度现金流量表。这样可减少工作量，保证报表编制的准确性和及时性。

第 6 章

现金流量表的编制原理及检验标准

6.1 现金流量的分类原则

我们已经知道，现金流量分为经营活动产生的现金流量、投资活动产生的现金流量、筹资活动产生的现金流量三类。对于这三类现金流量，又按经济事项做了相关的分类。我们应当注意的是，合理的现金流量分类是现金流量分析的前提。现金流量的分类应考虑相关性和可比性。

6.1.1 三大活动的主要内容

经营活动产生的现金流量是企业通过运用所拥有的资产自身创造的现金流量，主要是与企业净利润有关的现金流量。但企业在一定期间内实现的净利润并不一定都构成经营活动产生的现金流量，如处置固定资产净收益或净损失构成净利润的一部分，不属于经营活动产生的现金流量，处置固定资产净收益或净损失本身也没有实际的现金流入或流出。现金流量表中经营活动产生的现金流入和流出，反映了企业经营活动对现金流入和流出净额的影响程度。

投资活动是指企业长期资产的购建以及不包括在现金等价物范围的投资及其处置活动，包括取得或收回权益性证券的投资，取得或收回债券投资，购建和处置固定资产、无形资产与其他长期资产等。作为现金等价物的投资属于现金自身的增减变动，如购买还有 1 个月到期的短期债券，属于现金内部各项目转换，不会影响现金流量净额的变动。通过现金流量表中反映的投资活动产生的现金流量，可以分析企业通过投资获取现金流量的能力，以及投资产生的现金流量对企业现金流量净额的影响程度。

筹资活动是指导致企业资本及债务规模和构成发生变化的活动，包括吸收权益性资本、资本溢价、发行债券、借入资金、支付股利、偿还债务、支付借款利息等。通过现金流量表中筹资活动产生的现金流量，可以分析企业筹资的能力，以及筹资产生的现金流量对企业现金流量净额的影响程度。

需要说明的是，各类企业由于行业特点不同，对经营活动性质的确认可能会存在一定的差异。对于一般的工商企业来说，对外投资活动所产生的现金流量，通常都属于投资活动现金流量，但是对于以投资活动为主营业务的企业来说，对外投资活动所产生的现金流量则属于经营活动的现金流量。企业在编制现金流量表时，应根据自己的实际情况，对现金流量进行合理的归类。

例：购买交易性金融资产，对于工商企业来说，属于投资活动现金流量，而对于证券公司来说，则属于经营活动现金流量。

银行承兑汇票贴息取得现金，对于银行承兑汇票贴息，如果票据终止确认，则应视同为销售取得所产生的经营活动现金流量。如果不终止确认，则应视同为借款活动所产生的筹资活动现金流量。

定期存单的质押与解除质押业务，如果定期存单本身不属于现金及现金等价物，则不会产生现金流量。如果定期存单本身属于现金及现金等价物，对于工商企业来说，定期存单质押取得借款所产生的现金流量，应作为筹资活动现金流量。对于金融企业来说，定期存单质押取得借款所产生的现金流量，应作为经营活动现金流量。⊖

⊖ 如果定期存单属于现金，质押后就不是现金，则现金减少了，相当于现金流出了；解除质押，定期存单属于现金，则现金增加了，相当于现金流入了。

6.1.2　会计方法的选择对现金流量分类的影响

在实务工作中，会计方法的选择对现金流量分类也可能存在影响。

现金流量表是根据收付实现制编制出来的。会计方法的选择，一般不会对企业的净现金流量产生影响，但是有可能引起现金流量分类的变化。也就是说，同一经济业务由于采用的会计方法不同，可能引起各类现金流量的此增彼减，从而影响各类现金流量的变化趋势。

1. 支出的资本化与费用化

划分收益性支出和资本性支出是会计要素确认与计量的一个重要原则。会计准则对支出的资本化与费用化问题一般都有明确的规定，但有些支出由于其产生的未来经济效益具有很大的不确定性（如自然资源的开发成本、新产品的研究与开发费用），所以对该类支出是予以资本化还是费用化，在实务中还存在一定的模糊性。同一项支出，划分为资本化还是费用化，主要影响的是经营活动现金流量和投资活动现金流量的分类。如果将其资本化，将减少投资活动的现金净流入量；相反，如果将其费用化，会导致经营活动现金流量减少，这样将其费用化的企业的经营活动现金流量就会小于将其资本化的企业。所以在编制现金流量表时，应结合具体情况做出合理的分类，以确保现金流量分类的相对合理。

2. 合并会计报表的合并范围

我国《企业会计准则第31号——现金流量表》将权益性投资分得股利或利润所收到的现金，划入投资活动现金流量。因此，对于子公司的投资，如果母公司采用权益法核算而未将其纳入报表合并范围，那么母公司从子公司分得的现金股利，属于控股集团投资活动的现金流入。反之，如果将其纳入合并范围，那么母公司收到的现金股利与子公司分发给母公司的现金股利相抵销，子公司经营活动现金流量并入合并现金流量表，使集团公司的经营活动现金流量增加。

例：母公司 P 占子公司 S 80% 的股份，S 的净利润和经营活动的现金流量均为 1 000 万元，分配现金股利 500 万元。如果 P 不将 S 列入报表合并范围，那么 P 的投资活动现金流量增加 400 万元；如将其列入报表合并范围，则 P 的经营活动现金流量增加 1 000 万元，筹资活动现金流量减少 100 万元（支付给少数股东的股利），投资活动现金流量不变。由此可见，合并报表合并范围的选择不仅影响集团公司的净现金流量，而且影响现金流量的分类。

我们还需要注意有些非经营活动对现金流量分类的影响。

有些不经常发生或者性质特殊的非经营活动，其现金流量的归类，对各类现金流量的变化趋势也有一定影响，为了准确地评价和预测企业正常经营活动带来未来现金流量的能力，我们应对这些特殊经济业务对现金流量分类的影响进行调整。

例：企业的并购与剥离业务。我国《企业会计准则第 31 号——现金流量表》规定，经营活动是指企业投资活动和筹资活动以外的所有交易和事项；投资活动是指企业长期资产的购建和不包括在现金等价物范围的投资及其处置活动。因此，企业并购与剥离所引起的现金流量，包括并购或剥离的经营性资产和经营性负债所引起的现金流量，属于投资活动现金流量。但是，并购与剥离将会影响并购和剥离发生以后期间的经营活动现金流量。以企业的并购为例，企业在现金并购（吸收合并或控股合并）一个目标企业时所支付的现金，包括为并购目标企业的经营性资产（如存货）支付的现金，列入并购当年的投资活动现金流量；而并购后出售这些经营性资产所取得的现金，则会增加以后期间的经营活动现金流量。由此可见，并购影响了以后期间的正常经营活动现金流量，而且并购的净经营性资产或净经营性负债越大，被影响的程度越大，甚至改变其变化趋势。

6.2 现金流量表的编制原则

第一个原则：现金流量表以收付实现制为编制基础。这是现金流量表与资产负债表和利润表最主要的区别。资产负债表和利润表是以权责发生制为编制基础的，大量运用了应计、摊销、递延和分配程序，使净资产和净利润信息中含有大量的主观估计，同时由于它们不反映企业的现金流量情况，这在一定程度上影响了报表使用者对企业财务状况的准确判断和预测。而现金流量表以收付实现制为编制基础，反映现金的流入和流出，能够更客观真实地反映企业的收益质量。

第二个原则：各现金流量以经营、投资、筹资活动进行分类。我们在编制现金流量表时，要把所有涉及现金流量的项目合理计入经营、投资、筹资三大活动中，客观地反映每一个活动的现金流量情况。比如，债券利息收入、股利收入属于投资活动，而债券利息支出、股利支出则属于筹资活动。企业发生的财务费用，应视其形成原因，分别在现金流量表的经营活动、投资活动、筹资活动中反映。比如，票据贴现息属于企业的经营活动，作为"销售商品、提供劳务所收到的现金"的减项；银行存款利息收入属于企业的经营活动，列入"收到其他与经营活动有关的现金"；银行贷款利息支出属于企业的筹资活动，列入"分配股利、利润或偿付利息支付的现金"。需要注意的是，有些支出具有多类现金流量特征，如缴纳所得税、自然灾害保险索赔款等，若不能分清，通常作为经营活动的现金流量反映。

第三个原则：总额反映与净额反映灵活运用。

现金流入、流出信息是总额反映的。现金流量表一般情况下应以总额反映现金的流入和流出状况，但下列情况可用净额反映：

（1）代客户收取或支付的现金。

（2）周转快、金额大、期限短项目的现金流入和现金流出。

（3）金融企业的有关项目，包括短期贷款发放与收回的贷款本金、活期存款的吸收与支付、同业存款和存放同业款项的存取、向其他金融企业拆借资金以及证券的买入与卖出等。

第四个原则：不涉及现金流量的投资和筹资活动，在补充资料中适当反映。

为了更好地让现金流量表为报表使用者服务，对于没有涉及现金流量、未在主表中反映的重要投资和筹资活动，在补充资料中予以反映，以提高现金流量表的信息质量。本来，不涉及现金流量的投资和筹资活动不应反映在现金流量表内，因为这些投资和筹资活动不影响现金流量，现金流量表中不反映不涉及现金流量的投资和筹资活动是与编制现金流量表的目的相一致的。但是，如果不涉及现金流量的投资和筹资活动数额很大，若不反映将会导致报表使用者产生误解并做出不正确的决策，这时，就需要在现金流量表中以某种形式恰当地予以揭示。我国的《企业会计准则第31号——现金流量表》要求，对于不涉及现金流量的重要投资和筹资活动在现金流量表"补充资料"（或附注）中反映。

第五个原则：重要性原则。重要性原则对现金流量表中各项目的编制也有很大影响。比如，"收到的租金"项目，如果企业此类业务不多，也可以不设此项目，而将其纳入"收到其他与经营活动有关的现金"之中。

6.3 现金流量表的编制原理

现金流量表的编制，就是将权责发生制转换为收付实现制的过程。采用工作底稿法，用调整分录的编制来完成现金流量表，能够体现现金流量表的编制原理，如果编制不平衡，也最容易检查出不平衡的原因。现将工作底稿法编制的原理阐述如下。

在企业财务报告中，现金流量表的作用主要是解释一个企业年度（或中期）"现金及现金等价物净增加（减少）额"的来源，这个金额的分析可以通过编制调整分录的方式来完成，其理论依据推导如下。

步骤一：企业的资产负债表遵循"资产＝负债＋所有者权益"的会计等式，利润表遵循"收入－费用＝利润"的会计等式，由于企业的利润归所有者所有，利润的实现总是表明所有者在企业中的所有者权益数额增加，因此会计等式也可以表述为"资产＝负债＋所有者权益＋收入－费用"。

步骤二：企业资产可以划分为现金（含现金等价物，下同）和非现金资产，故"现金＋非现金资产＝负债＋所有者权益＋收入－费用"，进行移项得出"现金＝负债＋所有者权益＋收入－费用－非现金资产"。

步骤三：由于步骤二中的等式在企业财务报告年度（或中期）的期初和期末同时适用，可以判定企业"期初现金＝期初负债＋期初所有者权益＋期初收入－期初费用－期初非现金资产""期末现金＝期末负债＋期末所有者权益＋期末收入－期末费用－期末非现金资产"。用后者减去前者，就可以得出推导等式"现金净增加额＝负债净增加额＋所有者权益净增加额＋收入本年发生额－费用本年发生额－非现金资产净增加额"。

步骤三中推导等式的左方，是现金流量表的编制基础；推导等式的右方，正项为现金流入，负项为现金流出，其数额可以通过资产负债表和利润表计算得出。由此不难理解，编制调整分录，就是依靠资产负债表和利润表，结合企业会计账簿，对等式右方进行逐项分析，将其转化为现金流量表的具体项目。如果对推导等式右方各项目调整不完全，或编制的调整分录借贷不平，那么必将影响推导等式的平衡，导致现金流量表编制出现差错。因此，在完成调整分录后，还需要将其过入工作底稿或T形账户验算平衡，一是审查资产负债表项目和利润表项目是否全部调整完毕，二是审查调整分录自身计算有无错误，其目的是确保现金流量表的平衡。

简单来说，调整分录的编制，就是通过分析填列，逐笔调整资产负债表和利润表的发生额，将涉及现金及现金等价物的项目转化为与现金流量表对应的现金流量类别。对于不涉及现金及现金等价物的项目，不在现金流量表中反映。在将权责发生制转换为收付实现制的过程中，同样遵循会计中的借贷平衡原则、复式记账原理,即有借有贷,借与贷平衡,现金流量表一定平衡。

附注的作用是校验现金流量表编制的合理性与准确性。附注中主要涉及两部分调整,即影响了经营活动现金净流量但没有影响净利润、影响了净利润但没有影响经营活动现金净流量的因素。通过这两部分的调整,将净利润调整为经营活动现金净流量。

6.4 现金流量表的编制基础

在现金流量表的编制中,我们应掌握如下编制基础,可以使我们更加深入地掌握现金流量表的编制原理。企业发生的经济业务,如果只涉及现金各项目之间的增减变动或者只涉及非现金各项目之间的增减变动,不会影响现金流量;只有发生的经济业务涉及现金各项目与非现金各项目之间的增减变动,才会影响现金流量。

1. 不涉及编制基础的经济业务,与现金流量表无关

我们平时所核算的会计业务中,有一些项目是不涉及现金及现金等价物的。比如,固定资产折旧的计提、固定资产减值准备的计提、坏账准备的计提、盈余公积的计提等。不涉及现金及现金等价物的业务,在现金流量表的三项现金流量中是不予反映的。但是,影响了净利润但不影响经营活动现金流量的项目,以及不涉及现金流量的重大投资和筹资活动,要在附注中披露,以提高报表的信息质量。

【例6-1】我们来看下面这笔分录。

借:制造费用、管理费用等　　　　　　　　　12 000
　　贷:累计折旧　　　　　　　　　　　　　　　　　　12 000

从这笔分录可以很清楚地看到,现金及现金等价物并没有因此而发生增减变动,所以这个事项是不需要在现金流量表主表中反映的。但是,我们在用工作底稿法编制调整分录时，还是要对这个事项编制相应的调整分录，一是为了保证每一个科目调整的完整性，二是因为这个事项是要在现金流量表的附注中予以反映的。我们在编制附注时可以根据相应的调整分录来确定应反映的事项。

2. 同时涉及编制基础的经济业务，与现金流量表无关

同时涉及编制基础的经济业务，是无须在现金流量表中反映的。比如在银行提取现金的业务，所涉及科目分别为库存现金和银行存款。

【例6-2】企业开出现金支票，从开户银行提取现金3 000元。会计处理是这样的：

借：现金　　　　　　　　　　　　　　　　3 000
　　贷：银行存款　　　　　　　　　　　　　　3 000

我们看到，对于现金及现金等价物来说，增减各3 000元，余额没有变，也就是说，并没有影响净增减额，并且流入和流出的3 000元，既不属于经营活动现金流量，也不属于投资活动或筹资活动现金流量。因此，这个事项属于现金的内部流转，不涉及业务活动，不在现金流量表中体现。在编制现金流量表的调整分录时，也不对货币资金科目做相应调整。

3. 单方面引起现金流入、流出的经济业务，列入现金流量表予以反映

只有单方面引起现金流入、流出的经济业务，才是我们需要调整、在现金流量表中予以体现的内容。我们在编制现金流量表的调整分录时，主要的思路就是把现金及现金等价物项目调整为相应的业务活动的现金流量。

【例6-3】2022年11月11日，收到A客户通过银行汇入的所欠货款10 000元，所做的会计分录为：

借：银行存款　　　　　　　　　　　　　　10 000
　　贷：应收账款　　　　　　　　　　　　　　10 000

这笔业务使货币资金增加了 10 000 元，影响了经营活动现金流量，销售商品、提供劳务收到的现金增加了 10 000 元，这就是我们要反映在现金流量表上的数字。现金各项目和非现金各项目之间的增减变动，由于会引起现金流量净额的变化，所以现金流量表主要反映这些内容。

6.5　用直接法编制现金流量表的不足

直接法，是指通过现金收入和现金支出的主要类别列示经营活动的现金流量。采用直接法编制经营活动现金流量时，一般以利润表中的营业收入为起算点，调整与经营活动有关项目的增减变动，然后计算出经营活动现金流量。采用直接法编制的现金流量表，便于分析企业经营活动产生的现金流量的来源与用途，从而预测企业现金流量的未来前景。

采用直接法编制经营活动现金流量，不能直观地体现经营活动现金流量与净利润之间的关系。财务报表的使用者在看到这张报表时，对于经营活动现金流量与净利润之间的差异，无法有一个直观的概念。为什么一个企业净利润很高，却没有钱花？从采用直接法编制的报表，我们只能看到经营活动现金流量的组成，而不能理解为什么报表上有利润，实务中却没钱花。间接法作为对经营活动现金流量的验证，能够直观地反映其中的联系，有助于报表使用者对净利润和经营活动现金流量进行分析。因此，《企业会计准则》中规定，企业在采用直接法编制现金流量表后，还要在会计报表附注中披露间接法的相关数据，以提高会计报表的使用质量。

6.6　现金流量表的合格标准

现金流量表的编制，不仅要满足形式上的钩稽关系，还要满足实质上的要求。

一般来说，现金流量表在实质上应该是真实客观地反映企业各项活动的现金流量。编制人员应当注意将现金流量项目归到合理的类别中。尤其是经营活动与投资、筹资活动的分类,应归类准确。因为这三项活动的现金流量应给报表使用者提供各项信息,如经营活动现金流量是衡量企业收益质量的重要指标,而投资活动现金流量反映企业的投资流入、流出情况,筹资活动现金流量则反映企业的融资能力与偿债要求。

在形式上,现金流量表应满足一定的钩稽关系,如主表和附注之间,主表与资产负债表之间,利润表与附注之间,附注与会计报表附注之间等。在编制完现金流量表后,应对这些钩稽关系进行审核,以确保现金流量表符合其合格标准。

6.7 主表与附注的钩稽关系

主表中,经营活动现金流量+投资活动现金流量+筹资活动现金流量+汇率变动对现金及现金等价物的影响=现金及现金等价物净增加额。这个金额应当与附注中的现金及现金等价物净增加额一致。

主表中,经营活动现金净流量应等于附注中用间接法计算得出的经营活动现金净流量。

6.8 现金流量表主表与附注和另两大报表的钩稽关系

在实务中,我们对外报送会计报表时,因为会计报表所提供的信息量不足,需要同时报送会计报表附注,以对报表项目做详细说明。现金流量表与资产负债表、利润表、会计报表附注均存在一定的钩稽关系,在报表编制完成后应加以检查,确保提供合理、准确的会计信息。

1. 主表中常见钩稽关系

(1)现金流量表期初、期末现金及现金等价物是否与资产负债表期初、期末货币资金一致,若不一致,核实附注中货币资金的披露中是否有使用受限的货币资金。

（2）现金流量表中借款收到的现金项目和偿还借款支付的现金项目之差是否与资产负债表长短期借款和应付债券的本年增减金额一致（含一年内到期的附注中非流动负债中的借款和债券）。

（3）购置固定资产、无形资产和其他长期资产支付的现金，是否与附注中固定资产、无形资产、其他长期资产的本期增加额一致，若不一致，核实附注中应付账款是否披露了应付工程款或设备款等。

（4）支付给职工以及为职工支付的现金是否与附注中披露的应付职工薪酬本期支付额以及应交个人所得税本期减少额的合计数一致，若不一致，核实原因。

（5）检查现金流量表主表中除汇率变动对现金及现金等价物的影响这一行外，其他行次金额（不包括净额行次、现金及现金等价物净增加额行次）是否有负数，如果有，应做调整。

（6）本期期初现金及现金等价物余额是否与上期期末现金及现金等价物余额一致。

2. 附注中钩稽关系的检查

（1）净利润与审定后利润表中的净利润是否一致。

（2）经营活动现金净流量与现金流量表主表中的经营活动现金净流量是否一致。

（3）计提的资产减值准备是否与附注中计提的各项资产减值准备一致。

（4）计提的信用减值准备是否与附注中计提的各项信用减值准备一致。

（5）计提的固定资产折旧是否与附注中固定资产本年折旧计提数一致。

（6）无形资产摊销是否与附注中无形资产本年摊销数一致。

（7）长期待摊费用摊销项目是否与附注中长期待摊费用本年摊销金额一致。

（8）处置固定资产收益或损失是否与附注中资产处置收益中相关项

目金额一致。

（9）报废固定资产等项目是否与附注中营业外收入、支出中相关项目金额一致。

（10）公允价值变动损失（或收益）是否与附注中公允价值变动损益一致。

（11）财务费用金额是否与利润表及附注中财务费用中披露的利息支出、票据贴现费用、汇率变动对现金的影响等不属于经营活动现金流量的项目金额一致。

（12）投资收益是否与利润表及附注中的投资收益金额一致。

（13）存货减少是否与附注中存货期末数与期初数差额一致，若不一致，应考虑是否存在资本化利息、存货跌价准备、存货用于对外投资、存货领用计入在建工程等因素。

（14）递延所得税资产或负债的变动与附注中相关科目的变动是否一致，若不一致，应考虑是否存在未确认所得税费用的递延所得税资产或负债的变动，如计入其他综合收益的递延所得税资产或负债的变动。

（15）经营性应收项目的变动是否与资产负债表中流动资产（除货币资金、存货外）科目的增减变动一致，若不一致，核实是否存在非经营性应收项目，如其他应收款中存在非经营性应收款。此外，还有可能是因为本期合并范围发生变动，应收项目的变动可能是合并事项产生的，并非经营性变动。

（16）经营性应付项目的变动是否与资产负债表中流动负债（除短期借款、应付利息、应付股利、一年内到期的长期负债外）科目的增减变动一致，若不一致，核实是否存在非经营性应付项目，如应付账款中的长期资产应付款、应交税费中的固定资产进项税。此外，还有可能是因为本期合并范围发生变动，应付项目的变动可能是合并事项产生的，并非经营性变动。

（17）对"其他"事项的调整金额，应核实是什么内容。如，递延收益的摊销影响了净利润，但是并没有影响经营活动现金流量，应在附注中做调整，但是附注中没有相对应的项目，故计入"其他"。

编制过程中出现不平衡，往往是因为未深刻理解现金流量表的编制原理，未理解现金流量表与资产负债表、利润表及会计报表附注的钩稽关系。我们会在后面的章节中对现金流量表编制平衡与否的检查做详细的阐述。

第 7 章

各项目现金流量的调整思路

7.1 经营活动现金流量项目的调整

经营活动现金流量是企业通过自身所拥有的资产创造的现金流,是主要与企业净利润相关的现金流。现金流量表反映的经营活动现金流入和流出,说明了企业经营活动对企业整体现金流的影响程度,有助于报表使用者更加合理有效地预测企业未来的现金情况。

经营活动产生的现金流量是企业通过自身所拥有的资产创造的现金流,与企业净利润密切相关。企业在一定时期内实现的净利润不一定完全来自企业的经营活动,如处置固定资产产生的净损益,对外投资产生的收益,不属于经营活动产生的现金流量,不能够客观地反映一个企业的获利能力。通过对经营活动产生的现金流量进行分析,可以评价企业经营活动对企业整体现金流的影响程度,可以更加合理有效地预测企业未来的现金流量。

本部分内容主要以工商企业为基础。我们在编制现金流量表时,对经营活动现金流量的编制,需要根据利润表中的营业收入、营业成本、存货、应交税费、固定资产折旧、无形资产摊销等项目进行调整。主要调整的内容是:未实际收到现金的营业收入、未实际支付现金的营业成本、经营性应收和应付项目的变动、存货的变动、购买材料或销售商品发生的各项税费等。

7.1.1 销售商品、提供劳务收到的现金

该项目主要反映企业销售商品、提供劳务实际收到的现金，主要包括：

（1）本期销售商品、提供劳务收到的现金。

（2）本期收回前期销售商品和提供劳务的款项。

（3）本期发生的应收款项及合同资产。

（4）本期发生的预收款项及合同负债。

（5）本期销售材料和代购代销业务收到的现金。

（6）本期销售商品发生的销项税额。

（7）本期应收票据的收现。

对于本部分内容，我们需要注意的两点是：①销售商品发生的销项税额也是本项目的内容。②本项目不仅包括主营业务收入中反映的销售商品收到的现金，在其他业务收入中反映的销售材料等业务收入也是本项目反映的内容。

这部分内容主要是根据"主营业务收入""其他业务收入""应交税费——应交增值税（销项税额）""应收票据""应收账款""预收账款"这些科目的发生额来填列。

1. 关于"营业收入"的调整

在《企业会计准则》中，"营业收入"在利润表的第一行中反映，包括"主营业务收入"和"其他业务收入"。在实务编制中，我们一般直接取其发生额在调整分录中列示。当然，在企业的实际经济业务中，不是所有的"营业收入"都会产生现金流入。如应收账款的发生、库存商品作为福利发放给职工、对外投资、库存商品用于债务重组等事项，都导致"营业收入"没有现金流入。我们在对营业收入做调整时，可以先不管这些事项，直接以"利润表"中的发生额予以填列。对于"应收账款"的变动，我们直接在调整分录中做对应的调整。而对于其他特殊事项，我们根据实际发生的经济事项做出相应的调整。

2. 应交税费——应交增值税（销项税额）的填列

在现金流量表的调整编制中，"应交税费"属于一个比较复杂的调整项目。应交税费既包括不影响损益的价外税——增值税，又包括影响了损益的城市维护建设税、教育费附加、企业所得税等。由职工自身承担的个人所得税也属于应交税费的核算范围。可见，应交税费核算的范围是非常广泛的。仅增值税一项，在会计科目中就设置了"应交增值税"和"未交增值税"两级会计科目。在"应交增值税"中，在"应交增值税"科目下设三级明细科目进行详细核算。主要有"进项税额""已交税金""减免税款""出口抵减内销产品应纳税额""转出未交增值税""销项税额""出口退税""进项税额转出""转出多交增值税"等科目。可见，"应交税费"科目核算复杂，也导致了其在现金流量表的调整编制中具有一定的难度。

在对"销售商品、提供劳务收到的现金"进行调整时，我们主要考虑的是增值税的销项税额对现金流量的影响。增值税的销项税额，记录了企业销售货物或提供劳务应收取的增值税。增值税是价外税，收取的销项税额不影响企业的损益，但是属于销售商品、提供劳务收到的现金。在编制调整分录时，我们以"应交税费——应交增值税（销项税额）"的贷方发生数直接填列。

但是，需要注意的是，在《企业会计准则》中，工程领用本厂商品、用本厂商品发放职工薪酬、用本厂商品和材料对外投资、非货币性资产交换、债务重组等视同销售行为，也会产生销项税额，但不会产生现金流量，应该予以调整扣除。在实务中，我们一般先假设"销项税额"均为"销售商品、提供劳务收到的现金"，再对一些特殊事项单独予以调整。

3. "应收票据"的列示

应收票据是指企业持有的未到期或未兑现的商业票据。商业票据是一种载有一定付款日期、付款地点、付款金额和付款人的无条件支付的流通证券，也是一种可以由持票人自由转让给他人的债权凭证。根据我国现行法律的规定，商业汇票的付款期限最长不得超过 6 个月，符合条件的商业汇票的持票人，可以持未到期的商业汇票和贴现凭证向银行申请贴现。

在当今的经济社会，票据的使用越来越广泛。应收票据是在企业的赊销业务中产生的，应收票据是以书面形式表现的债权资产，其款项具有一定的保证，经持有人背书后可以提交银行贴现，具有较大的灵活性。因此，销货单位对外赊销，取得应收票据，应收票据贴现后产生现金流入，属于"销售商品、接受劳务收到的现金"。在实务中，为了简便起见，我们一般将应收票据期初和期末之间的差额假定为现金的流入和减少，在编制调整分录时，直接反映。

4."应收账款"及"合同资产"的调整

赊销是传统的销售模式。应收账款是伴随企业的销售行为发生而形成的一项债权。2017 年新修订的《企业会计准则第 14 号——收入》中，又新增加了"合同资产"科目。该科目是指企业已向客户转让商品而有权收取对价的权利，且该权利取决于时间流逝之外的其他因素。合同资产与应收款项的区别是：应收款项代表的是无条件收取合同对价的权利，即企业仅仅随着时间的流逝即可收款；而合同资产是一项有条件收款权，该权利除了时间流逝之外，还取决于其他条件（例如，履行合同中的其他履约义务）。因此，应收款项仅承担信用风险，而合同资产应承担信用风险和其他风险，如履约风险等。应收账款的确认与收入的确认密切相关。通常在确认收入的同时，确认应收账款。该账户按不同的购货或接受劳务的单位设置明细账户进行明细核算。

应收账款、合同资产均表示企业在销售过程中被购买单位所占用的资金。企业应及时收回应收账款以弥补企业在生产经营过程中的各种耗费，保证企业持续经营；对于被拖欠的应收账款应采取措施，组织催收。应收账款的收回，属于"销售商品、提供劳务收到的现金"，应做出相应的调整。在实务操作中，"应收账款"的调整与"应收票据"类似，一般是将应收账款期初和期末之间的差额假定为现金的流入和减少，在编制调整分录时，直接反映。如果有特殊的事项，比如应收账款的减少并没有对应销售商品的现金流入，则应单独做补充调整。

5."预收款项"及"合同负债"的调整

预收款项科目核算企业按照合同规定或交易双方之约定，而向购买单位或接受劳务的单位在未发出商品或提供劳务时预收的款项。一般包括预收的货款、预收购货定金等。企业在收到这笔钱时，商品或劳务的销售合同尚未履行，因而不能作为收入入账，只能确认为一项负债，即贷记"预收款项"账户。企业按合同规定提供商品或劳务后，再根据合同的履行情况，逐期将未实现收入转成已实现收入，即借记"预收款项"账户，贷记有关收入账户。根据2017年发布的《企业会计准则第14号——收入》，所预收的款项与合同规定的履约义务无关，不能作为合同负债核算，应作为预收账款计量。

合同负债是指企业已收或应收客户对价而应向客户转让商品的义务。在销售商品、提供劳务的过程中，预收款项通过"合同负债"科目核算，并根据其流动性，分别在资产负债表中的"合同负债"及"其他非流动负债"项目下列报。企业在向客户转让商品之前，客户已经支付了合同对价或企业已经取得了无条件收取合同对价权利的，企业应当在客户实际支付款项与到期应支付款项孰早时点，按照该已收或应收的金额，借记银行存款，贷记合同负债；企业向客户转让相关商品时，借记合同负债，贷记主营业务收入、其他业务收入等科目。涉及增值税的，还应进行相应的处理。

"预收款项"和"合同负债"不符合收入的确认条件，不能增加企业的净利润。但是，"预收款项"和"合同负债"是企业收到的与销售有关的现金，从"收付实现制"的角度来看，属于企业的现金流入，应在现金流量表中反映。如本期增加，则反映本期有部分款项已经收到，应作为

"销售商品、提供劳务收到的现金"的增加项。如本期减少，则反映本期有前期预收的款项已于本期结转入收入，应作为"销售商品、提供劳务收到的现金"的抵减项。

6. "坏账准备"的调整

赊销是企业常见的一种销货方式。对于企业来说，采用赊销方式具有一定的风险。如果购货方信誉较好，货款回收能得到保证。如果购货方信誉不好，或者遭遇了倒闭以及地震、洪水等不可抗力，货款的回收就无法得到保证。资产负债表中的应收账款金额具有一定的不可靠性，因为应收账款能够全部收回的可能性较小，尤其是账龄较长的应收账款，不可收回性大大增加。为了如实反映企业实际应当收回的货款，会计核算中一般可以预先估计一部分可能收不回来的钱，作为"坏账准备"，在利润表中反映为"信用减值损失"。

新金融工具准则实施后，坏账准备的计提方法转变为预期损失法。不管用哪种方法计提，其账务处理的方法都是一致的。在年末，根据企业的会计政策，计算出企业应当保留的应收账款坏账准备，然后与上期已计提的坏账准备余额进行比较，如果不足则予以补提，如果超出则予以冲减，以确保坏账准备的余额与年末应收账款所应保留的坏账准备余额一致。如果发生已确定的坏账，则在已计提的坏账准备中予以冲减。

坏账准备的常见会计处理：

（1）计提坏账准备：

借：信用减值损失

贷：坏账准备

（2）实际发生坏账损失：

借：坏账准备

贷：应收账款

（3）实际发生坏账损失之后又收回：

借：应收账款

　　贷：坏账准备

借：银行存款

　　贷：应收账款

（4）坏账准备的转回：

借：坏账准备

　　贷：信用减值损失

第1、2、4笔业务：均不影响现金流量，实际并无现金流入和流出。第1笔业务影响了净利润但不影响经营活动现金流量，应在附注中的"计提资产减值损失"中予以调整。第2、4笔业务虽然不影响现金流量，但是对应收账款的余额产生影响，应在附注中的"经营性应收项目的变动"中予以调整。

第3笔业务：如果已核销的应收账款于本期又予以收回，则应在"销售商品、提供劳务收到的现金"项目中反映。一般来说，我们可以用如下公式来表示"销售商品、提供劳务收到的现金"。

销售商品、提供劳务收到的现金＝营业收入＋当期收到的增值税销项税额＋（应收账款期初余额－期末余额）＋（合同资产期初余额－期末余额）＋（应收票据期初余额－期末余额）＋（预收账款期末余额－期初余额）－坏账准备的调整金额

销售商品、提供劳务收到的现金＝当期销售商品、提供劳务收到的现金＋增值税销项税额＋当期收回前期的应收账款＋当期收回前期的应收票据＋当期预收的账款＋当期收回前期已核销的坏账损失－当期销售退货支付的现金

需要提醒大家的是，本书对现金流量表的介绍，主要介绍的是原理和编制方法。虽然笔者在本书中会介绍一些现金流量表的编制公式，但我并不建议大家死背公式去确定现金流量。因为在实务工作中我们所遇到的经济事项，往往比公式中所包含的内容更复杂。盲目记公式，往往很难把

现金流量表编制平衡。初学者背公式，往往会被公式的加加减减搞糊涂，所以学习现金流量表最关键的是掌握其原理，以不变应万变。

【例7-1】 甲企业本期销售一批商品，开出的增值税专用发票上注明的销售价款为1 000万元，增值税销项税额为130万元；应收票据期初余额为100万元，期末余额为60万元；应收账款期初账面余额为200万元，期末账面余额为250万元；本期收回上年度已核销的坏账损失为20万元。另外，本期因商品质量问题发生退货，支付银行存款30万元，货款已通过银行转账支付。则本期销售商品、提供劳务收到的现金计算如下（单位：万元）：

本期含税销售商品收入（1 000+130）	1 130
加：本期应收票据减少额（100−60）	40
加：本期应收账款增加额（200−250）	−50
减：本期因销售退回支付的现金	30
加：本期收回前期核销的坏账损失	20

则本期销售商品、提供劳务收到的现金为1 110万元。

【例7-2】 甲企业为一家增值税一般纳税人企业，2022年，发生营业收入1 000万元，销项税额为130万元。应收账款账面原值（不包含坏账准备的金额）的期初余额为300万元，期末余额为200万元。应收票据期初余额为400万元，期末余额为500万元。预收账款期初余额为300万元，期末余额为100万元。坏账准备期初余额为10万元，期末余额为23万元，本期发生坏账损失5万元，收回已做坏账损失处理的款项8万元，计提坏账准备10万元。假定不考虑其他因素，甲企业2022年"销售商品、提供劳务收到的现金"是多少？

解析： 在本例中，我们先假设营业收入和销项税额全部收到现金。应收账款本期减少100万元，可知本期应收账款收回了100万元。应收票据本期增加了100万元，说明有100万元的收入没有收到现金。预收账款本期减少了 200 万元，说明本期有 200 万元的预收账款转入收入，没有收到现金。本期计提坏账准备 10 万元，对现金流量不产生影响。本期实际发生坏账损失 5 万元，核销了应收账款，说明应收账款减少的 100 万元中，有 5 万元没有收到现金，应予以减少现金流量 5 万元。本期收回已做坏账损失处理的款项 8 万元，增加了现金流量 8 万元。

因此，销售商品、提供劳务收到的现金 =1 000+130+100-100-200-5+8=933（万元）。

我们还可以从调整分录看出其处理的思路（单位：万元）：

借：销售商品、提供劳务收到的现金　　　　　　　930
　　应收票据　　　　　　　　　　　　　　　　　100
　　预收账款　　　　　　　　　　　　　　　　　200
　　贷：应收账款　　　　　　　　　　　　　　　　　　100
　　　　营业收入　　　　　　　　　　　　　　　　　　1 000
　　　　应交税费——应交增值税（销项税额）　　　　　130
借：信用减值损失　　　　　　　　　　　　　　　10
　　贷：坏账准备　　　　　　　　　　　　　　　　　　10
借：应收账款　　　　　　　　　　　　　　　　　8
　　贷：坏账准备　　　　　　　　　　　　　　　　　　8
借：销售商品、提供劳务收到的现金　　　　　　　8
　　贷：应收账款　　　　　　　　　　　　　　　　　　8
借：坏账准备　　　　　　　　　　　　　　　　　5
　　贷：应收账款　　　　　　　　　　　　　　　　　　5
借：应收账款　　　　　　　　　　　　　　　　　5
　　贷：销售商品、提供劳务收到的现金　　　　　　　　5

我们可以看出，调整分录的基本思路就是将所有科目的发生额都调整平衡。所以通过上述调整后，我们将资产负债类科目的期初数加上或减去本期调整分录后列明的数字，即与期末数一致。利润表科目直接调整其发生额。另外还需要说明的是，上述案例资料中已经说明了应收账款报表数为应收账款原值，而不是扣除了坏账准备后的应收账款净值。如果是已经扣除了坏账准备的应收账款净值，则计算过程为：销售商品、提供劳务收到的现金 =1 000+130-100-200+（300-10）-（200-23）-10=933（万元）。

为了理解思路，我们一般建议初学者用调整分录来计算现金流量，这样比较容易检查结果调整是否正确。

7.1.2 收到的税费返还

该项目反映企业收到返还的所得税、增值税、消费税、关税和教育费附加等各种税费返还款。在实际工作中，比较常见的项目为收到的即征即退的各项税费、产品出口企业收到的出口退税款等。

《企业会计准则第 16 号——政府补助》第十一条规定：与企业日常活动相关的政府补助，应当按照经济业务实质，计入其他收益或冲减相关成本费用。与企业日常活动无关的政府补助，应当计入营业外收支。根据上述规定，增值税税收返还应计入其他收益科目。

通常情况下，实际收到税费返还都会对经营活动现金净流量产生影响。我们在编制调整分录时，直接将收到的税费返还在"收到的税费返还"项目下进行调整列报。

7.1.3 收到其他与经营活动有关的现金

除"销售商品、提供劳务收到的现金"和"收到的税费返还"外，企业收到的与经营活动有关的现金均在"收到其他与经营活动有关的现金"中反映。主要包括：收到内部往来借款、收到的罚款、经营租赁租金等。一般来说，涉及的科目有"营业外收入""其他应付款""其他收益"等。在正常经营活动中，收到的经营罚款、经营租赁收到的租金等，我们都可以作为"收到其他与经营活动有关的现金"反映。

1. 代扣个人所得税手续费返还的现金流量表列报

《关于 2018 年度一般企业财务报表格式有关问题的解读》中明确：企业作为个人所得税的扣缴义务人，根据《中华人民共和国个人所得税法》收到的扣缴税款手续费，应作为其他与日常活动相关的项目在利润表的"其他收益"项目中填列。在现金流量表中作为"收到其他与经营活动有关的现金"列报。

2. 政府补助的现金流量表列报

在《企业会计准则第 16 号——政府补助》中，政府补助的核算方法分为总额法和净额法，根据是与资产相关还是与收益相关，分别在递延收益、营业外收入、其他收益、固定资产、无形资产、在建工程、研发支出、营业外收入、生产成本、管理费用、财务费用等科目中进行列报。既可以作为"其他收益"归属于企业的营业利润，也可以在"营业外收入"中列示，还可以冲减相关的成本费用或资金利息，进而对企业利润产生影响。

企业实际收到的政府补助，无论是与资产相关还是与收益相关，均在"收到其他与经营活动有关的现金"项目填列。

3. 关联方资金拆借的现金流量表列报

在企业的经营中，关联方之间的资金拆借是一个重要的经济事项，对于其在现金流量表中的列示，实务中一直也有不同的看法。

【例 7-3】 母公司借给子公司（处于基建期，无经营活动）资金，双方未签订借款协议，不收取利息，也没有约定还款期限。在此种情况下，子公司在现金流量表中将收到的款项列报为"收到其他与投资活动有关的现金"，母公司将支付的资金列报为"支付其他与投资活动有关的现金"，是否恰当？

解析：对于关联方之间的资金拆借在借入、借出双方各自现金流量表上的列报方式，实务中没有统一的做法，可以作为投资或筹资活动，也可以作为经营活动，主要考虑以下因素：

（1）有无明确的偿还期限约定；

（2）报告期内借出和收回交易的发生频率；

（3）涉及本金金额的大小；

（4）实际借款期限的长短。

在未签订借款协议，借款期限事先不确定，拆出和归还交易发生频繁且涉及金额较大，而且不带利息的情况下，更接近于作为经营活动现金流量；反之，借出一方更接近于作为投资活动现金流量，借入一方更接近于作为筹资活动现金流量。借入一方将收到借款的现金流量作为投资活动产生的现金流量，虽然可以简化其母公司编制合并现金流量表时的合并抵销，但对其单独现金流量表的列报而言是不恰当的。

因此，在本案例中，子公司将所借入的资金作为"收到其他与投资活动有关的现金"是不恰当的，应根据具体情况作为"收到其他与经营活动有关的现金"或者"收到其他与筹资活动有关的现金"；相应地，借出方母公司作为"支付其他与经营活动有关的现金"或者"支付其他与投资活动有关的现金"。

7.1.4 购买商品、接受劳务支付的现金

在经营活动现金流量中，"购买商品、接受劳务支付的现金"也是一项非常常见、发生较为频繁的现金流量。该项目反映企业购买商品、接受劳务所实际支付的现金，包含购买商品、接受劳务时产生的进项税额。

本项目主要包括：本期购买商品和接受劳务支付的现金、本期支付前期购买商品和接受劳务的应付未付款、本期购买商品和接受劳务预付的款项、本期支付应付票据等。主要涉及的科目有：主营业务成本、其他业务成本、应付账款、应付票据、预付账款、存货、应交税费等。

1."营业成本"的调整列示

在《企业会计准则》中,"营业成本"由"主营业务成本""其他业务成本"组成。在编制调整分录时,我们一般假设其均为实际流出的现金,直接以"利润表"中的数字填列。对实际未流出的现金,再做调整。

与《企业会计制度》的规定不同,《企业会计准则》中规定,将产品用于对外投资、在建工程、债务重组、非货币性交换等事项时,产品的成本也应计入"营业成本"。我们在编制调整分录时,应当注意对这部分特殊事项单独予以考虑和调整。

2.购买商品、接受劳务产生的进项税额及进项税额转出

在"应交增值税"中,在"应交增值税"科目下设三级明细科目进行详细核算,主要有"进项税额""已交税金""减免税款""出口抵减内销产品应纳税额""转出未交增值税""销项税额""出口退税""进项税额转出""转出多交增值税"等科目。

在对"购买商品、接受劳务支付的现金"进行调整时,我们主要考虑的是增值税的进项税额及进项税额转出对现金流量的影响。增值税的进项税额,记录企业购买货物或接受劳务所取得的进项税。增值税是价外税,取得的进项税额不影响企业的损益,但是,企业在购买商品、接受劳务时,需要支付进项税,因此进项税也属于购买商品、接受劳务支付的现金。在编制调整分录时,我们以"应交税费——应交增值税(进项税额)"的借方发生数直接填列。但是,如果该进项税是采购固定资产、在建工程增加、长期待摊费用增加而发生的,应当作为投资活动的现金流量,不应作为"购买商品、接受劳务支付的现金"。

此外,公司采购进来的存货因意外损失,或改变用途如用于职工福利等事项时,根据税法规定,应将此部分的进项税额转出。这部分转出的进项税额对存货转入成本的价值会产生一定的影响,因此应在现金流量表中予以调整。

3. "存货"的调整

对于一个正常经营的企业来说,"存货"属于一项重要的实物资产。存货科目中主要包括:原材料、生产成本、库存商品、低值易耗品等。企业的日常经营,采购材料、生产、形成成品,都围绕着"存货"科目进行核算。存货的核算,对企业的成本利润产生着重要的影响。企业用原材料投入生产形成成品,成品对外销售,形成销售收入,同时结转销售成本。已形成成本的部分,在"营业成本"中反映。尚未结转成本的部分,仍留存在"存货"中。存货期末余额大于期初余额,说明有一部分存货没有形成营业成本。存货期末余额小于期初余额,说明本期有一部分上期留存的存货于本期形成营业成本,因此,在编制调整分录时,应直接将"存货"报表科目的变动额作为"购买商品、接受劳务支付的现金"的调整事项反映。

此外,对于存货已经计提的跌价准备,由于其不产生现金流出,不在本项目中予以反映。对于本期发生盘亏、报废、非正常损失的存货,不应在本项目中反映,应该结合实际情况做相应的调整。对于通过债务重组、非货币性交换等经济行为取得的存货,由于并没有实际的现金流出,也不应在本项目中反映。

我们在编制调整分录时,可以先视同存货的变动均对现金流量产生影响,对于一些特殊的事项,再单独予以调整。

4. "预付款项"的变动

企业支付的预付款项,在资产负债表中反映。预付款项,为企业对外支付的预付款,尚未有存货购进,但属于购买商品、接受劳务支付的现金,应在本项目中反映。如果预付款项期末余额大于期初余额,则说明增加了一部分尚未形成存货的预付款,应在本项目中予以调增。如果预付款项期末余额小于期初余额,则说明前期的预付款项有一部分已经形成存货,应在本项目中予以调减。

5. "应付票据"的调整

本期应付票据增加，说明有一部分应付票据尚未有现金流出。本期应付票据减少，说明有一部分应付票据已经实际支付。在编制调整分录时，应该考虑这一因素的影响。在实际工作中，有时候债权人和债务人会通过债务重组的方式冲减应付票据，对于这一事项，由于并没有实际现金流出，应单独予以调整。

6. "应付账款"的调整

本期应付账款增加，说明有一部分应付账款尚未有现金流出。本期应付账款减少，说明有一部分应付账款已经实际支付。在编制调整分录时，应该考虑这一部分因素的影响。

在实际工作中，有时会有一部分应付账款确实无法支付，经批准后转入"营业外收入"，这一事项由于并无实际现金流入，应单独予以调整。

7. 其他事项的调整

一个企业在正常经营中，一般会在成本费用中列支职工薪酬、折旧费用、无形资产摊销等内容。

在现金流量表的调整中，一般先对存货等事项做调整。对于成本费用中的职工薪酬、折旧费用、无形资产摊销等事项，由于并未产生现金流出，应该冲减"购买商品、接受劳务支付的现金"。

如果用公式来表示，"购买商品、接受劳务支付的现金"可以表示为：

购买商品、接受劳务支付的现金 = 营业成本 + 当期支付的进项税额 +（应付账款期初余额 − 期末余额）+（应付票据期初余额 − 期末余额）+（预付款项期末余额 − 期初余额）+（存货的期末余额 − 期初余额）− 当期计入生产成本和制造费用的职工薪酬 − 当期计入生产成本和制造费用的折旧费用购买商品、接受劳务支付的现金＝当期购买商品接受劳务支付的现金＋当期支付的应付账款和应付票据＋当期预付的账款－当期因购货退回收到的现金

如果用调整分录来表示，可能更容易理解。

【例 7-4】 甲企业本期购买一批商品，收到的增值税专用发票上注明的价款为 100 万元，增值税进项税额为 13 万元；应付票据期初余额为 50 万元，期末余额为 40 万元；应付账款期初账面余额为 20 万元，期末账面余额为 25 万元；预付账款期初账面余额为 30 万元，期末账面余额为 32 万元。则本期购买商品、接受劳务支付的现金计算如下（单位：万元）：

本期购买商品含税金额（100+13）	113
加：本期应付票据减少额（50-40）	10
加：本期应付账款增加额（20-25）	−5
加：本期预付账款增加额（32-30）	2
本期购买商品、接受劳务支付的现金	120

【例 7-5】 甲公司是一家增值税一般纳税人。2022 年确认主营业务成本 52 529.26 万元，应付账款期末比期初减少 1 365.57 万元，预付账款期末比期初增加 21 907.34 万元，存货期末比期初减少 1 116.40 万元，应付票据期末比期初增加 1 100.00 万元。本年发生增值税进项税额 9 236.59 万元，进项税额转出额为 47.32 万元。

本年在生产成本和制造费用中列支职工薪酬 100.00 万元，列支固定资产折旧费用 500.00 万元。

在确认购买商品、接受劳务支付的现金时，所做分录为（单位：万元）：⊖

借：主营业务成本	52 529.26	
应付账款	1 365.57	

⊖ 因四舍五入，借方与贷方合计数略有差异，本书余同。

预付账款　　　　　　　　　　　　　　21 907.34
　　应交税费——应交增值税（进项税额） 9 236.59
贷：存货　　　　　　　　　　　　　　　　　1 116.40
　　应交税费——应交增值税（进项税额转出）　 47.32
　　应付票据　　　　　　　　　　　　　　　1 100.00
　　购买商品、接受劳务支付的现金　　　　　82 775.05
借：购买商品、接受劳务支付的现金　　 600.00
贷：应付职工薪酬　　　　　　　　　　　　　 100.00
　　累计折旧　　　　　　　　　　　　　　　 500.00

　　相对来说，用调整分录来确定现金流量，要比记公式更容易理解，也不容易出错。

7.1.5　支付给职工以及为职工支付的现金

　　支付给职工以及为职工支付的现金反映企业实际支付给职工的现金以及为职工支付的现金，包括企业为获得职工提供的服务、本期实际给予职工的各种形式的报酬以及其他相关支出，如支付给职工的工资、奖金、各种津贴和补贴等，以及为职工支付的其他费用，不包括支付给在建工程人员的工资。支付给在建工程人员的工资，在"购建固定资产、无形资产和其他长期资产支付的现金"项目中反映，也不包括支付给离退休职工的各项费用（包括支付的统筹退休金以及未参加统筹的退休人员的费用），该费用在"支付其他与经营活动有关的现金"中反映。

　　企业为职工支付的医疗、养老、失业、工伤、生育等社会保险基金以及补充养老保险、住房公积金，企业为职工交纳的商业保险金，因解除与职工的劳动关系给予的补偿，现金结算的股份支付，以及企业支付给职工或为职工支付的其他福利费用等，应根据职工的工作性质和服务对象，分别在"购建固定资产、无形资产和其他长期资产支付的现金"和"支付给职工以及为职工支付的现金"项目中反映。

需要注意的是，本项目不仅包括本期实际支付给职工的工资、奖金、津贴和补贴、福利费等，还包括为职工支付的五险一金，以及代扣代缴的个人所得税等。本项目调整时主要涉及的科目有：应付职工薪酬、管理费用、销售费用、应交税费等。

在编制本项目的调整分录时，我们一般以"应付职工薪酬"的借贷两条线来反映。

在处理计提职工薪酬时，所做分录为：

借：管理费用

　　生产成本

　　制造费用

　　销售费用

　贷：应付职工薪酬

在支付职工薪酬时，所做分录为：

借：应付职工薪酬

　贷：银行存款

我们在对现金流量表项目进行调整时，由于管理费用、制造费用、销售费用、生产成本科目一般已经调整，则在本调整分录中分别用对应的现金流量行来表示，调整分录为：

借：支付其他与经营活动有关的现金（指管理费用）

　　购买商品、接受劳务支付的现金（指生产成本）

　　购买商品、接受劳务支付的现金（指制造费用）

　　支付其他与经营活动有关的现金（指销售费用）

　贷：应付职工薪酬

借：应付职工薪酬

　贷：支付给职工以及为职工支付的现金

对于本期应交个人所得税，如果增加，则应作为"支付给职工以及为职工支付的现金"的减项；如果减少，则应作为"支付给职工以及为职工支付的现金"的加项。

7.1.6 支付的各项税费

本项目反映的是企业本期应缴且缴纳、以前各期发生于本期支付以及预缴的各项税费等。一般来说，企业所得税、增值税、房产税、土地使用税、土地增值税、消费税、城市维护建设税、教育费附加等，都属于本项目反映的内容。但是，支付的个人所得税，应在"支付给职工以及为职工支付的现金"中反映。此外，收到的增值税出口退税，应在"收到的税费返还"中反映，不作为本项目的冲减项目。与本项目相关的科目主要有"应交税费——未交增值税""应交税费——应交企业所得税"以及在"税金及附加"中反映的各项税费等。

7.1.7 支付其他与经营活动有关的现金

本项目反映企业除上述各项外，支付的其他与经营活动有关的现金。如差旅费、业务招待费、银行手续费等支出。与本项目相关的科目主要有"管理费用""销售费用""财务费用"。此外，本期支付的经营性往来，通常也计入"支付其他与经营活动有关的现金"。非付现项目如计提的固定资产折旧、无形资产摊销等，在本项目中予以扣除。

7.2 投资活动现金流量项目的调整

投资活动包括企业购建及处置固定资产、在建工程、无形资产等长期资产的活动，以及取得或收回不属于现金等价物的权益性证券投资的活动。相对来说，企业发生的投资活动没有经营活动频繁，编制的难度较小。

通过对现金流量表中的投资活动现金流量进行分析，可以评价企业通过投资活动获取现金的能力，评价一个企业投资活动现金流量对净利润的影响程度。

企业的投资活动可以分为两大类：对外投资和对内投资。

对外投资是指企业用现金、实物或购买有价证券的形式对其他单位投资的行为，主要指股权投资和债权投资。需要注意的是，如果企业购买的债券为还有半个月就到期的短期债券，这种投资属于购买现金等价物，是现金内部自身的增减变动，不应在投资活动现金流量项目中反映。

对内投资是指企业购置各种生产经营资产的行为。企业的对内投资主要包括购建固定资产、无形资产、在建工程等资产。

7.2.1 收回投资收到的现金

本项目反映企业出售、转让或到期收回除现金等价物以外的以公允价值计量且其变动计入当期损益的金融资产、以摊余成本计量的金融资产、以公允价值计量且其变动计入其他综合收益的金融资产、长期股权投资等而收到的现金。不包括债权性投资收回的利息、收回的非现金资产，以及处置子公司及其他营业单位收到的现金净额。债权性投资收回的本金，在本项目中反映；债权性投资收回的利息，不在本项目中反映，而在"取得投资收益收到的现金"项目中反映。处置子公司及其他营业单位收到的现金净额单设项目反映。本项目主要涉及的科目有"交易性金融资产""长期股权投资""其他权益工具投资""债权投资""其他债权投资"等。

【例 7-6】 甲企业出售其持有的某项长期股权投资，收回的全部投资金额为 400 万元。出售其持有的交易性金融资产，收回的全部投资金额为 300 万元。出售原购置的某债权投资，收回本金 300 万元，收回利息 18 万元。

解析：企业债权性投资收回的利息应在"取得投资收益收到的现金"项目中反映。本项目只反映收到投资本金时的全部现金流入。因此，甲企业收回投资收到的现金 =400+300+300=1 000（万元）。

7.2.2 取得投资收益收到的现金

本项目主要根据企业的"投资收益"科目填列,反映的是企业除现金等价物以外的对其他企业的权益工具、债务工具、理财产品和子公司、联营企业、合营企业中的权益投资分回的现金股利和股息等。股票股利由于没有实际的现金流入,不在本项目中反映。包括在现金等价物范围内的债权性投资,其利息收入在本项目中反映。

企业的投资收益,主要包括企业长期股权投资收到的投资收益,以及债权投资收到的投资收益。长期股权投资的核算方法分为成本法和权益法。在成本法下,除取得投资时实际支付的价款或对价中包含的已宣告但尚未发放的现金股利或利润外,投资企业还应当按照享有被投资单位宣告发放的现金股利或利润确认投资收益。处置长期股权投资时,应将长期股权投资账面价值与实际取得价款的差额计入当期损益(投资收益)。在权益法下,投资方取得长期股权投资后,应当按照应享有或应分担的被投资单位实现的净损益的份额,确认投资收益。

无论采用哪种方式核算,在现金流量表中,均遵循收付实现制原则,即将实际取得的投资收益现金流入确认为"取得投资收益收到的现金"。

【例7-7】 甲企业投资150万元于A企业,占其股本的40%,具有重大影响,以权益法进行核算。甲企业投资300万元于B企业,占其股本的70%,具有控制权,以成本法进行核算。当年年末,A企业因盈利分配股利300万元,B企业亏损,没有分配股利。A企业分配的股利,甲企业已经收到现金。甲企业持有的债权投资所分回的利息为100万元。

解析:本期甲企业实际收到的A企业分回的投资收益为300×40%=120(万元)。

长期债权投资分回的利息为100万元。

甲企业取得投资收益收到的现金合计为120+100=220(万元)。

7.2.3 处置固定资产、无形资产和其他长期资产收回的现金净额

本项目反映企业出售固定资产、无形资产和其他长期资产（如投资性房地产）所取得的现金，减去为处置这些资产而支付的有关费用后的净额。企业由于自然灾害等原因所造成的固定资产等长期资产报废、毁损而收到的保险赔偿收入，在本项目中反映。如果处置固定资产、无形资产和其他长期资产收回的现金净额为负数，应作为投资活动产生的现金流量，在"支付其他与投资活动有关的现金"项目中反映。企业搬迁收到的拆迁补偿款，也在本项目中反映。如果在处置过程中产生销项税，也应当调整计入本项目。但处置上述资产而支付的有关费用，应冲减本项目的现金。

【例 7-8】 A 企业出售一台不用的设备，收到价款 200 万元。该设备的固定资产原值为 500 万元，已提折旧 100 万元。发生设备拆卸及运输费用 3 万元。不考虑相关税费。

解析：本期出售固定资产收到的现金为 200 万元，出售固定资产发生的清理费用为 3 万元，处置固定资产、无形资产和其他长期资产收回的现金净额为 200-3=197（万元）。

7.2.4 处置子公司及其他营业单位收到的现金净额

本项目反映的是企业处置子公司及其他营业单位所取得的现金净额，相关处置费用以及子公司及其他营业单位持有的现金和现金等价物应在本项目中予以冲减。

《企业会计准则第 31 号——现金流量表》要求企业在附注中以总额披露当期取得或处置子公司及其他营业单位的下列信息：

（1）取得或处置价格。
（2）取得或处置价格中以现金支付的部分。
（3）取得或处置子公司及其他营业单位收到的现金。

（4）取得或处置子公司及其他营业单位按照主要类别分类的非现金资产和负债。

处置子公司及其他营业单位收到的现金净额如果为负数，则不在本项目中反映，应重分类后在"支付其他与投资活动有关的现金"中反映。

【例 7-9】 甲公司于 2022 年 8 月 31 日处置乙公司 100% 股权，处置时甲公司收到银行存款 3 000 万元，处置日乙公司账面现金及现金等价物为 200 万元，假设不考虑其他事项。

解析： 处置子公司及其他营业单位收到的现金净额 = 处置子公司现金流入 3 000 万元 – 子公司持有的现金及现金等价物 200 万元 = 2 800 万元。在现金流量表中列报为"处置子公司及其他营业单位收到的现金净额" 2 800 万元。

【例 7-10】 甲公司于 2022 年 8 月 31 日处置乙公司 100% 股权，处置时甲公司收到银行存款 1 000 万元，处置日乙公司账面现金及现金等价物为 1 100 万元，假设不考虑其他事项。

解析： 处置子公司及其他营业单位收到的现金净额 = 处置子公司现金流入 1 000 万元 – 子公司持有的现金及现金等价物 1 100 万元 = –100 万元。在现金流量表中重分类后列报为"支付其他与投资活动有关的现金" 100 万元。

7.2.5 收到其他与投资活动有关的现金

除上述项目以外，企业收到的其他与投资活动有关的现金，在本项目中反映。如果现金流入金额较大，应当单列项目反映。一般来说，比较常见的事项为企业购买股票和债券时实际支付的价款中包括的已宣告但尚未领取的现金股利，或已到付息期但尚未领取的债券利息，于实际收到时在本项目中反映。

7.2.6 购建固定资产、无形资产和其他长期资产支付的现金

本项目为比较常见的项目，反映企业在日常生产经营中购买、建造固定资产，取得无形资产和其他长期资产所支付的现金。采购固定资产所支付的进项税在本项目中反映。购建在建工程、无形资产的过程中发生的以现金支付的职工薪酬，也在本项目中反映，而不是在"支付给职工以及为职工支付的现金"中反映。需要注意的是，购建固定资产过程中发生的资本化利息在筹资活动产生的现金流量中反映。

【例 7-11】 A 企业购进一台设备，取得增值税进项税专用发票，原价为 100 万元，进项税额为 13 万元。本期在建工程增加 1 000 万元，包含发生的在建工程人员工资 100 万元。假设均以银行存款支付。

解析： 本期购建固定资产、无形资产和其他长期资产支付的现金为 100+13+1 000=1 113（万元）。

7.2.7 投资支付的现金

本项目反映企业进行权益性投资和债权性投资所支付的现金，包括企业取得除现金等价物以外的交易性金融资产、债权投资、其他债权投资、以公允价值计量且其变动计入其他综合收益的金融资产而支付的现金，以及支付的佣金、手续费等交易费用。但是，企业购买股票和债券时实际支付的价款中包括的已宣告但尚未领取的现金股利，或已到付息期但尚未领取的债券利息，不在本项目中反映。因为在购买后企业已经获得了领取这些款项的权利。由于这些应收款项已经可以计量，因此应作为金融资产的减项，从购买总额中予以减除，以确定购买成本。已宣告但尚未领取的现金股利，或已到付息期但尚未领取的债券利息在现金流量表中应在"支付其他与投资活动有关的现金"中反映，在实际收回时在"收到其他与投资活动有关的现金"中反映。

【例 7-12】 A 企业购买了中国银行发行的金融债券，面值为 100 万元，票面利率为 8%，实际支付的金额为 110 万元，包含已到期的利息 10 万元。同时，A 企业投资成立 B 企业，支付的投资成本为 1 000 万元。上述款项均以银行存款支付。

解析： 购买的金融债券中包含的已到期的利息不在本项目中反映。投资支付的现金包括购买金融债券及对外投资所支付的实际现金金额，即投资支付的现金 =110−10+1 000=1 100（万元）。

7.2.8 取得子公司及其他营业单位支付的现金净额

本项目反映企业购买子公司及其他营业单位时以现金支付的出价额，购买子公司及其他营业单位时被收购单位持有的现金及现金等价物应在本项目中予以冲减。企业购买子公司及其他营业单位为整体交易行为，子公司和其他营业单位的资产不仅包括存货、固定资产等实物资产，还包括现金及现金等价物。整体购买子公司或其他营业单位的现金流量，应以购买出价中以现金支付的部分减去子公司或其他营业单位持有的现金及现金等价物后的净额反映。该项目金额如果为负数，则在"收到其他与投资活动有关的现金"中反映。

【例 7-13】 A 企业购买了 B 企业的一家子公司，该子公司的有关资产负债情况如表 7-1 所示，假设该子公司除了库存现金和银行存款外无其他现金等价物。

解析： A 企业购买该子公司时，购买子公司的出价为资产总额减去负债总额，即 77 000−（10 000+10 000+3 000）=54 000（万元），实际的现金流出 =54 000−20 000=34 000（万元），即公司取得子公司及其他营业单位支付的现金净额为 34 000 万元。

表 7-1 子公司的资产负债表简表

(单位:万元)

资产	金额	负债及所有者权益	金额
库存现金及银行存款	20 000	短期借款	10 000
存货	30 000	应付账款	10 000
固定资产	20 000	其他应付款	3 000
无形资产	5 000	股本	20 000
长期股权投资	1 000	资本公积	10 000
其他资产	1 000	未分配利润	24 000
资产总额	77 000	负债及所有者权益总额	77 000

7.2.9 支付其他与投资活动有关的现金

本项目反映的是企业除上述项目外支付的其他与投资活动有关的现金。如果现金流出金额较大,应当单独列示。如购买股票和债券时,支付的已宣告但尚未领取的现金股利,或已到付息期但尚未领取的债券利息即在本项目中反映。

7.3 筹资活动现金流量项目的调整

筹资活动是指一个企业中能够引起资产和负债规模及构成发生变化的活动。企业吸收权益性资本及因此而产生的资本溢价、发行债券、借入资金、支付利息、偿还债务引起的现金流入和流出,均在本项目中反映。通过对筹资活动产生的现金流量进行分析,可以评价一个企业的筹资能力,以及通过筹资产生的现金流量对企业现金流量净额的影响程度。

7.3.1 吸收投资收到的现金

该项目反映企业收到的投资者投入的现金,包括以发行股票等方式筹集资金实际收到的款项净额(发行收入减去支付的佣金、手续费、宣传费、印刷费等发行费用后的净额),企业当期实收的股东投入的股本。本项目可以根据"实收资本（或股本）""资本公积"等科目的记录分析填列或根据"实收资本（或股本）""资本公积"备查登记簿的"现金入股"栏目的记录金额填列。

吸收投资收到的现金＝"实收资本（或股本）""资本公积"备查登记簿的"现金入股"栏目的记录金额。以发行股票、债券等方式筹集资金而由企业直接支付的审计咨询费等费用，在"支付其他与筹资活动有关的现金"项目中反映。

【例7-14】A企业经批准发行了2 000万元的长期债券，与证券公司签署的协议中约定，该批长期债券委托证券公司代理发行，发行手续费为发行总额的3.5%，宣传及印刷费为1.1万元，在发行总额中扣除。该发行款在扣除手续费及宣传、印刷费后已全部划到A企业的银行存款账户。本期股东新增实收资本3 000万元，增资款已全部到位。

解析：本期发行债券取得的现金＝发行总额－发行手续费－宣传、印刷费＝2 000－2 000×3.5%－1.1＝1 928.90（万元）。

本期新增实收资本3 000万元。

吸收投资收到的现金＝1 928.90＋3 000＝4 928.90（万元）。

7.3.2 取得借款收到的现金

本项目主要反映企业取得各种短期借款、长期借款而收到的现金。应当注意的是，在实务工作中，有的财务人员用短期借款和长期借款的期末额减期初额，将正数余额填列在此项目，负数余额填列在"偿还债务支付的现金"，是不合理的。对于这些借款类事项，应按借款和还款分别填列，即本期借入款项填列在本项目，本期偿还款项填列在"偿还债务支付的现金"。

7.3.3 收到其他与筹资活动有关的现金

本项目反映企业除上述各项目外收到的其他与筹资活动有关的现金。

比较常见的是收到关联方已签订借款合同约定支付利息的借款。

7.3.4 偿还债务支付的现金

本项目反映企业在报告期内偿还借款和到期债券的本金所支付的现金。根据"银行存款"科目的贷方记录及"短期借款""长期借款"等科目的借方发生额分析填列。

【例 7-15】A 企业期初长期借款余额为 1 000 万元，短期借款余额为 500 万元，本期借入长期借款 1 000 万元，短期借款 800 万元，本期偿还长期借款 500 万元，短期借款 500 万元。

解析：取得借款收到的现金 =1 000+800=1 800（万元）。

偿还债务支付的现金 =500+500=1 000（万元）。

7.3.5 分配股利、利润或偿付利息支付的现金

本项目反映企业在报告期内实际支付现金股利或分配利润以及支付债券利息、借款利息所发生的现金流出，根据"银行存款"等科目的贷方记录及"应付股利"或"应付利润""应付利息""应付债券""长期借款""预提费用"等科目的借方发生额分析填列。

【例 7-16】A 企业期初应付股利为 200 万元，本期宣告分配股利 300 万元，支付现金股利 200 万元，期末应付股利 300 万元。期初应付利息 1 000 万元，本期计提应付利息 1 000 万元，本期支付应付利息 800 万元，期末应付利息 1 200 万元。

解析：分配股利、利润或偿付利息支付的现金 = 支付现金股利 + 支付应付利息 =200+800=1 000（万元）。

7.3.6 支付其他与筹资活动有关的现金

本项目反映企业除上述各项目外，支付的其他与筹资活动有关的现

金。其他与筹资活动有关的现金，如果金额较大，应单列项目反映。一般来说，比较常见的项目为未采用简易方法处理的租赁业务中，为支付由于租赁产生的本金和利息的现金流出。

7.4 "汇率变动对现金及现金等价物的影响"的调整

《企业会计准则第31号——现金流量表》中第七条规定，外币现金流量以及境外子公司的现金流量，应当采用现金流量发生日的即期汇率或按照系统合理的方法确定的、与现金流量发生日即期汇率近似的汇率折算。汇率变动对现金的影响额应当作为调节项目，在现金流量表中单独列报。

企业外币现金流量及境外子公司的现金流量折算成记账本位币时，所采用的是现金流量发生日的汇率或与即期汇率近似的汇率，而现金流量表"现金及现金等价物净增加额"项目中外币现金净增加额是按资产负债表日的即期汇率折算的，这两者的差额即为汇率变动对现金及现金等价物的影响。本项目可以根据"库存现金""银行存款""财务费用——汇兑损益"等项目分析填列。

简单来说，期末我们一般要对企业持有的外币资产，结合期末的汇率，进行调汇。在这个过程中，外币货币性资产的外币金额是不变的，而人民币金额会因为折算发生增或减的变化。这种变化，不是经营活动引起的，不是投资活动引起的，更不是筹资活动引起的，所以，我们单独列示了一项"汇率变动对现金及现金等价物的影响"来体现这个数据。

如果企业的记账本位币和现金流量表的报告货币是同一种货币，则该项目主要反映与现金及现金等价物相关的汇兑损益（货币兑换损益和期末汇率调整差额等）。如果该企业的记账本位币和现金流量表的报告货币不是同一种货币，则除了上述以外，还包括外币现金流量表折算时的折算差额影响。现金流量表各流量项目按平均汇率折算，但"期初现金及现金等价物余额"按期初汇率折算，"期末现金及现金等价物余额"按期末汇率折算，所以要加上一个平衡数，即折算差额，以便折算后的现金流量表中：期初现金及现金等价物余额＋本期折算后现金流量净额＋外币现金流量表折算差额＝期末现金及现金等价物余额。

需要注意的是，企业的"财务费用——汇兑损益"项目，不仅核算货币资金的汇率变动，同时也核算外币应收账款、外币应付账款、外币短期及长期借款等项目的变动。在对该科目进行调整时，应根据实际发生的事项及影响的科目分别进行调整。本项目反映的仅为货币资金中的汇率变动的影响。

一般来说，"财务费用——汇兑损益"按照下列类别列示其当期发生额：

（1）外币银行存款账户期末余额按照期末汇率进行调整的金额。

（2）外币银行存款兑换业务形成的汇兑损益。

（3）外币经营性货币性资产、经营性货币性负债项目，按照期末汇率调整形成的汇兑损益（应收账款、应付账款等）。

（4）外币经营性货币性资产、经营性货币性负债项目，结算形成的汇兑损益（应收账款、应付账款等）。

（5）筹资、投资性质的货币性资产、货币性负债项目期末汇率调整、结算形成的汇兑损益（短期借款等）。

第 1 类计入"汇率变动对现金及现金等价物的影响"，因其影响净利润，但不属于经营活动现金流量，在采用间接法时需要通过"财务费用"进行调整。

第 2 类计入"支付其他与经营活动有关的现金"，因其既影响净利润，又属于经营活动现金流量，故在采用间接法时不需要调整。

第 3、4 类在填列"销售商品、提供劳务收到的现金"以及"购买商品、接受劳务支付的现金"时均应予以考虑。其中第 3 类因属于未实现汇兑损益，影响净利润，但不影响经营活动现金流量，需要通过"财务费用"或"经营性应收项目减少"抑或"经营性应付项目增加"来反映，需要注意不能重复反映，只需在一处反映。第 4 类因属于已实现汇兑损益，既影响净利润，又属于经营活动现金流量，故不需要在采用间接法时进行调整。

第 5 类在填报筹资、投资活动现金流量时应予以考虑。其包括已实现和未实现汇兑损益，均影响净利润，同时又均不属于经营活动现金流量，因此在采用间接法时需要进行调整。

综上，对"财务费用——汇兑差额"的性质进行正确的分类，是正确编制现金流量表相关项目的必要前提。另外，如果企业将外币结算和外币兑换业务合并为一笔会计分录进行处理，此时形成的汇兑差额总括反映了外币结算和外币兑换两项业务形成的汇兑差额，此时应进行拆分。

【例 7-17】 A 企业当期出口了一批商品，售价为 10 000 美元，销售实现时的即期汇率为 1∶6.75，收汇当日汇率为 1∶6.80。本期进口了一批商品，价值 20 000 美元，结汇当期的汇率为 1∶6.82。资产负债表日的即期汇率为 1∶6.83。假设无其他外币业务。

解析：汇率变动对现金的影响额计算如下。

经营活动流入的现金	10 000 美元
汇率变动（6.83−6.80）	+0.03
汇率变动对现金流入的影响额	300 元
经营活动流出的现金	20 000 美元
汇率变动（6.83−6.82）	+0.01
汇率变动对现金流出的影响额	200 元
汇率变动对现金的影响额	−100 元

现金流量表中：

经营活动流入的现金	68 000 元
经营活动流出的现金	136 400 元
经营活动产生的现金流量净额	68 400 元
汇率变动对现金的影响额	−100 元
现金及现金等价物的净增加额	68 300 元

在汇率变动比较频繁的情况下，为了减少工作量，对当期发生的外币业务也可不逐笔计算汇率变动对现金的影响。可以通过将现金流量表补充资料中"现金及现金等价物净增加额"的数额与现金流量表中"经营活动产生的现金流量净额""投资活动产生的现金流量净额""筹资活动产生的现金流量净额"三项之和比较，其差额即为汇率变动对现金及现金等价物的影响额。

7.5 现金流量表附注的调整事项

现金流量表的附注主要包括四部分：现金流量表补充资料的披露，当期取得或处置子公司及其他营业单位的有关信息披露，以及现金及现金等价物的披露。

1. 现金流量表补充资料的披露

现金流量表补充资料主要包括两部分：将净利润调节为经营活动现金流量的信息以及不涉及当期现金收支，但影响企业财务状况或在未来可能影响企业现金流量的重大投资和筹资活动。

企业的净利润是按权责发生制确认的，含有大量的计提、摊销等主观因素。净利润包括企业的经营活动、投资活动、筹资活动取得的全部净收益。对收入的确认不考虑是否有实际的现金流入，对成本费用的确认不考虑是否有实际的现金流出。因此，企业的净利润与经营活动现金流量的口径不一致，若将净利润作为衡量企业收益的唯一因素是不合理的，企业的经营活动现金流量能够更加直观地反映企业的获利能力。在编制现金流量表时，需要对净利润进行调整。需要调整的因素主要包括以下两大类：

（1）影响了净利润但没有影响经营活动现金流量的项目，如固定资产折旧，无形资产摊销，计提的资产减值准备，投资收益，筹资活动影响的财务费用，处置固定资产、无形资产和其他长期资产的损益等。

（2）影响了经营活动现金流量但没有影响净利润的项目，如经营性应收应付项目的变动。

不涉及现金收支的投资、筹资活动主要包括：债务转为资本、一年内到期的可转移公司债券、融资租入固定资产等。

2. 本期支付的取得子公司的现金净额

以本期发生的企业合并在本期支付的现金及现金等价物，减去购买日子公司持有的现金及现金等价物，加上以前期间发生的企业合并在本期支付的现金及现金等价物后得出本期支付的取得子公司的现金净额。

3. 本期收到的处置子公司的现金净额

以本期处置子公司在本期收到的现金及现金等价物，减去丧失控制权日子公司持有的现金及现金等价物，加上以前期间处置子公司在本期收到的现金及现金等价物，得出本期收到的处置子公司的现金净额。

4. 现金及现金等价物的构成

反映企业的现金及现金等价物的组成，不包括使用受限的货币资金。

第 8 章

新准则对现金流量表列报的影响

8.1 政府补助在现金流量表中的列报

2017 年，新修订的《企业会计准则第 16 号——政府补助》发布，并在所有执行《企业会计准则》的企业中全面运用。2018 年，《企业会计准则第 16 号——政府补助》应用指南发布，对政府补助的确认、计量、列示和相关信息的披露等事项进行了更为详细的规范性讲解。2019 年 4 月发布的新修订的财务报表格式中，也就政府补助在会计报表中的列报给予了进一步明确。在实际工作中，政府补助的形式主要有政府对企业的无偿拨款、财政贴息、税收返还和无偿给予非货币性资产等。对企业的无偿拨款，又区分为与资产相关和与收益相关。

8.1.1 收到财政无偿拨款

1. 与资产相关的政府补助

与资产相关的政府补助是指企业取得的、用于购建或以其他方式形成长期资产的政府补助。企业在取得与资产相关的政府补助时，应当选择用净额法还是用总额法进行会计处理，即分别冲减相关资产的账面价值或确认为递延收益。

对收到的与资产相关的政府补助在现金流量表中的列报，在实务中曾经存在以下两种不同的观点。

（1）与投资活动相关：因为与资产相关的政府补助，未来要作为购建资产的流出，与投资活动对应，所以应计入投资活动现金流量。

（2）与筹资活动相关：在《企业会计准则第31号——现金流量表》中，筹资活动现金流量是指导致企业资本及债务的规模和构成发生变化的活动所产生的现金流量。从准则的意义上看，与资产相关的政府补助为企业提供了长期可用的资金，且无须归还，实质上形成了一项企业的权益，导致企业的资本结构发生了变化，因此作为筹资活动中的"收到其他与筹资活动有关的现金"列报更为合适。

实际上，根据《企业会计准则第31号——现金流量表》中的定义，投资活动现金流量是指企业长期资产（通常指一年以上）的购建和不包括在现金等价物范围的投资及其处置活动产生的现金流量。企业收到与资产相关的政府补助，并不符合投资活动的定义。企业的投资活动与收到政府补助是两个环节的活动，而且并不存在必然联系，政府不补助，投资照样得做，政府补助只是辅助角色，不是主导角色。投资行为是投资行为，政府补助行为是补助行为，因此，将政府补助计入投资活动是不合适的。另外，从经济业务的实质来看，企业收到的政府补助，即使与资产相关，最终也将通过摊销计入企业的损益。本质上，企业收到政府补助并非企业向政府筹资，计入筹资活动是不合适的。

因此，收到计入利润表（而不是资产负债表中的资本公积）的财政拨款，并不像国有投资款在央企或国企中享有权益，而是企业日常经营活动中与政府部门政策的一种融合（即企业的经营活动满足政府的资助政策），是计入利润表的收益。新修订的《企业会计准则第16号——政府补助》更能体现这一点：政府补助计入其他收益，列报在营业利润项目之下，而不是以前的营业外收入——营业利润项目之下。因此，收到的财政拨款，即使与资产相关，从严格意义上来说，其实仍是对经营活动的一种补助，计入经营活动中的"收到其他与经营活动有关的现金"更为合适。

此外，无论是以总额法还是以净额法进行核算，都不改变政府补助的实质。因此，即使收到的政府补助采用净额法冲减资产的入账价值，也应将收到的政府补助在经营活动中全额列报，并将购置资产时发生的现金流出全额在投资活动中列报。

2018年，财政部会计司发布了《关于2018年度一般企业财务报表格式有关问题的解读》，对政府补助在现金流量表中的列报做了明确的规定：企业实际收到的政府补助，无论是与资产相关还是与收益相关，在编制现金流量表时均作为经营活动产生的现金流量列报。

而在附注中，如果是以净额法进行核算，不产生递延收益摊销，应考虑递延收益冲减资产价值的影响，因为递延收益的变动不属于经营活动变动，应在"经营性应付项目的增加"项目中剔除这一事项的影响。在总额法下，除考虑递延收益增加对经营性现金净流量的影响外，还应考虑递延收益摊销的影响。递延收益分期摊销计入当期的"其他收益"或"营业外收入"，应考虑调整此因素的影响。递延收益摊销本身不影响现金流量，但对净利润产生影响，因此属于附注中应调整的因素。

【例8-1】 甲企业2022年1月向政府有关部门提交240万元的补助申请，作为对其购置环保设备的补助。2022年3月15日，甲企业购入不需要安装的环保设备一台，实际成本为480万元，使用寿命为10年，采用直线法计提折旧（不考虑净残值）。2022年4月1日，甲企业收到了政府补助款240万元。不考虑相关税费等其他因素（以下分录单位均为万元）。

方法一：总额法

2022年3月15日购入设备：

借：固定资产　　　　　　　　　　　　　　　　480
　　贷：银行存款　　　　　　　　　　　　　　　　480

2022年4月1日实际收到财政补助款，确认递延收益：

借：银行存款　　　　　　　　　　　　　　　　240
　　贷：递延收益　　　　　　　　　　　　　　　　240

从2022年4月开始每个资产负债表日（月末）计提折旧，同时分摊递延收益。

计提折旧（生产设备折旧费用计入制造费用）：

借：制造费用　　　　　　　　　　　　　　　　　　4

　　贷：累计折旧　　　　　　　　　　　　　　　　　　4

分摊递延收益：

借：递延收益　　　　　　　　　　　　　　　　　　2

　　贷：其他收益　　　　　　　　　　　　　　　　　　2

2022年计提累计折旧36万元，分摊递延收益18万元。

现金流量表列报：

政府补助事项对主表和附注的影响如下。

主表：确认"收到其他与经营活动有关的现金"240万元。

附注：假设无其他事项，净利润为18万元。调整经营性应付项目增加（递延收益变动）240万元，调减其他（递延收益摊销计入其他收益）18万元。经营活动现金流量净额为240万元。

方法二：净额法

2022年3月15日购入设备：

借：固定资产　　　　　　　　　　　　　　　　　480

　　贷：银行存款　　　　　　　　　　　　　　　　　480

2022年4月1日实际收到财政补助款，确认递延收益：

借：银行存款　　　　　　　　　　　　　　　　　240

　　贷：递延收益　　　　　　　　　　　　　　　　　240

收到政府补助冲减固定资产入账价值：

借：递延收益　　　　　　　　　　　　　　　　　240

　　贷：固定资产　　　　　　　　　　　　　　　　　240

计提折旧（生产设备折旧费用计入制造费用）：

借：制造费用　　　　　　　　　　　　　　　　　2

　　贷：累计折旧　　　　　　　　　　　　　　　　　2

现金流量表列报：

政府补助事项对主表和附注的影响如下。

主表：确认"收到其他与经营活动有关的现金"240万元。

附注：假设无其他事项，净利润为0。调整经营性应付项目变动（递延收益冲减固定资产价值）240万元，调整后经营活动现金流量净额为240万元。

2. 与收益相关的政府补助

由于与收益相关的政府补助均属于对企业日常经营活动中的成本和费用的补偿，与经营活动相关，收到时作为"收到其他与经营活动相关的现金"项目列报。《企业会计准则讲解2010》也明确，收到的其他与经营活动有关的现金中包含除税费返还外的其他政府补助收入等。

【例8-2】 甲企业于2022年3月15日与其所在地方政府签订合作协议，根据协议约定，当地政府将向甲企业提供1 000万元奖励资金，用于企业的人才激励和人才引进奖励，甲企业于2022年4月10日收到1 000万元补助资金，判断能够满足政府补助的确认条件。甲企业在2022年12月使用了1 000万元，用于发放引进的高管人才年度奖金。本例中不考虑相关税费等其他因素（以下分录单位均为万元）。

净额法

（1）2022年4月10日甲企业实际收到补助资金：

借：银行存款　　　　　　　　　　　　　　1 000
　　贷：递延收益　　　　　　　　　　　　　　1 000

（2）2022年12月甲企业将补助资金用于发放高管人才年度奖金时相应结转递延收益：

借：管理费用　　　　　　　　　　　　　　1 000
　　贷：应付职工薪酬　　　　　　　　　　　　1 000

借：应付职工薪酬　　　　　　　　　　　　1 000
　　贷：银行存款　　　　　　　　　　　　　　　1 000
借：递延收益　　　　　　　　　　　　　　1 000
　　贷：管理费用　　　　　　　　　　　　　　　1 000

主表：确认"收到其他与经营活动有关的现金"1 000万元；确认"支付给职工以及为职工支付的现金"1 000万元；经营性活动现金流量净额为0。

附注：假设无其他事项，净利润为0。无调整事项，经营性活动现金流量净额为0。

由于总额法与净额法的区别仅在于是冲减已发生费用还是计入其他收益，对现金流量表结果影响一致，所以不做赘述。

8.1.2　政府补助退回

已确认的政府补助需要退回，通常是因为政府补助相关政策发生变化或企业自身业务活动发生变化，导致企业不再满足政府补助所附条件。《企业会计准则第16号——政府补助》应用指南规定，已确认的政府补助需要退回的，应当在需要退回的当期分情况按照以下规定进行会计处理：①初始确认时冲减相关资产账面价值的，调整资产账面价值；②存在相关递延收益的，冲减相关递延收益账面余额，超出部分计入当期损益；③属于其他情况的，直接计入当期损益。

无论是与资产相关的政府补助还是与收益相关的政府补助，在退回时在主表中可直接计入"支付其他与经营活动有关的现金"；在附注中，如果退回时均计入了当期损益，则退回属于既影响了净利润又影响了经营活动现金净流量的因素，不属于附注中需要调整的因素。需要说明的是，如果与资产相关的政府补助以净额法核算，在退回政府补助时，将计算应补提的折旧计入当期损益，同时相应调整固定资产的账面价值。由于在主表中计入经营活动现金流量，故而应在附注中做出相应的调整。

【例 8-3】 假设 2022 年 5 月，因客观环境改变甲企业不再符合申请补助的条件，有关部门要求甲企业全额退回补助款。甲企业于当月退回了补助款 200 万元。甲企业的账务处理如下。

2022 年 5 月甲企业退回补助款时（单位：万元）：

借：递延收益　　　　　　　　　　　　　　　180
　　其他收益　　　　　　　　　　　　　　　　20
　　贷：银行存款　　　　　　　　　　　　　　　　200

主表：确认"支付其他与经营活动有关的现金"200 万元。

附注：假设无其他事项，净利润为 –20 万元。应确认"经营性应付项目的减少" –180 万元，调整后经营活动现金净流量为 –200 万元。其他收益变动影响了净利润，同时又影响了经营活动现金净流量，因此不用在附注中做调整。

8.1.3　收到财政贴息

财政贴息（政策性优惠贷款贴息）是政府为支持特定领域或区域发展，根据国家宏观经济形势和政策目标，对承贷企业的银行贷款利息给予的补贴。财政贴息有两种形式：一种是财政将贴息资金拨付给贷款银行，由贷款银行以政策性优惠利率向企业提供贷款；另一种是财政将贴息资金直接拨付给受益企业，企业先按照同类贷款市场利率向银行支付利息，再定期与财政部门结算贴息。第一种形式下，由于企业并未收到贴息，对现金流量不产生影响。第二种形式下，费用化借款费用，对应贴息冲减财务费用；资本化借款费用，对应贴息冲减相关资产账面价值。无论贴息用于补偿固定资产、在建工程专门借款的利息费用，还是用于补偿企业日常发生的利息费用，均属于补贴在筹资过程中产生的利息费用，计入筹资活动中的"支付其他与筹资活动相关的现金"更合适。对于补偿固定资产、在建工程的贴息的价值，虽然会计上冲减了固定资产的价值，但为了遵循业务实质，将其单独作为筹资活动现金流量反映更为合适。

在附注中，如果该贴息冲减财务费用，则属于影响了净利润但是并不影响经营活动现金流量的因素，应在"财务费用"项中予以调整。

【例 8-4】2022 年 1 月 1 日，甲企业向银行贷款 300 万元，期限 2 年，按月计息，按季度付息，到期一次还本。这笔贷款资金将用于国家支持产业，符合财政贴息的条件，财政将贴息资金直接拨付给甲企业。甲企业与银行签订的贷款合同约定的年利率为 8%，甲企业按月计提利息，按季度向银行支付贷款利息，以付息凭证向财政申请贴息资金，财政按年与甲企业结算贴息资金，贴息后甲企业实际负担的年利率为 2%。甲企业的账务处理如下（以下分录单位均为万元）。

（1）2022 年 1 月 1 日，甲企业取得银行贷款 300 万元。

借：银行存款　　　　　　　　　　　　　　300
　　贷：长期借款——本金　　　　　　　　　　　　300

（2）从 2022 年 1 月 31 日起，每月月末甲企业按月计提利息，应向银行支付的利息金额为 300×8%÷12=2（万元），企业实际承担的利息支出为 300×2%÷12=0.5（万元），应收政府贴息为 1.5 万元。

借：在建工程　　　　　　　　　　　　　　2
　　贷：应付利息　　　　　　　　　　　　　　　2
借：其他应收款　　　　　　　　　　　　　1.5
　　贷：在建工程　　　　　　　　　　　　　　　1.5

主表：因尚未收到贴息，对现金流量不产生影响。

附注：由于应收政府贴息冲减在建工程，不属于经营性变动项目，在确认经营性应收项目增减变动时，应剔除该部分影响。

【例 8-5】接上例，确认利息应冲减财务费用，所做分录为（单位：万元）：

借：财务费用　　　　　　　　　　　　　　2
　　贷：应付利息　　　　　　　　　　　　　　　2

借：其他应收款 1.5
　　借：财务费用 −1.5

主表：因未收到贴息，对现金流量不产生影响。

附注：由于应收政府贴息冲减财务费用，应在财务费用的变动中调整财务费用的变动额。假设无其他事项影响，净利润为 0.5 万元，在附注中应调减财务费用变动 0.5 万元，调整后经营活动现金净流量为 0。

8.1.4　收到税收返还

收到的税收返还，根据《企业会计准则讲解 2010》的相关解释，可直接归入经营活动"收到的税费返还"。

8.1.5　无偿给予非货币性资产

无偿给予非货币性资产，不涉及现金流量。企业在收到非货币性资产的政府补助时，应当借记有关资产科目，贷记"递延收益"科目；然后在相关资产使用寿命内按合理、系统的方法分期计入损益，对于以名义金额计量的政府补助，在取得时计入当期损益。由于其影响了净损益，但是并没有产生实际现金流量，故而应在附注中进行调整。

8.2　金融工具在现金流量表中的列报

当前，新的业务模式不断出现。在新的经济业务模式下，金融工具在现金流量表中的列报，需要结合具体实务做出相应的判断。涉及金融工具的主要业务包括确认金融资产、确认金融负债、发行看涨期权、金融资产转移、套期会计等。在实务中，金融工具所产生的现金流量在主表中通常计入投资或筹资活动。在附注中，应根据其对净利润以及经营活动现金流量的影响进行调整。

8.2.1 确认金融资产的现金流量表列报

1. 取得以摊余成本计量的债权类金融资产

【例8-6】2022年1月1日,A公司支付106万元购入甲公司当日发行的3年期债券,票面利率为10%,票面金额为100万元。A公司将此债券作为以摊余成本计量的金融资产予以计量,确认债权投资——成本100万元,债权投资——利息调整6万元。该债券按年计算利息,每年付息一次,最后一年付息还本,采用插值法计算得出实际利率为7.7%。2022年年末计算应收利息为10万元。其中应确认利息收入计入投资收益的金额为8.16万元(=106×7.7%),差额1.86万元计入"债权投资——利息调整"。本金(摊余成本)为104.14万元(=106-1.86)。2022年应收利息10万元已收到。假定不考虑相关税费的影响。

解析:针对上述业务,在现金流量表主表中,本期收到利息确认"取得投资收益收到的现金"10万元,本期购入债券支付的现金确认"投资支付的现金"106万元,投资活动产生的现金流量净额为-96万元。在附注中,因上述业务所产生的净利润为8.16万元,本期确认的投资收益因影响净利润但不影响经营活动现金流量应调减8.16万元,调整后经营活动现金净流量为0。

2. 确认以摊余成本计量的长期应收款

【例8-7】2022年1月1日,甲公司向乙公司出售一项投资性房地产,应收价款为2 000万元,分别在2022年年末和2023年年末收取1 000万元。假设折现率为8%。将未来收到的现金流入折现确认本期应计入其他业务收入1 783.27万元,未来应收现金额确认为长期应收款2 000万元,差额216.73万元计入长期应收款——未实现融资收益。2022年年末收到长期应收款1 000万元,其中确认利息收入并冲销未实现融资收益142.66万元(=1 783.27×8%),偿还本金857.34万元(=1 000-142.66)。长期应收款摊余成本为 925.93 万元（=1 783.27-857.34）。

解析：针对上述业务，在现金流量表主表中，收到长期应收款并冲销未实现融资收益时应确认"处置固定资产、无形资产和其他长期资产收回的现金净额"1 000 万元，确认长期应收款和确认利息收入并冲销未实现融资收益等事项，因不产生现金流量，对现金流量表不产生影响。投资活动产生的现金流量净额为 1 000 万元。

在附注中，净利润为 1 925.93 万元（=1 783.27+142.66），财务费用因确认利息收入但并未影响经营活动应调减 142.66 万元，营业收入——其他业务收入因不属于经营活动产生的收入，应调减营业收入 1 783.27 万元，调整后经营活动现金净流量为 0。

3. 取得以公允价值计量且其变动计入其他综合收益的金融资产

（1）购入债券。

【例 8-8】 2022 年 1 月 1 日甲公司支付价款 1 028.24 万元购入某公司发行的 3 年期公司债券，该公司债券的票面总金额为 1 000 万元，票面利率为 4%，实际利率为 3%，利息每年年末支付，本金到期支付。甲公司将该公司债券划分为以公允价值计量且其变动计入其他综合收益的金融资产。购入债券时确认其他债权投资——成本 1 000 万元，其他债权投资——利息调整 28.24 万元。2022 年 12 月 31 日，该债券收到利息 40 万元，确认投资收益 30.85 万元（=1 028.24×3%），冲减其他债权投资——利息调整 9.15 万元。2022 年年末债券的摊余成本＝期初摊余成本＋利息调整＝1 028.24-9.15＝1 019.09（万元），其公允价值为 1 000.09 万元。其账面价值与公允价值的差额 19 万元确认为其他综合收益。

解析：在现金流量表主表中，甲公司购入债券应确认"投资支付的现金"1 028.24 万元，收到利息应确认"取得投资收益收到的现金"40 万元。账面价值与公允价值的差额应确认为其他综合收益，对利润及现金流量均不产生影响。投资活动产生的现金流量净额为 –988.24 万元。在附注中，因确认投资收益产生净利润 30.85 万元，故而投资收益应予以调减，调整后经营活动现金净流量为 0。

（2）取得非交易性权益工具投资。

【例 8-9】 2022 年 3 月 5 日甲公司支付 100 万元投资于乙公司（未上市），取得乙公司 2% 股权，发生相关交易费用 0.2 万元，为非交易性权益投资，指定为以公允价值计量且其变动计入其他综合收益的金融资产，确认其他权益工具投资——成本 100.2 万元。2022 年 6 月 30 日，该股权公允价值为 108 万元，分别确认其他权益工具投资——公允价值变动和其他综合收益 7.8 万元。2022 年 12 月 31 日处置该股权，收到 110 万元。由于该金融资产被指定为以公允价值计量且其变动计入其他综合收益，在处置时对净利润不产生影响。

解析： 在现金流量表主表中，发生初始投资时应确认"投资支付的现金"100.2 万元，处置时应确认"收回投资收到的现金"110 万元，公允价值发生变动和处置金融资产等事项对现金流量不产生影响。投资活动产生的现金流量净额为 9.8 万元。在附注中，本期不产生净利润，其他综合收益的确认不影响净利润，无相关调整事项。

4. 取得以公允价值计量且其变动计入当期损益的金融资产

【例 8-10】 2022 年 3 月 5 日甲公司从证券市场购入股票 100 万元，发生相关手续费、税金 0.2 万元，作为以公允价值计量且其变动计入当期损益的金融资产，确认交易性金融资产——成本 100 万元，投资损失 0.2 万元。2022 年 3 月 31 日，该股票收盘价为 108 万元，确认交易性金融资产——公允价值变动及公允价值变动损益 8 万元。2022 年 6 月 15 日处置该股票，收到 110 万元，已实际收现。冲减交易性金融资产——成本及公允价值变动损益合计 108 万元，确认投资收益 2 万元。

解析： 在现金流量表主表中，甲公司购入股票时确认"投资支付的现金"100.2万元，处置股票时确认"收回投资收到的现金"110万元。投资活动产生的现金流量净额为9.8万元。公允价值变动等事项对现金流量不产生影响。在附注中，净利润为9.8万元，调减投资收益1.8万元，公允价值变动损益为8万元，调整后经营活动现金净流量为0。

8.2.2 发行交易性金融负债

【例8-11】2022年7月1日，甲公司经批准在全国银行间债券市场公开发行10亿元人民币短期融资券，期限为1年，票面年利率为5.58%，每张面值为100元（共1 000万张），到期一次还本付息，所募集资金主要用于公司购买生产经营所需的原材料等。公司将该短期融资券指定为以公允价值计量且其变动计入当期损益的金融负债。2022年12月31日，该短期融资券市场价格为每张120元（不含利息，市值12亿元），确认公允价值变动损益和交易性金融负债——公允价值变动20 000万元，计提应付利息2 790万元。

解析： 在现金流量表主表中，在取得交易性金融负债时确认"取得借款收到的现金"100 000万元，筹资活动产生的现金流量净额为100 000万元。确认的公允价值变动损益及财务费用不影响现金流量。在附注中，净利润为-22 790万元，调减确认的财务费用2 790万元，调减确认的公允价值变动损益20 000万元，调整后经营活动现金净流量为0。

【例8-12】接上例，2022年3月31日，该短期融资券市场价格为每张110元（不含利息，市值11亿元），减少交易性金融负债——公允价值变动10 000万元，确认公允价值变动损益10 000万元。同时计提应付利息1 395万元（=100 000×5.58%÷4）。2022年6月30日，计提应付利息1 395万元（=100 000×5.58%÷4），该短期融资券到期兑付完成，支付银行存款105 580万元，冲减交易性金融负债——成本及公允价值变动110 000万元，冲减应付利息5 580万元，确认投资收益10 000万元。

解析：在现金流量表主表中，上述业务产生偿还债务支付的现金 100 000 万元，分配股利、偿付利息支付的现金 5 580 万元，筹资活动产生的现金流量净额 -105 580 万元。公允价值变动、利息计提等事项均不影响现金流量。在附注中，净利润为 17 210 万元（公允价值变动损益 10 000- 财务费用 1 395×2+ 投资收益 10 000），应调减公允价值变动损益 10 000 万元，调减投资收益 10 000 万元，调增财务费用 2 790 万元，调整后经营活动现金净流量为 0。其他应付款的变动属于应付利息的变动，属于筹资活动的变动，因此不在"经营性应付项目的增加（减：减少）"中进行调整。

8.2.3　发行看涨期权

发行看涨期权后的期权结算，在实务中通常包括这样几种情形：以现金净额结算，以普通股净额结算，以普通股总额结算（以现金换普通股方式结算）。在不同的结算方式下，根据发行人交付的标的物不同将期权作为金融负债或权益工具进行核算。无论以哪种方式进行结算，在现金流量表编制中均根据其现金流量的变动进行调整。对于发行人来说，其发行过程中产生的现金流量应属于筹资活动现金流量，而持有人所产生的现金流量则属于投资活动现金流量。

【例 8-13】 甲公司于 2022 年 2 月 1 日向乙公司发行以自身普通股为标的的看涨期权，期权合同中的普通股数量为 1 000 股，公允价值为 5 000 元，乙公司向甲公司支付 5 000 元，购入看涨期权。根据该期权合同，该期权行权日为 2022 年 1 月 31 日，2022 年 2 月 1 日乙公司有权以 102 元/股购入甲公司股票 1 000 股，应支付的固定行权价格为 102 元/股。当日甲公司每股市价为 100 元。甲公司确认发行的看涨期权时，收到银行存款 5 000 元，确认衍生工具——看涨期权 5 000 元。

2022 年 12 月 31 日及 2022 年 1 月 31 日甲公司每股市价均为 104 元。2022 年 12 月 31 日、2022 年 1 月 31 日期权的公允价值分别为 3 000

元、2 000元。2022年12月31日,确认期权公允价值减少,冲减衍生工具——看涨期权2 000元,确认公允价值变动损益2 000元。2022年1月31日,确认期权公允价值减少,冲减衍生工具——看涨期权1 000元,确认公允价值变动损益1 000元。同时,乙公司行使了该看涨期权,甲公司有义务向乙公司交付104 000元,并从乙公司收取102 000元,甲公司实际支付净额为2 000元。借记"衍生工具——看涨期权"2 000元,贷记"银行存款"2 000元。

解析：在该案例中,发行方甲公司属于融资方,发行看涨期权所产生的现金流量应属于筹资活动的现金流量。因此,2022年甲公司的该业务产生"吸收投资收到的现金"5 000元。确认期权公允价值减少的事项对现金流量不产生影响,但由于对净利润产生影响,故而在附注中需要对"公允价值变动损益"的发生额进行调整。2022年实际支付的净额为2 000元,产生"支付其他与筹资活动有关的现金"2 000元。对乙公司来说,其属于投资方,持有看涨期权的活动属于投资活动,所产生的现金流量应计入投资活动现金流量。

8.2.4 套期保值业务

套期,是指企业为管理各类特定风险引起的风险敞口而指定金融工具为套期工具,以使套期工具的公允价值或现金流量变动,预期抵销被套期项目全部或部分公允价值或现金流量变动的风险管理活动。在该情形下,套期保值仍然相当于一种经营活动。以下以套期关系划分为公允价值套期的案例来进行说明。

【例8-14】2022年1月1日,甲公司持有的库存商品X的账面成本为100万元,公允价值为110万元。甲公司为规避该库存商品公允价值变动风险,在期货市场上卖出与库存商品X在数量、质量上相同的期货,期货价格为110万元。甲公司将该期货合约指定为2022年上半年库存商品X价格变化引起的公允价值变动风险的套期。库存商品转入被套期项目，借记"被套期项目——库存商品 X"100 万元，贷记"库存商品——X"100 万元。至 2022 年 6 月 30 日，甲公司将库存商品 X 出售，公允价值（出售价格）为 107.5 万元；同时甲公司买入期货合约平仓，买入平仓期货价格为 107.5 万元，对比开新仓期货价格 110 万元，获得收益 2.5 万元。所做处理为：借记"套期工具——衍生工具"2.5 万元（相当于"其他应收款"），贷记"套期损益"2.5 万元（相当于"公允价值变动收益"）。同时，反映被套期项目公允价值减少，借记"套期损益"2.5 万元，贷记"被套期项目——库存商品 X"2.5 万元。结算套期收益时，确认主营业务收入 107.50 万元，结转主营业务成本 97.5 万元。同时结转套期工具 2.5 万元，相当于收回其他应收款 2.5 万元。假设该套期符合运用套期会计的条件，不考虑衍生工具的时间价值。

解析： 在该案例中，套期保值仍然相当于一种经营活动。因此，出售存货而结算的套期收益产生银行存款的流入，应计入"销售商品、提供劳务收到的现金"。此外，产生的套期损益影响了净利润但是不影响经营活动现金流量，而存货和衍生工具的变动均属于经营性资产的变动，故而应在附注中进行调整。

8.2.5　金融资产转移的现金流量表列报

应收账款出售所产生的现金流量的分类，主要取决于出售的应收账款是否满足终止确认的条件。如果在发生应收账款出售时，已将应收账款所有权上几乎所有的风险和报酬转移给转入方，则满足了终止确认的条件，属于一次性出售，相当于付出代价提前收回应收账款，属于经营活动现金流入。如果保留了应收账款所有权上几乎所有的风险和报酬，则不能满足终止确认的条件，属于以应收账款融资的情形，应作为筹资活动现金流入。

【例 8-15】 2022 年 3 月 15 日，甲公司销售一批商品给乙公司，开出的增值税专用发票上注明的销售价款为 300 000 元，增值税销项税额为 39 000 元，款项尚未收到。双方约定，乙公司应于 2022 年 10 月 31 日付款。2022 年 6 月 1 日，经与银行协商后约定：甲公司将应收乙公司的货款出售给银行，价款为 320 000 元。在应收乙公司货款到期无法收回时，银行不能向甲公司追偿。

解析：在该情形下，应收账款符合了终止确认的条件，应予以转销，同时确认投资损失 19 000 元。在现金流量表主表中，收到的出售应收账款的价款 320 000 元计入经营活动现金流量。在附注中，假设净利润为 –19 000 元，确认的投资损失 19 000 元因为既影响了净利润又影响了经营活动现金流量，所以不做调整。应收账款变动 339 000 元属于经营性应收项目变动，应做调整，调整后经营活动现金净流量为 320 000 元。

如果不符合终止确认的条件，则应将收到的出售价款 320 000 元计入筹资活动现金流量。在附注中，由于该应收账款的变动不影响经营活动现金流量，则不需要在经营性应收项目的变动中进行调整。确认的投资损失 19 000 元因为影响了净利润但不影响经营活动现金流量，应在附注中进行调整。假设净利润为 –19 000 元，则调整后经营活动现金净流量为 0。

8.2.6 利息列报对编制现金流量表的影响

在新《企业会计准则第 22 号——金融工具确认和计量》下，"银行存款""短期借款""长期借款"通常以摊余成本计量。摊余成本，应当以该金融资产或金融负债的初始确认金额经下列调整后的结果确定：①扣除已偿还的本金；②加上或减去采用实际利率法将该初始确认金额与到期日金额之间的差额进行摊销形成的累计摊销额；③扣除累计计提的损失准备（仅适用于金融资产）。"摊余成本"本身就包含本金、利息及减值。

据此，短期借款尚未支付而补充计提的利息，应在"短期借款"中核算和列报。银行存款结息日至报表截止日计提的利息，在货币资金中进行列报。银行活期存款计提的利息、定期存款或银行借款尚未到结息日基于实际利率法计提的利息，都属于摊余成本的组成部分，应包含在相应金融工具的账面余额中，即与本金一起核算，列报时考虑流动性。具体而言，银行活期存款和短期定期存款计提的利息在"货币资金——银行存款"列报，对应的损益项目是"财务费用——利息收入"。银行借款计提的利息，在"短期借款"或"长期借款"列报，对应的损益项目是"财务费用——利息支出"。

现金流量表的列报也应考虑上述事项对报表编制的影响。包含在"货币资金——银行存款"的利息，不应作为现金及现金等价物，也不会影响主表的现金流量。在"短期借款"或"长期借款"列报的借款计提利息，同样也不会影响主表的现金流量。在对借款项目的现金流量进行调整时，应剔除此因素的影响。

8.3 新收入准则下现金流量表列报问题的探讨

在所有执行《企业会计准则》的企业中全面实施的2017年新修订的《企业会计准则第14号——收入》，增加了合同资产、合同负债、合同取得成本、合同履约成本、应收退货成本等与资产和负债相关的科目。

在资产负债表列报中，同一合同项下的"合同资产"和"合同负债"合并后以净额列示。如果为借方余额，根据其流动性在"合同资产"及"其他非流动资产"项目中列报。如果为贷方余额，根据其流动性在"合同负债"及"其他非流动负债"项目中列报。"合同履约成本"根据其摊销年限是否超过一年或一个正常营业周期，在"存货"及"其他非流动资产"项目中列报。"合同取得成本"根据其摊销年限是否超过一年或一个正常营业周期，在"其他流动资产"及"其他非流动资产"项目中列报。"应收退货成本"根据是否在一年或一个正常营业周期内出售，在"其他流动资产"及"其他非流动资产"项目中列报。上述资产科目如果计提了减值准备，应以减去减值准备后的余额列报。对于附有销售退回条款的销售业务，在确认应收退货成本的同时确认应付退货款，在"预计负债"下增加了"应付退货款"的明细科目。确认为预计负债的应付退货款，根据其是否在一年或一个营业周期内，在"其他非流动负债"及"预计负债"项目下列报。

8.3.1 现金流量表列报思路分析

1. 正常情况下均与经营活动相关

《企业会计准则第 14 号——收入》中定义的收入的一个重要特征是形成于企业的日常活动。因此，这也决定了收入所产生的现金流量在正常情况下均与经营活动相关。确认的日常经营活动所形成的营业收入，不管是主营业务收入还是其他业务收入，所对应的现金流量通常都计入"销售商品、提供劳务收到的现金"。

2. 只有获得的现金对价才对现金流量产生影响

收入的确认，所获得的对价有多种形式，有现金对价，也有非现金对价。非现金对价包括实物资产、无形资产、股权、客户提供的广告服务等。客户支付非现金对价的，通常情况下，企业应当按照非现金对价在合同开始日的公允价值确定交易价格。只有产生了现金对价并实际收取的现金，才计入现金流量表的主表，反映为"销售商品、提供劳务收到的现金"。

例如，将自产、委托加工或购买的货物用于投资，取得长期股权投资，确认了主营业务收入或其他业务收入；将自产、委托加工或购买的货物分配给股东或投资者，在确认主营业务收入的同时，对应确认的是应付股利；将自产、委托加工的货物用于集体福利或个人消费，在确认主营业务收入的同时，对应确认的是应付职工薪酬的减少。在上述情形中，均未产生实际现金流量，对现金流量表的主表不会产生影响。但在附注中，应考虑上述因素在附注中的调整。在附注中，上述确认收入的事项，对净利润产生了影响，但是并没有影响经营活动现金流量，因此，应在附注中予以调减。

8.3.2 修订后新增项目对现金流量表的影响

1. "合同资产"及"其他非流动资产"

新收入准则下，除了"应收账款"科目外，新增了"合同资产"科目。和"应收账款"科目不同，"合同资产"反映企业已向客户转让商品而有权收取对价的权利，且该权利取决于时间流逝之外的其他因素。而应收款项反映的是企业无条件收取合同对价的权利。尽管两者反映的事项有所不同，但均反映的是已确认收入但尚未收取对价的权利。因此，在现金流量表的编制中，在"合同资产"或"其他非流动资产"项目中列报的事项，其变动额对"销售商品、提供劳务收到的现金"产生影响。其处理和应收账款类似。若本期增加，则反映本期有部分款项尚未收到，应作为"销售商品、提供劳务收到的现金"的抵减项。若本期减少，则反映本期收到前期已确认的合同资产，应作为"销售商品、提供劳务收到的现金"的增加项。在附注中，应作为"经营性应收项目的变动"予以调整。

【例8-16】2022年9月1日，甲公司与客户签订合同，向其销售A、B两项商品，A商品的单独售价为6 000元，B商品的单独售价为24 000元，合同价款为25 000元。合同约定，A商品于合同开始日交付，B商品在一个月之后交付，只有在两项商品全部交付之后，甲公司才有权收取25 000元的合同对价。在不考虑其他因素的前提下，分摊至A商品的合同价款为5 000[=（6 000÷（6 000+24 000）×25 000]元；分摊至B商品的合同价款为20 000[=（24 000÷（6 000+24 000）×25 000]元。甲公司在交付A商品时，在确认主营业务收入的同时，对应科目确认为合同资产。在交付B商品时，在确认主营业务收入的同时，结转交付A商品时确认的合同资产，同时确认应收账款25 000元。

解析： 上述业务，在应收账款尚未收到时，对现金流量表主表不产生影响。在附注中，因确认收入而产生的净利润为 25 000 元，经营性应收项目的增加项调减 25 000 元，经营活动产生的现金流量净额为 0。如果应收账款已收到，则在主表中反映为"销售商品、提供劳务收到的现金"25 000 元。在附注中，净利润为 25 000 元，无其他调整事项，经营活动产生的现金流量净额为 25 000 元。

2. "合同负债"及"其他非流动负债"

合同负债类似于"预收账款"科目，是指企业已收或应收客户对价而应向客户转让商品的义务。在销售商品、提供劳务过程中预收的款项通过"合同负债"科目核算，并根据其流动性，在资产负债表中的"合同负债"及"其他非流动负债"项目下列报。根据该科目的性质，其变动应类似于旧收入准则下的"预收款项"科目：若本期增加，则反映本期有部分款项已经收到，应作为"销售商品、提供劳务收到的现金"的增加项；若本期减少，则反映有前期预收的款项于本期结转入收入，应作为"销售商品、提供劳务收到的现金"的抵减项。在附注中，应作为"经营性应收项目的变动"予以调整。

应当说明的是，同一合同项下的"合同资产"和"合同负债"合并后以净额列示，根据其正负情况在"合同资产"和"合同负债"以及"其他非流动资产""其他非流动负债"项目下列报。在现金流量表编制中，建议根据会计核算的过程，分别还原为在"合同资产"和"合同负债"变动时进行调整。

【例 8-17】 甲公司经营一家电商平台，平台商家自行负责商品的采购、定价、发货以及售后服务，甲公司提供平台供商家与消费者进行交易并负责协助商家和消费者结算货款，甲公司按照货款的 5% 向商家收取佣金，并判断自己在商品买卖交易中是代理人。甲公司向消费者销售了 1 000 张不可退的电子购物卡，每张卡的面值为 200 元，总额为 200 000

元。假设不考虑相关税费的影响。

分析：甲公司在商品买卖交易中为代理人，销售电子购物卡收取的款项 200 000 元中，仅佣金部分 10 000 元（=200 000×5%）代表甲公司已收客户（商家）对价而应在未来消费者消费时作为代理人向商家提供代理服务的义务，应当确认合同负债。其余部分为甲公司代商家收取的款项，作为其他应付款，待未来消费者消费时支付给相应的商家。因此，借方记银行存款 200 000 元，贷方分别记合同负债 10 000 元，其他应付款 190 000 元。

解析： 对于上述业务，在现金流量表主表中确认"销售商品、提供劳务收到的现金" 200 000 元，在附注中，净利润为 0，"经营性应付项目的变动"确认为 200 000 元。调整后的经营活动现金流量净额为 200 000 元。

3. 合同履约成本

为了履行合同义务，必然有投入，这就产生了合同履约成本。合同履约成本在会计处理中有三种方法：确认为存货、固定资产等，确认为合同履约资产，直接计入。"合同履约成本"根据其摊销年限是否超过一年或一个正常营业周期，在"存货"及"其他非流动资产"项目中列报。

【例 8-18】 甲公司与乙公司签订合同，为其信息中心提供管理服务，合同期限为 5 年。在向乙公司提供服务之前，甲公司设计并搭建了一个信息技术平台供其内部使用，该信息技术平台由相关的硬件和软件组成。甲公司需要提供设计方案，将该信息技术平台与乙公司现有的信息系统对接，并进行相关测试。该平台并不会转让给乙公司，但是将用于向乙公司提供服务。甲公司为该平台的设计、购买硬件和软件以及信息中心的测试发生了成本。除此之外，甲公司还专门指派两名员工向乙公司提供服务。

解析： 甲公司为履行合同发生的上述成本中，购买硬件和软件的成本应当分别按照固定资产和无形资产进行会计处理，在现金流量表中则体现为"购建固定资产、无形资产和其他长期资产支付的现金"。设计服务成本和信息中心的测试成本与履行该合同直接相关，并且增加了甲公司未来用于履行履约义务（即提供管理服务）的资源，如果甲公司预期该成本可通过未来提供服务收取的对价收回，则应当将这些成本确认为一项资产。如果确认为存货，则应在现金流量表中体现为"购买商品、接受劳务支付的现金"。甲公司向两名负责该项目的员工支付的工资费用，虽然与向乙公司提供服务有关，但是由于其并未增加企业未来用于履行履约义务的资源，因此，应当于发生时计入当期损益，在现金流量表中体现为"支付其他与经营活动有关的现金"。

4. 合同取得成本

为了取得合同，可能会发生销售佣金、差旅费、投标费等，这些成本为合同取得成本。在会计处理时有两个去向：费用化和资本化。"合同取得成本"根据其摊销年限是否超过一年或一个正常营业周期，在"其他流动资产"及"其他非流动资产"项目中列报。

费用化的合同取得成本，根据其性质，应类似于销售费用，应作为企业的付现费用进行处理，在现金流量表主表中作为"支付其他与经营活动有关的现金"予以反映。对于资本化的合同取得成本，在现金流量表主表中通常作为"购买商品、接受劳务支付的现金"予以反映。

【例8-19】 甲公司是一家咨询公司，其通过竞标赢得一个新客户，为取得该客户的合同，甲公司发生的支出如下：①聘请外部律师进行尽职调查，支出15 000元；②因投标发生差旅费10 000元；③甲公司根据其年度销售目标、整体盈利情况及个人业绩等，向销售部门经理支付年度奖金10 000元，不属于增量成本，应计入当期损益。④销售人员佣金5 000元，属于增量成本，预期这些支出未来能够收回，将其确认为一项资产，借记"合同取得成本"5 000元，贷记"应付职工薪酬"5 000元。

解析： 上述合同取得成本中，直接计入损益的费用均已现金支付，应计入"支付其他与经营活动有关的现金"。销售人员佣金则属于销售费用的一部分，应计入"支付给职工以及为职工支付的现金"。

5. 应收退货成本

"应收退货成本"根据是否在一年或一个正常营业周期内出售，在"其他流动资产"及"其他非流动资产"项目中列报。

对于附有销售退回条款的销售，企业应当在客户取得相关商品控制权时，按照因向客户转让商品而预期有权收取的对价金额（即不包含预期因销售退回将退还的金额）确认收入，按照预期因销售退回将退还的金额确认负债；同时，按预期将退回商品转让时的账面价值，扣除收回该商品预计发生的成本（包括退回商品的价值减损）后的余额，确认为一项资产，按照所转让商品转让时的账面价值，扣除上述资产成本的净额结转成本。

对于附有销售退回条款的销售业务，确认的应收退货成本，应确认为应付退货款，在"预计负债"下作为"应付退货款"列示。确认为预计负债的应付退货款，根据其是否在一年或一个营业周期内，在"其他非流动负债"和"预计负债"项目下列报。应收退货成本属于主营业务成本的调整项，对现金流量不产生影响。

8.3.3 其他不影响现金流量的事项

合同资产、其他非流动资产、存货等科目如果计提了减值准备，在资产负债表中均以减去减值准备后的余额予以列报。但所计提的减值准备均不影响现金流量。合同履约成本和合同取得成本确认为资产后，有两种摊销方法：按时点摊销和按时期摊销。合同履约成本和合同取得成本发生减值减损，应计提减值，随后价值回升，已计提的减值应当转回。对于确认为资产的合同履约成本和合同取得成本，企业应当采用与该资产相关的商品收入确认相同的基础（即在履约义务履行的时点或按照履约义务的履约进度）进行摊销，计入当期损益。该事项同样不影响现金流量。

8.4　新租赁准则对现金流量表列报的影响

1. 新租赁准则下现金流量表列报的主要变化

新旧租赁准则的变化影响的是会计核算，并不会影响不同模型下租金支付金额的变化，因此现金流量表中的现金流量总额不变。

但是，由于新租赁准则下承租人按照单一模型进行会计处理，原来划分为经营性质的租赁本质上是一项负债，所以，现金流量表中也需要体现这一变化。旧租赁准则下，企业支付的经营租赁的租金属于经营活动流出，融资租赁支付的租金属于筹资活动流出。而在新租赁准则下，承租人的一般会计处理方式是将租赁视为一种筹资，筹到款再购买。

因此，在现金流量表中，将偿还租赁负债（也就是支付租金）视为筹资活动的流出。新租赁准则中对承租人现金流量表列报做出相应修订：

第一，明确了支付由于租赁产生的本金和利息的现金计入筹资活动现金流出。

第二，对于按照简易办法处理的短期租赁以及低价值资产租赁的付款额应在经营活动现金流出中记录。

第三，未纳入租赁负债的可变租赁付款额也在经营活动现金流出中记录。

2. 执行新租赁准则对现金流量表结构的影响

应当注意的是，此筹资活动只有流出，没有流入。实际上在租赁开始日企业相当于进行了一笔筹资，然后购买，分别形成筹资流入和投资流出。但是，由于我们国家的现金流量表不允许体现"模拟现金流"，所以在实际业务中并没有分别产生一进一出两笔现金流，也就不应分别体现筹资流入、投资流出。另外，如果企业选择了简化租赁额或者对于未计入租赁付款额的在发生时计入当期损益的可变租赁额，仍然应当将现金流量计入经营活动支出。将短期租赁、低价值资产租赁以及未纳入租赁负债计量的可变租赁付款额，继续计入经营活动产生的现金流出。而将除上述以外的其他租赁产生的租赁负债本金和利息，分别计入筹资活动偿还债务支付的现金以及筹资活动偿付利息支付的现金。最终可能导致同样的业务周期中经营活动现金流量净额增加，筹资活动现金流量净额减少。现金流量表总量不变，而对现金流量表的结构产生影响，在对现金流量表进行分析时应考虑这一事项的影响。

第 9 章

生产型企业现金流量表编制实例分析

9.1 案例背景及相关资料

案例背景：某燃气制造企业为外资生产型企业，目前处于正常生产经营中。该企业 2022 年 12 月 31 日的资产负债表和 2022 年的利润表如表 9-1 和表 9-2 所示，涉及报表科目的主要事项详见表 9-3、表 9-4。

表 9-1 资产负债表

单位：某燃气制造企业　　2022 年 12 月 31 日　　单位：万元

资产	期末	期初	变动
流动资产：			
货币资金	265.07	2 834.34	-2 569.27
交易性金融资产			—
衍生金融资产			—
应收票据			—
应收账款	12 165.54	4 595.71	7 569.83
应收款项融资			
预付款项	8 447.75	10 785.44	-2 337.69
其他应收款	1 000.14		1 000.14
存货	492.26	76.06	416.20
合同资产			—
持有待售资产			—
一年内到期的非流动资产			—
其他流动资产			

（续）

资产	期末	期初	变动
流动资产合计	22 370.76	18 291.55	4 079.21
非流动资产：			—
债权投资			—
其他债权投资			—
长期应收款			—
长期股权投资	224.00	224.00	
其他权益工具投资			
其他非流动金融资产			
投资性房地产			
固定资产	1 541.51	1 539.19	2.32
在建工程	380.15	119.07	261.08
生产性生物资产			
油气资产			—
使用权资产			
无形资产	647.58	663.94	−16.36
开发支出			
商誉			—
长期待摊费用	121.69	127.83	−6.14
递延所得税资产	44.43	28.21	16.22
其他非流动资产			—
非流动资产合计	2 959.36	2 702.24	257.12
资产总计	25 330.12	20 993.79	4 336.33
负债和所有者权益（或股东权益）	期末	期初	变动
流动负债：			
短期借款	2 000.00	1 000.00	1 000.00
交易性金融负债			—
衍生金融负债			
应付票据			—
应付账款	3 126.37	666.20	2 460.17
预收款项	2 497.13	3 211.40	−714.27
合同负债			
应付职工薪酬	64.01	60.58	3.43

(续)

负债和所有者权益（或股东权益）	期末	期初	变动
应交税费	120.17	186.75	-66.58
其他应付款	109.00	0.52	108.48
持有待售负债			
一年内到期的非流动负债			—
其他流动负债			
流动负债合计	7 916.68	5 125.45	2 791.23
非流动负债：			
长期借款			—
应付债券			—
其中：优先股			
永续债			
租赁负债			—
长期应付款			
预计负债			—
递延收益			
递延所得税负债			—
其他非流动负债			
非流动负债合计	—		
负债合计	7 916.68	5 125.45	2 791.23
所有者权益（或股东权益）：			
实收资本（或股本）	13 428.80	13 428.80	
其他权益工具			—
其中：优先股			
永续债			
资本公积			
减：库存股			
其他综合收益			—
专项储备			—
盈余公积	974.13	819.62	154.51
未分配利润	3 010.51	1 619.92	1 390.59
所有者权益（或股东权益）合计	17 413.44	15 868.34	
负债和所有者权益（或股东权益）总计	25 330.12	20 993.79	

表 9-2 利润表

单位：某燃气制造企业　　2022 年度　　单位：万元

项目	本期发生额
一、营业收入	21 711.21
减：营业成本	19 036.53
税金及附加	37.54
销售费用	438.97
管理费用	259.16
研发费用	
财务费用	8.56
加：其他收益	1.46
投资收益（损失以"-"号填列）	84.87
其中：对联营企业和合营企业的投资收益	
以摊余成本计量的金融资产终止确认收益（损失以"-"号填列）	
净敞口套期收益（损失以"-"号填列）	
公允价值变动收益（损失以"-"号填列）	
信用减值损失（损失以"-"号填列）	-64.88
资产减值损失（损失以"-"号填列）	
资产处置收益（损失以"-"号填列）	0.23
二、营业利润（亏损以"-"号填列）	1 952.13
加：营业外收入	119.76
减：营业外支出	
三、利润总额（亏损总额以"-"号填列）	2 071.89
减：所得税费用	526.79
四、净利润（净亏损以"-"号填列）	1 545.10

表 9-3　资产负债表主要项目明细表

（单位：万元）

a）资产项目

报表项目	期初余额	借方	贷方	期末余额	备注
应收账款	4 595.71	24 527.18	16 957.35	12 165.54	经营活动往来
其中：原值	4 708.55	24 527.18	16 892.47	12 343.26	
计提坏账	112.84		64.88	177.72	
预付款项	10 785.44	19 036.33	21 374.02	8 447.75	
其他应收款		1 000.14		1 000.14	关联方往来，未计提坏账

(续)

报表项目	期初余额	借方	贷方	期末余额	备注
存货	76.06	19 452.73	19 036.53	492.26	
长期股权投资	224.00			224.00	
固定资产	1 539.19			1 541.51	
其中：原值	2 492.59	75.74	35.76	2 532.57	其中在建工程转入 26.02 万元。购入不涉及进项税。贷方为处置固定资产
累计折旧	953.40	32.18	69.84	991.06	借方为处置固定资产转出折旧
在建工程	119.07	287.10	26.02	380.15	涉及进项税 12.38 万元
无形资产	663.94		16.36	647.58	贷方为本期摊销
长期待摊费用	127.83		6.14	121.69	贷方为本期摊销
递延所得税资产	28.21	16.22		44.43	

b) 负债项目

报表项目	期初余额	贷方	借方	期末余额	备注
短期借款	1 000.00	2 000.00	1 000.00	2 000.00	
应付账款	666.20	18 792.02	16 331.85	3 126.37	
其中：货款	572.07	18 434.73	16 241.01	2 765.79	
设备款	94.13	357.29	90.84	360.58	
预收款项	3 211.40	9 940.88	10 655.15	2 497.13	
应付职工薪酬	60.58	168.92	165.49	64.01	
其中：短期薪酬	56.54	157.77	153.37	60.94	
设定提存计划	4.04	11.14	12.11	3.07	
应交税费	186.75	552.45	619.03	120.17	
其中：企业所得税	174.25	543.01	598.60	118.66	
个人所得税	12.50	9.44	20.43	1.51	
增值税——销项税额		1 961.43			
增值税——进项税额			1 924.34		其中采购固定资产进项 12.38 万元
增值税——未交增值税			37.09		
其他应付款	0.52	109.73	1.25	109.00	均为经营活动往来

表 9-4　利润表主要项目明细表

（单位：万元）

报表项目	本期发生额	备注
营业收入	21 711.21	
其中：主营业务	21 525.63	
其他业务	185.58	销售材料收入
营业成本	19 036.53	
其中：主营业务	18 969.55	
其他业务	66.98	
税金及附加	37.54	
其中：城市维护建设税	11.81	
教育费附加	8.43	
房产税	0.67	
土地使用税	11.06	
印花税	5.41	
车船使用税	0.16	
销售费用	438.97	
其中：工资薪酬	72.09	
运输费	30.45	
差旅费	224.32	
广告费	94.72	
包装费	2.14	
商品维修费	6.12	
专设销售机构折旧费	9.13	
管理费用	259.16	
其中：差旅费	34.32	
折旧费	2.75	
修理费	4.54	
工资	34.32	
社会保险费	5.49	
住房公积金	1.69	
财产保险费	1.91	
聘请中介机构费	9.41	
咨询费（含顾问费）	32.48	
业务招待费	25.78	

(续)

报表项目	本期发生额	备注
无形资产摊销	12.07	
长期待摊费用摊销	6.00	
运输费	4.67	
办公费	35.43	
通信费	12.25	
会议费	36.05	
财务费用	8.56	
其中：利息收入	−18.79	
利息支出	22.00	
汇率变动	1.24	均为对现金的影响
手续费支出	4.11	
其他收益	1.46	政府补助
投资收益	84.87	长期股权投资收益
信用减值损失	−64.88	
资产处置收益	0.23	处置固定资产损失
营业外收入	119.76	政府补助
所得税费用	526.79	
当期所得税费用	543.01	
递延所得税费用	−16.22	资产减值确认递延所得税资产

9.2 工作底稿法的编制步骤与方法

9.2.1 现金流量表主表的编制与调整

1. 第一步：编制调整分录，以净利润为起点，调整利润表和资产负债表中的科目

（单位均为万元。）

（1）调整主营业务收入、应收账款。

1）借：销售商品、提供劳务收到的现金　　15 323.66

　　　　应收账款　　　　　　　　　　　　7 634.71

　　　　预收款项　　　　　　　　　　　　　714.27

贷：主营业务收入 21 711.21
　　应交税费——应交增值税（销项税额） 1 961.43

（2）调整主营业务成本、存货、应交税费——应交增值税（进项税额）、应付账款变动、预付款项变动。主营业务成本直接调整其发生额，存货、应付账款、预付款项直接调整其期初和期末的差额。需要注意的是，应交税费科目比较特殊，应根据其每一个明细的组成分别调整。在调整购买商品、接受劳务支付的现金时，一般调整"应交税费——应交增值税（进项税额）"，因为一般是购买商品、接受劳务时产生进项税额。如有进项税额转出，也在此分录中一并调整。

2）借：主营业务成本 19 036.53
　　　存货 416.20
　　　应交税费——应交增值税（进项税额）1 924.34
　　贷：应付账款 2 460.17
　　　　预付款项 2 337.69
　　　　购买商品、接受劳务支付的现金 16 579.21

（3）调整税金及附加。企业通过"税金及附加"科目计提了城市维护建设税、教育费附加、房产税等各类税费37.54万元，并已实际缴纳。

3）借：税金及附加 37.54
　　贷：支付的各项税费 37.54

（4）调整管理费用和销售费用。在调整管理费用和销售费用时，一般是先全部作为付现费用，在"支付其他与经营活动有关的现金"中一并调整。对于管理费用和销售费用中核算的非付现费用，如工资的计提、累计折旧的计提等事项，在涉及相关科目时在"支付其他与经营活动有关的现金"中调整。

4）借：管理费用 259.16
　　　销售费用 438.97
　　贷：支付其他与经营活动有关的现金 698.13

（5）调整财务费用变动。企业的财务费用中涉及汇率变动、支付的手续费和收到的利息收入以及支付的利息支出。因为涉及不同的现金流量项目，应对其明细事项分别进行调整。

  5）借：汇率变动对现金的影响   1.24
    贷：财务费用   1.24
  6）借：财务费用——其他   −18.79
    贷：收到其他与经营活动有关的现金   −18.79
  7）借：财务费用——其他   4.11
    贷：支付其他与经营活动有关的现金   4.11
  8）借：财务费用——利息支出   22.00
    贷：分配股利、利润或偿付利息支付的现金 22.00

（6）调整确认为营业外收入和其他收益的政府补助。营业外收入和其他收益均为直接收到的政府补助，计入"收到其他与经营活动有关的现金"。

  9）借：收到其他与经营活动有关的现金   121.22
    贷：其他收益   1.46
      营业外收入   119.76

（7）调整所得税费用。调整本期计提的所得税费用543.01万元，调整确认的递延所得税资产，以及实际缴纳的企业所得税598.60万元。

  10）借：所得税费用——当期所得税费用   543.01
     贷：应交税费——应交企业所得税   543.01
  11）借：递延所得税资产   16.22
     贷：所得税费用——递延所得税费用   16.22
  12）借：应交税费——应交企业所得税   598.60
     贷：支付的各项税费   598.60

（8）调整当期缴纳的增值税37.09万元。

  13）借：应交税费——应交增值税   37.09
     贷：支付的各项税费   37.09

（9）调整本期应交个人所得税的变动。个人所得税的纳税主体为职工个人，因此其变动应该调整"支付给职工以及为职工支付的现金"。本期应交个人所得税减少 10.99 万元，反映本期支付给职工以及为职工支付的现金应增加 10.99 万元。

14）借：应交税费——应交个人所得税　　　　　10.99

　　　贷：支付给职工以及为职工支付的现金　　　　10.99

（10）调整本期计提的信用减值损失 64.88 万元，此事项不影响现金流量，但在编制附注时应予以考虑。

15）借：信用减值损失　　　　　　　　　　　　64.88

　　　贷：应收账款——坏账准备　　　　　　　　　64.88

（11）调整其他应收款、其他应付款的变动。企业的其他应收款和其他应付款的变动均为经营性项目的变动，直接将其差额计入"支付其他与经营活动有关的现金"。

16）借：其他应收款　　　　　　　　　　　1 000.14

　　　贷：其他应付款　　　　　　　　　　　　　108.48

　　　　　支付其他与经营活动有关的现金　　　　891.66

（12）调整购置固定资产。本期发生固定资产采购 75.74 万元，其中在建工程转入 26.02 万元，差额全部计入"购建固定资产、无形资产和其他长期资产支付的现金"。对本期应付账款发生额中的应付固定资产款，在全部调整结束后一并调整。

17）借：固定资产　　　　　　　　　　　　　　75.74

　　　贷：在建工程　　　　　　　　　　　　　　26.02

　　　　　购建固定资产、无形资产和其他长期资产
　　　　　支付的现金　　　　　　　　　　　　　49.72

（13）调整计提的累计折旧。本期计提的累计折旧分别通过"制造费用""管理费用""销售费用"计提，制造费用对应的科目为存货，由于存货的变动已经在分录2）中进行调整，因此调整"购买商品、接受劳务支付的现金"。"管理费用"和"销售费用"已在分录 4）中一并调整，因此调整"支付其他与经营活动有关的现金"。所做调整分录为：

18）借：购买商品、接受劳务支付的现金　　　57.96
　　　　 支付其他与经营活动有关的现金　　　　9.13
　　　　 支付其他与经营活动有关的现金　　　　2.75
　　　贷：固定资产——累计折旧　　　　　　　69.84

（14）调整处置固定资产的事项。本期处置固定资产原值为 35.76 万元，已计提折旧 32.18 万元，处置固定资产收到的现金为 3.81 万元，产生资产处置损益 0.23 万元。

19）借：固定资产——累计折旧　　　　　　　32.18
　　　　 处置固定资产、无形资产和其他长期资产
　　　　 收回的现金净额　　　　　　　　　　 3.81
　　　贷：资产处置收益　　　　　　　　　　　 0.23
　　　　 固定资产——原值　　　　　　　　　35.76

（15）调整无形资产摊销。本期摊销无形资产 16.36 万元，均计入管理费用。由于"管理费用"已在分录 4）中一并调整，因此调整"支付其他与经营活动有关的现金"。所做的调整分录为：

20）借：支付其他与经营活动有关的现金　　　16.36
　　　贷：无形资产——累计摊销　　　　　　　16.36

（16）调整长期待摊费用摊销。本期摊销长期待摊费用 6.14 万元，均计入管理费用。由于"管理费用"已在分录 4）中一并调整，因此调整"支付其他与经营活动有关的现金"。所做的调整分录为：

21）借：支付其他与经营活动有关的现金　　　 6.14
　　　贷：长期待摊费用　　　　　　　　　　　 6.14

（17）调整本期增加的在建工程 287.10 万元。假设均已全部支付现金，本期应付账款发生额中的应付在建工程款，在全部调整结束后一并调整。所做的调整分录为：

22）借：在建工程　　　　　　　　　　　　　　287.10
　　　贷：购建固定资产、无形资产和其他长期资产
　　　　　支付的现金　　　　　　　　　　　　　287.10

（18）调整计提的工资及福利费。单位通过"管理费用"计提工资和社保公积金等41.50万元，通过"制造费用"和"生产成本"计提工资及社保公积金55.33万元，通过"销售费用"计提工资及社保公积金72.90万元。由于管理费用在分录4）中已全部计入"支付其他与经营活动有关的现金"，制造费用和生产成本在分录2）中已经通过存货计入"购买商品、接受劳务支付的现金"，在此调整时就通过"支付其他与经营活动有关的现金"和"购买商品、接受劳务支付的现金"进行调整。对于实际支付的工资和福利费，计入"支付给职工以及为职工支付的现金"。

23）借：支付其他与经营活动有关的现金　　　41.50
　　　　支付其他与经营活动有关的现金　　　72.09
　　　　购买商品、接受劳务支付的现金　　　55.33
　　　贷：应付职工薪酬——工资及社会保险　　168.92
24）借：应付职工薪酬——工资及社会保险　　165.49
　　　贷：支付给职工以及为职工支付的现金　　165.49

（19）调整本期短期借款的变动。本期借入短期借款2 000万元，偿还短期借款1 000万元，期末短期借款余额为2 000万元。应注意，应对本期借入、偿还分别进行调整。所做的调整分录为：

25）借：取得借款收到的现金　　　　　　　　2 000.00
　　　贷：短期借款　　　　　　　　　　　　　2 000.00
26）借：短期借款　　　　　　　　　　　　　1 000.00
　　　贷：偿还债务支付的现金　　　　　　　　1 000.00

（20）调整本期收到的投资收益84.87万元，均已实际收到现金。

27）借：取得投资收益收到的现金　　　　　　84.87
　　　贷：投资收益　　　　　　　　　　　　　84.87

（21）调整本期计提的盈余公积，不影响现金流量。

28）借：利润分配——未分配利润　　　　154.51
　　　贷：盈余公积　　　　　　　　　　　　　　154.51

（22）调整固定资产采购进项税、应付账款中的固定资产及在建工程应付款。在所有科目都调整平衡后，现金流量表主表已经平衡。为了让现金流量表更加客观合理，对一些项目做补充调整。比如，固定资产及在建工程采购应付款、固定资产及在建工程采购进项税等。这里的调整只涉及现金流量表的行与行之间的调整。

29）对固定资产和在建工程涉及的进项税进行调整：

借：购买商品、接受劳务支付的现金　　　　12.38
　贷：购建固定资产、无形资产和其他长期资产　　12.38
　　　支付的现金

30）对固定资产和在建工程涉及的应付款进行调整：

借：购建固定资产、无形资产和其他长期资产　266.45
　　支付的现金
　贷：购买商品、接受劳务支付的现金　　　　　　266.45

2. 第二步：将上述调整事项过入现金流量表工作底稿，进行试算平衡

表 9-5 为资产负债表试算平衡表。

表 9-5　资产负债表试算平衡表

（单位：万元）

资产	期末	期初	变动	调整借方	调整贷方	是否平衡
流动资产：						
货币资金	265.07	2 834.34	−2 569.27			
交易性金融资产			—			
衍生金融资产						
应收票据						
应收账款	12 165.54	4 595.71	7 569.83	7 634.71	64.88	是

（续）

资产	期末	期初	变动	调整借方	调整贷方	是否平衡
应收款项融资			—			
预付款项	8 447.75	10 785.44	−2 337.69		2 337.69	是
其他应收款	1 000.14		1 000.14		1 000.14	是
存货	492.26	76.06	416.20		416.20	是
合同资产			—			
持有待售资产						
一年内到期的非流动资产			—			
其他流动资产			—			
流动资产合计	22 370.76	18 291.55	4 079.21			
非流动资产：						
债权投资			—			
其他债权投资			—			
长期应收款						
长期股权投资	224.00	224.00	—			
其他权益工具投资						
其他非流动金融资产						
投资性房地产						
固定资产	1 541.51	1 539.19	2.32	107.92	105.60	是
在建工程	380.15	119.07	261.08	287.10	26.02	是
生产性生物资产			—			
油气资产						
使用权资产			—			
无形资产	647.58	663.94	−16.36		16.36	是
开发支出						
商誉			—			
长期待摊费用	121.69	127.83	−6.14		6.14	是
递延所得税资产	44.53	28.21	16.22	16.22		是
其他非流动资产						
非流动资产合计	2 959.36	2 702.24	257.12			
资产总计	25 330.12	20 993.79	4 336.33			

(续)

负债和所有者权益（或股东权益）	期末	期初	变动	调整借方	调整贷方	是否平衡
流动负债：						
短期借款	2 000.00	1 000.00	1 000.00	1 000.00	2 000.00	是
交易性金融负债			—			
衍生金融负债			—			
应付票据			—			
应付账款	3 126.37	666.20	2 460.17		2 460.17	是
预收款项	2 497.13	3 211.40	−714.27		−714.27	是
合同负债			—			
应付职工薪酬	64.01	60.58	3.43	165.49	168.92	是
应交税费	120.17	186.75	−66.58	2 560.03	2 493.45	是
其他应付款	109.00	0.52	108.48		108.48	是
持有待售负债			—			
一年内到期的非流动负债						
其他流动负债						
流动负债合计	7 916.68	5 125.45	2 791.23			
非流动负债：						
长期借款			—			
应付债券						
其中：优先股						
永续债						
租赁负债			—			
长期应付款						
预计负债						
递延收益						
递延所得税负债						
其他非流动负债			—			
非流动负债合计	—	—				
负债合计	7 916.68	5 125.45	2 791.23			
所有者权益（或股东权益）：						
实收资本（或股本）	13 428.80	13 428.80				
其他权益工具			—			

(续)

负债和所有者权益（或股东权益）	期末	期初	变动	调整借方	调整贷方	是否平衡
其中：优先股						
永续债						
资本公积			—			
减：库存股			—			
其他综合收益			—			
专项储备			—			
盈余公积	974.13	819.62	154.51		154.51	是
未分配利润	3 010.51	1 619.92	1 390.59			
所有者权益（或股东权益）合计	17 413.44	15 868.34				
负债和所有者权益（或股东权益）总计	25 330.12	20 993.79				

表9-6为利润表试算平衡表。

表9-6 利润表试算平衡表

（单位：万元）

项目	本期发生额	调整发生额	是否平衡
一、营业收入	21 711.21	21 711.21	是
减：营业成本	19 036.53	19 036.53	是
税金及附加	37.54	37.54	是
销售费用	438.97	438.97	是
管理费用	259.16	259.16	是
研发费用			
财务费用	8.56	8.56	是
加：其他收益	1.46	1.46	是
投资收益（损失以"-"号填列）	84.87	84.87	是
其中：对联营企业和合营企业的投资收益			
以摊余成本计量的金融资产终止确认收益（损失以"-"号填列）			是
净敞口套期收益（损失以"-"号填列）			是
公允价值变动收益（损失以"-"号填列）			是

(续)

项目	本期发生额	调整发生额	是否平衡
信用减值损失（损失以"-"号填列）	-64.88	-64.88	是
资产减值损失（损失以"-"号填列）			是
资产处置收益（损失以"-"号填列）	0.23	0.23	是
二、营业利润（亏损以"-"号填列）	1 952.13	1 952.13	
加：营业外收入	119.76	119.76	是
减：营业外支出			
三、利润总额（亏损总额以"-"号填列）	2 071.89	2 071.89	是
减：所得税费用	526.79	526.79	是
四、净利润（净亏损以"-"号填列）	1 545.10	1 545.10	是

表 9-7 为现金流量表工作底稿。

表 9-7 现金流量表工作底稿

（单位：万元）

项目	合计	序号	借方调整	序号	贷方调整
一、经营活动产生的现金流量：					
销售商品、提供劳务收到的现金	15 323.66	1）	15 323.66		
收到的税费返还					
收到其他与经营活动有关的现金	140.01	9）	121.22	6）	-18.79
现金流入小计	15 463.67				
购买商品、接受劳务支付的现金	16 719.99	18）	57.96	2）	16 579.21
		23）	55.33	30）	266.45
		29）	12.38		
支付给职工以及为职工支付的现金	176.48			14）	10.99
				24）	165.49
支付的各项税费	673.23			3）	37.54
				12）	598.60
				13）	37.09
支付其他与经营活动有关的现金	1 445.93	18）	9.13	4）	698.13
		18）	2.75	7）	4.11
		20）	16.36	16）	891.66
		21）	6.14		
		23）	41.50		
		23）	72.09		

（续）

项目	合计	序号	借方调整	序号	贷方调整
现金流出小计	19 015.63				
经营活动产生的现金流量净额	-3 551.96				
二、投资活动产生的现金流量：					
收回投资收到的现金					
取得投资收益收到的现金	84.87	27)	84.87		
处置固定资产、无形资产和其他长期资产收回的现金净额	3.81	19)	3.81		
收到其他与投资活动有关的现金					
现金流入小计	88.68				
购建固定资产、无形资产和其他长期资产支付的现金	82.75	30)	266.45	17)	49.72
				22)	287.10
				29)	12.38
投资支付的现金					
支付其他与投资活动有关的现金					
现金流出小计	82.75				
投资活动产生的现金流量净额	5.93				
三、筹资活动产生的现金流量：					
吸收投资收到的现金					
取得借款收到的现金	2 000.00	25)	2 000.00		
收到其他与筹资活动有关的现金					
现金流入小计	2 000.00				
偿还债务支付的现金	1 000.00			26)	1 000.00
分配股利、利润或偿付利息支付的现金	22.00			8)	22.00
支付其他与筹资活动有关的现金					
现金流出小计	1 022.00				
筹资活动产生的现金流量净额	978.00				
四、汇率变动对现金的影响	-1.24	5)	1.24		
五、现金及现金等价物净增加额	-2 569.27				

整理后得到的现金流量表主表如表9-8所示。

表 9-8　现金流量表主表

单位：某燃气制造企业　　2022 年 12 月 31 日　　　　单位：万元

项目	合计
一、经营活动产生的现金流量：	
销售商品、提供劳务收到的现金	15 323.66
收到的税费返还	—
收到其他与经营活动有关的现金	140.01
现金流入小计	15 463.67
购买商品、接受劳务支付的现金	16 719.99
支付给职工以及为职工支付的现金	176.48
支付的各项税费	673.23
支付其他与经营活动有关的现金	1 445.93
现金流出小计	19 015.63
经营活动产生的现金流量净额	−3 551.96
二、投资活动产生的现金流量：	
收回投资收到的现金	—
取得投资收益收到的现金	84.87
处置固定资产、无形资产和其他长期资产收回的现金净额	3.81
收到其他与投资活动有关的现金	—
现金流入小计	88.68
购建固定资产、无形资产和其他长期资产支付的现金	82.75
投资支付的现金	—
支付其他与投资活动有关的现金	—
现金流出小计	82.75
投资活动产生的现金流量净额	5.93
三、筹资活动产生的现金流量：	
吸收投资收到的现金	—
取得借款收到的现金	—
收到其他与筹资活动有关的现金	2 000.00
现金流入小计	2 000.00
偿还债务支付的现金	1 000.00
分配股利、利润或偿付利息支付的现金	22.00
支付其他与筹资活动有关的现金	—
现金流出小计	1 022.00
筹资活动产生的现金流量净额	978.00
四、汇率变动对现金的影响	−1.24
五、现金及现金等价物净增加额	−2 569.27

9.2.2 附注的编制与调整

在编制附注时,所有附注中的数字基本都可以在主表的调整分录中找到来源,如固定资产折旧、财务费用的变动等。一般来说,在调整分录中,如果流动资产、流动负债、经营性现金流量的变动,对方科目为长期类资产或负债项目,或者为非经营性现金变动,则均属于调整内容。比如固定资产折旧,其借方为经营性应付项目的变动,贷方为长期类资产项目的变动,就必须在附注中体现。再比如,财务费用科目,对于利息收入和手续费支出等计入经营性现金流量的项目,不需要在附注中进行调整。但对于计入"汇率变动对现金的影响"以及"分配股利、利润或偿付利息支付的现金"的项目,则需要在附注中体现。如果"其他应收款""其他应付款""应交税费"等流动资产负债项目中,有对应于长期类资产的项目,如固定资产的进项税、应付固定资产采购的应付款等,应该在经营性应收和应付项目中进行调整剔除,这样才可以编制出平衡的现金流量表附注。

本案例需要考虑的事项主要包括:财务费用的调整仅反映影响"分配股利、利润或偿付利息支付的现金""汇率变动对现金的影响"的金额;固定资产和在建工程涉及的进项税、应付款,应当在附注中的"经营性应付项目的变动"中予以扣减,因为其并不属于经营性应付项目的变动。

本案例的现金流量表附注如表 9-9 所示。

表 9-9 现金流量表附注

(单位:万元)

项目	2022 年
1. 将净利润调节为经营活动现金流量:	
净利润	1 545.10
加:资产减值准备	
信用损失准备	64.88
固定资产折旧、油气资产折耗、生产性生物资产折旧	69.84
无形资产摊销	16.36
长期待摊费用摊销	6.14

（续）

项目	2022 年
处置固定资产、无形资产和其他长期资产的损失（收益以"－"号填列）	-0.23
固定资产报废损失（收益以"－"号填列）	
净敞口套期损失（收益以"－"号填列）	
公允价值变动损失（收益以"－"号填列）	
财务费用（收益以"－"号填列）	23.24
投资损失（收益以"－"号填列）	-84.87
递延所得税资产减少（增加以"－"号填列）	
递延所得税负债增加（减少以"－"号填列）	
存货的减少（增加以"－"号填列）	-416.20
经营性应收项目的减少（增加以"－"号填列）	-6 313.38
经营性应付项目的增加（减少以"－"号填列）	1 537.16
其他	
经营活动产生的现金流量净额	-3 551.96
2. 不涉及现金收支的重大投资和筹资活动：	
债务转为资本	
一年内到期的可转换公司债券	
融资租入固定资产	
其他	
3. 现金及现金等价物净变动情况：	
现金的期末余额	265.07
减：现金的期初余额	2 834.34
加：现金等价物的期末余额	
减：现金等价物的期初余额	
现金及现金等价物净增加额	-2 569.27

这是一个基础的案例，也是一个比较真实的生产型企业的案例。我们可以得出如下结论：

（1）编制现金流量表工作底稿的基本核心是把所有的科目都编制平衡，如果对现金流量表的编制不熟悉，可以先把所有的科目一次编制平衡，在后续涉及需要对相关科目进行调整时，再原路转回。简单举例来说，比如，我们在调整管理费用时，先一次性把管理费用全部计入"支付其他与经营活动有关的现金"。在调整计入"管理费用——累计折旧"时，就不能再通过"管理费用"进行调整了，而应该这样调整：

借：支付其他与经营活动有关的现金

贷：累计折旧

在调整计入管理费用中的工资时：

借：支付其他与经营活动有关的现金

贷：应付职工薪酬

我们只要确保所有的科目都编制平衡，那么现金流量表就一定是平衡的。如果编制有错误，也只是行与行的分类可能不合理，但现金流量表一定是平衡的。

（2）在编制现金流量表的附注时，一般来说，附注中的每一个数据都可以从资产负债表和利润表中找到来源，如固定资产折旧、无形资产摊销、经营性应收应付项目的变动等。但是，也有一种可能就是根据报表中的数字全部填列完毕后，现金流量表附注中的经营活动现金净流量与主表不一致。一般来说，这种情形出现，说明调整分录中有一些特殊的需要调整的因素。比如，应付账款并不完全是经营活动的应付款项，还有涉及投资活动的应付款项，如购买固定资产的应付款。如果在对固定资产的应付款进行调整时，

借：固定资产

贷：购建固定资产、无形资产和其他长期资产支付的现金

应付账款

那么，从这笔调整分录可见，应付账款不全是经营性的应付活动产生的。这笔应付账款对应的是长期资产，在编制现金流量表附注时应考虑到这一因素的调整，在经营性应付项目的变动中剔除这一金额。

一般来说，在编制一个企业的个别现金流量表时，如果能考虑到上述这两种因素，基本上可以编制出平衡的现金流量表。

第 10 章

商业企业现金流量表编制实例分析

10.1 案例背景及相关资料

案例背景：某商业零售企业，属于增值税一般纳税人，目前处于正常生产经营中。2022年12月31日的资产负债表和2022年的利润表如表10-1和表10-2所示。涉及报表科目的主要事项详见表10-3、表10-4。

表 10-1 资产负债表

单位：某商业零售企业　　2022年12月31日　　　　　　单位：万元

资产	期末	期初	变动
流动资产：			
货币资金	19 120.66	15 815.37	3 305.29
交易性金融资产	67.29	66.26	1.03
衍生金融资产			—
应收票据			—
应收账款	90.48	119.97	−29.49
应收款项融资			—
预付款项	25 717.48	3 810.14	21 907.34
其他应收款	37 242.09	38 110.81	−868.72
存货	3 021.17	5 137.57	−2 116.40
合同资产			—
持有待售资产			—
一年内到期的非流动资产			—
其他流动资产			—

(续)

资产	期末	期初	变动
流动资产合计	85 259.17	63 060.12	22 199.05
非流动资产:			
债权投资			—
其他债权投资			—
长期应收款			—
长期股权投资	2 000.00	2 000.00	
其他权益工具投资	2 000.00	1 000.00	1 000.00
其他非流动金融资产			
投资性房地产			—
固定资产	26 757.62	15 033.84	11 723.78
在建工程	27 109.55	28 787.68	−1 678.13
生产性生物资产			
油气资产			
使用权资产			—
无形资产	6 173.21	6 341.43	−168.22
开发支出			—
商誉			—
长期待摊费用	533.26	158.81	374.45
递延所得税资产	69.88	119.71	−49.83
其他非流动资产			
非流动资产合计	64 643.52	53 441.47	11 202.05
资产总计	149 902.69	116 501.59	33 401.10
负债和所有者权益（或股东权益）	期末	期初	变动
流动负债:			
短期借款	29 270.00	26 470.00	2 800.00
交易性金融负债			—
衍生金融负债			
应付票据	22 000.00	20 900.00	1 100.00
应付账款	10 480.50	11 845.97	−1 365.47
预收款项			—
合同负债	10 342.60	14 819.05	−4 476.45
应付职工薪酬	202.06	201.34	0.72

(续)

负债和所有者权益（或股东权益）	期末	期初	变动
应交税费	1 330.25	1 498.24	−167.99
其他应付款	18 632.69	10 725.54	7 907.15
持有待售负债			—
一年内到期的非流动负债			—
其他流动负债			
流动负债合计	92 258.10	86 460.14	5 797.96
非流动负债：			
长期借款	49 940.00	23 340.00	26 600.00
应付债券			—
其中：优先股			
永续债			
租赁负债			—
长期应付款	1 005.30	1 005.17	0.13
预计负债			—
递延收益			
递延所得税负债			
其他非流动负债			—
非流动负债合计	50 945.30	24 345.17	
负债合计	143 203.40	110 805.31	
所有者权益（或股东权益）：			
实收资本（或股本）	3 540.00	3 540.00	—
其他权益工具			—
其中：优先股			
永续债			
资本公积	71.50	71.50	
减：库存股			
其他综合收益			
专项储备			
盈余公积	801.55	701.25	100.30
未分配利润	2 286.24	1 383.53	902.71
所有者权益（或股东权益）合计	6 699.29	5 696.28	
负债和所有者权益（或股东权益）总计	149 902.69	116 501.59	

表 10-2　利润表

单位：某商业零售企业　　　2022 年度　　　　　　　单位：万元

项目	本期发生额
一、营业收入	66 816.10
减：营业成本	52 541.18
税金及附加	1 684.29
销售费用	915.12
管理费用	6 791.11
研发费用	
财务费用	3 855.16
其中：利息费用	
利息收入	
加：其他收益	
投资收益（损失以"-"号填列）	168.72
其中：对联营企业和合营企业的投资收益	
以摊余成本计量的金融资产终止确认收益（损失以"-"号填列）	
净敞口套期收益（损失以"-"号填列）	
公允价值变动收益（损失以"-"号填列）	1.03
信用减值损失（损失以"-"号填列）	199.30
资产减值损失（损失以"-"号填列）	
资产处置收益（损失以"-"号填列）	
二、营业利润（亏损以"-"号填列）	1 398.29
加：营业外收入	6.27
减：营业外支出	52.88
三、利润总额（亏损总额以"-"号填列）	1 351.68
减：所得税费用	348.67
四、净利润（净亏损以"-"号填列）	1 003.01
（一）持续经营净利润（净亏损以"-"号填列）	
（二）终止经营净利润（净亏损以"-"号填列）	
五、其他综合收益的税后净额	
（一）不能重分类进损益的其他综合收益	
1. 重新计量设定受益计划变动额	
2. 权益法下不能转损益的其他综合收益	
3. 其他权益工具投资公允价值变动	
4. 企业自身信用风险公允价值变动	

(续)

项目	本期发生额
……	
（二）将重分类进损益的其他综合收益	
1. 权益法下可转损益的其他综合收益	
2. 其他债权投资公允价值变动	
3. 金融资产重分类计入其他综合收益的金额	
4. 其他债权投资信用减值准备	
5. 现金流量套期储备	
6. 外币财务报表折算差额	
……	
六、综合收益总额	1 003.01

表 10-3　资产负债表主要项目明细表

（单位：万元）

a）资产项目

报表项目	期初余额	借方	贷方	期末余额	备注
交易性金融资产	66.26	1.03		67.29	公允价值变动
应收账款	119.97	24 526.73	24 556.22	90.48	经营性往来
其中：原值	232.81	24 526.28	24 556.22	202.87	
计提坏账	112.84	0.45		112.39	冲回计提坏账
预付款项	3 810.14	29 036.33	7 128.99	25 717.48	经营性往来
其他应收款	38 110.81	24 538.27	25 406.99	37 242.09	经营性往来
其中：原值	39 359.17	24 339.42	25 406.99	38 291.60	
计提坏账	1 248.36	198.85		1 049.51	
存货	5 137.57	19 452.73	21 569.13	3 021.17	
长期股权投资	2 000.00			2 000.00	
其他权益工具投资	1 000.00	1 000.00		2 000.00	新发生投资 1 000 万元
固定资产	15 033.84	12 809.04	-1 085.26	26 757.62	
其中：原值	22 756.34	12 809.04		35 565.38	本期增加固定资产，其中在建工程转入 1 678.13 万元，本期采购涉及进项税 127.83 万元
累计折旧	7 722.50		1 085.26	8 807.76	本期计提累计折旧

（续）

报表项目	期初余额	借方	贷方	期末余额	备注
在建工程	28 787.68		1 678.13	27 109.55	涉及进项税 12.38 万元
无形资产	6 341.43	180.00	348.22	6 173.21	贷方为本期摊销
长期待摊费用	158.81	660.59	286.14	533.26	借方为本期增加，贷方为本期摊销
递延所得税资产	119.71		49.83	69.88	

b）负债项目

报表项目	期初余额	贷方	借方	期末余额	备注
短期借款	26 470.00	40 800.00	38 000.00	29 270.00	
应付票据	20 900.00	1 100.00		22 000.00	
应付账款	11 845.97	17 666.38	19 031.85	10 480.50	由货款和设备款组成
其中：货款	10 542.47	15 189.09	16 241.01	9 490.55	
设备款	1 303.50	2 477.29	2 790.84	989.95	
合同负债	14 819.05	7 179.70	11 656.15	10 342.60	
应付职工薪酬	201.34	5 565.46	5 564.74	202.06	
其中：短期薪酬	187.30	5 234.27	5 252.63	168.94	
设定提存计划	14.04	331.19	312.11	33.12	
应交税费	1 498.24			1 330.25	
其中：企业所得税	1 423.46	298.74	519.55	1 202.65	
个人所得税	37.84	42.71	29.87	50.68	
增值税——销项税额		10 588.96			
增值税——进项税额转出		37.42			
增值税——进项税额			9 236.59		
增值税——未交增值税			1 389.79		
税金及附加	36.94	1 684.29	1 644.31	76.92	
其他应付款	10 725.54	14 700.42	6 793.27	18 632.69	均为经营活动往来
长期借款	23 340.00	30 400.00	3 800.00	49 940.00	
长期应付款	1 005.17	0.13		1 005.30	

表 10-4　利润表主要项目明细表

(单位：万元)

报表项目	本期发生额	备注
营业收入	66 816.10	
其中：主营业务收入	61 525.63	
其他业务收入	5 290.47	销售材料收入
营业成本	52 541.18	
其中：主营业务成本	48 969.55	
其他业务成本	3 571.63	
税金及附加	1 684.29	
其中：城市维护建设税	469.17	
教育费附加	335.12	
房产税	300.67	
土地使用税	311.06	
印花税	128.13	
车船使用税	100.16	
其他税费	39.98	
销售费用	915.12	
其中：职工薪酬	172.09	
运输费	52.20	
差旅费	224.32	
广告费	94.72	
包装费	103.22	
商品维修费	29.78	
专设销售机构折旧费	238.79	
管理费用	6 791.21	
其中：差旅费	94.42	
折旧费	846.47	
修理费	145.76	
工资薪酬	4 053.49	
聘请中介机构费	208.33	
咨询费（含顾问费）	132.48	
业务招待费	126.79	
无形资产摊销	201.22	
长期待摊费用摊销	286.14	
运输费	215.65	

(续)

报表项目	本期发生额	备注
办公费	55.98	
通信费	327.96	
会议费	96.52	
财务费用	3 855.16	
其中：利息收入	−529.61	
利息支出	3 626.38	
手续费支出	758.39	
公允价值变动损益	1.03	政府补助
投资收益	168.72	交易性金融资产收益
信用减值损失	−199.30	
营业外收入	6.27	政府补助
营业外支出	52.88	
所得税费用	348.57	
当期所得税费用	298.74	
递延所得税费用	49.83	资产减值调减递延所得税资产

10.2 用工作底稿法编制现金流量表

（1）调节营业收入产生的经营活动现金净流量（会计分录的单位为万元，本节余同）。

1）借：销售商品、提供劳务收到的现金　　72 958.55

　　　　合同负债　　　　　　　　　　　　　4 476.45

　　贷：营业收入　　　　　　　　　　　　　66 816.10

　　　　应收账款　　　　　　　　　　　　　　　29.94

　　　　应交税费——应交增值税（销项税额）　10 588.96

（2）调节营业成本产生的经营活动现金净流量。

2）借：营业成本　　　　　　　　　　　　　52 541.18

　　　　应付账款　　　　　　　　　　　　　 1 365.47

　　　　预付款项　　　　　　　　　　　　　21 907.34

　　　　应交税费——应交增值税（进项税额）9 236.59

贷：存货 2 116.40
　　应交税费——应交增值税（进项税额转出） 37.42
　　应付票据 1 100.00
　　购买商品、接受劳务支付的现金 81 796.76

（3）调整应交税费——企业所得税。

3）借：所得税费用 298.74
　　贷：应交税费——企业所得税 298.74

（4）调整递延所得税资产对所得税费用的影响，本期冲减应收账款和其他应收款的减值准备199.30万元，对应转出递延所得税资产49.83万元。

4）借：递延所得税资产 −49.83
　　贷：所得税费用 −49.83

（5）调整税金及附加的变动，计提确认应交税费。

5）借：税金及附加 1 684.29
　　贷：应交税费 1 684.29

（6）调整支付的各项税费。

6）借：应交税费 3 553.65
　　贷：支付的各项税费 3 553.65

（7）调整个人所得税变动数，个人所得税变动数直接调整支付给职工以及为职工支付的现金。

7）借：支付给职工以及为职工支付的现金 12.84
　　贷：应交税费——个人所得税 12.84

（8）调整销售费用及管理费用。假设均为实际付现支出的现金。

8）借：管理费用 6 791.21
　　　销售费用 915.12
　　贷：支付其他与经营活动有关的现金 7 706.33

（9）调整利息收入的变动，利息收入的变动属于经营活动现金流量。

9）借：收到其他与经营活动有关的现金　　　　529.61
　　　　贷：财务费用——利息收入　　　　　　　　　529.61

（10）调整利息支出，利息支出属于筹资活动现金流量。

10）借：财务费用　　　　　　　　　　　　　3 626.38
　　　　贷：分配股利、利润或偿付利息支付的现金　3 626.38

（11）调整支付的手续费。

11）借：财务费用　　　　　　　　　　　　　　758.39
　　　　贷：支付其他与经营活动有关的现金　　　　758.39

（12）调整营业外收入的变动。

12）借：收到其他与经营活动有关的现金　　　　　6.27
　　　　贷：营业外收入　　　　　　　　　　　　　　6.27

（13）调整营业外支出的变动。

13）借：营业外支出　　　　　　　　　　　　　　52.88
　　　　贷：支付其他与经营活动有关的现金　　　　 52.88

（14）调整交易性金融资产公允价值的变动。

14）借：交易性金融资产　　　　　　　　　　　　1.03
　　　　贷：公允价值变动损益　　　　　　　　　　　1.03

（15）调整信用减值损失的变动，信用减值准备的计提并未影响现金流量，但由于其属于影响了净利润未影响现金流量的支出，故而应在间接法中予以调整。

15）借：信用减值损失　　　　　　　　　　　 −199.30
　　　　贷：应收账款——坏账准备　　　　　　　　 −0.45
　　　　　　 其他应收款——坏账准备　　　　　　−198.85

（16）调整投资收益的变动，均为取得投资收益收到的现金。

16）借：取得投资收益收到的现金　　　　　　　168.72
　　　　贷：投资收益　　　　　　　　　　　　　　168.72

至此，损益类科目调整完毕。

（17）调整其他应收款及其他应付款的变动，均为经营活动往来。

17）借：收到其他与经营活动有关的现金　　8 974.72

　　　　贷：其他应收款　　　　　　　　　　　1 067.57

　　　　　　其他应付款　　　　　　　　　　　7 907.15

（18）调整固定资产的变动，在建工程转入固定资产 1 678.13 万元，其他均为实际支付的现金。

18）借：固定资产　　　　　　　　　　　　12 809.04

　　　　贷：在建工程　　　　　　　　　　　　1 678.13

　　　　　　购建固定资产、无形资产和其他长期资产　11 130.91
　　　　　　支付的现金

（19）调整固定资产的计提折旧。销售费用中计提累计折旧 238.79 万元，管理费用中计提累计折旧 846.47 万元，合计计提累计折旧 1 085.26 万元。因在调整分录 8）中已将销售费用和管理费用全部计入"支付其他与经营活动有关的现金"，所以在此分录中通过计入的现金原路冲回。制造费用中计提累计折旧影响的是存货。因在调整分录 2）中已将存货变动全部计入"购买商品、接受劳务支付的现金"，所以在此分录中通过计入的现金原路冲回。

19）借：支付其他与经营活动有关的现金　　　238.79

　　　　支付其他与经营活动有关的现金　　　846.47

　　　　贷：累计折旧　　　　　　　　　　　1 085.26

（20）调整无形资产的变动。

20）借：无形资产　　　　　　　　　　　　　33.00

　　　　贷：购建固定资产、无形资产和其他长期资产
　　　　　　支付的现金　　　　　　　　　　　33.00

（21）调整无形资产的摊销，无形资产摊销计入管理费用，在此调整冲减"支付其他与经营活动有关的现金"。

21）借：支付其他与经营活动有关的现金　　　201.22

　　　　贷：累计摊销　　　　　　　　　　　　201.22

（22）调整长期待摊费用的变动。长期待摊费用为装修工程款，均已实际支付。

  22）借：长期待摊费用   660.59
    贷：购建固定资产、无形资产和其他长期资产
      支付的现金   660.59

（23）调整长期待摊费用的摊销，长期待摊费用合计摊销 286.14 万元，通过管理费用分摊 254.90 万元，通过销售费用分摊 31.24 万元，应冲减"支付其他与经营活动有关的现金"和"购买商品、接受劳务支付的现金"。

  23）借：支付其他与经营活动有关的现金 286.14
    贷：长期待摊费用   286.14

（24）调整其他权益工具的增加，本期增加其他权益工具 1 000 万元，应计入投资活动现金流量。

  24）借：其他权益工具投资   1 000
    贷：投资支付的现金   1 000

（25）调整短期借款的取得。对于短期借款项目的变动，为客观反映取得借款收到的现金和偿还借款支付的现金，应分别调整借款项目的借贷方，而不是调整其差额变动。

  25）借：取得借款收到的现金   40 800.00
    贷：短期借款   40 800.00

（26）调整短期借款的偿还。

  26）借：短期借款   38 000.00
    贷：偿还债务支付的现金   38 000.00

（27）调整长期借款的取得。

  27）借：取得借款收到的现金   30 400.00
    贷：长期借款   30 400.00

（28）调整长期借款的偿还。

  28）借：长期借款   3 800.00
    贷：偿还债务支付的现金   3 800.00

（29）调整应付职工薪酬的计提。本期通过"管理费用"计提职工薪酬 4 053.49 万元，通过"销售费用"计提职工薪酬 71.19 万元，合计计提 4 124.68 万元。故在此冲减"支付其他与经营活动有关的现金"。

29）借：支付其他与经营活动有关的现金　　4 053.49
　　　　支付其他与经营活动有关的现金　　　71.19
　　　贷：应付职工薪酬　　　　　　　　　　　　　　4 124.68

（30）调整应付职工薪酬的发放。

30）借：应付职工薪酬　　　　　　　　　　4 123.96
　　　贷：支付给职工以及为职工支付的现金　　　　　4 123.96

（31）调整专项应付款的变动。

31）借：收到其他与投资活动有关的现金　　　0.13
　　　贷：专项应付款　　　　　　　　　　　　　　　　0.13

（32）调整盈余公积的计提。

32）借：利润分配——未分配利润　　　　　100.30
　　　贷：盈余公积　　　　　　　　　　　　　　　　100.30

（33）调整固定资产进项税。本期发生的进项税已全部计入"购买商品、接受劳务支付的现金"，实际为"购建固定资产、无形资产和其他长期资产支付的现金"。故在此做调整。

33）借：购买商品、接受劳务支付的现金　　140.21
　　　贷：购建固定资产、无形资产和其他长期资产　　140.21
　　　　　支付的现金

（34）调整应付账款中涉及固定资产和在建工程的应付款。其不属于经营性往来，应调整冲减购建固定资产、无形资产和其他长期资产支付的现金。

34）借：购建固定资产、无形资产和其他　　313.55
　　　　长期资产支付的现金
　　　贷：购买商品、接受劳务支付的现金　　　　　　313.55

资产负债表试算平衡表和利润表试算平衡表如表 10-5、表 10-6 所示。

表 10-5 资产负债表试算平衡表

(单位：万元)

资产	期末	期初	变动	调整借方	调整贷方	是否平衡
流动资产：						
货币资金	19 120.66	15 815.37	3 305.29			
交易性金融资产	67.29	66.26	1.03	1.03		是
衍生金融资产			—			
应收票据			—			
应收账款	90.48	119.97	−29.49		29.49	是
应收款项融资			—			
预付款项	25 717.48	3 810.14	21 907.34	21 907.34		是
其他应收款	37 242.09	38 110.81	−868.72		868.72	是
存货	3 021.17	5 137.57	−2 116.40		2 116.40	是
合同资产			—			
持有待售资产			—			
一年内到期的非流动资产			—			
其他流动资产			—			
流动资产合计	85 259.17	63 060.12	22 199.05			
非流动资产：						
债权投资			—			
其他债权投资			—			
长期应收款						

项目	期末	期初	变动	调整借方	调整贷方	是否平衡
长期股权投资	2 000.00	2 000.00	—	—	—	
其他权益工具投资	2 000.00	1 000.00	1 000.00	1 000.00	—	是
其他非流动金融资产						
投资性房地产						
固定资产	26 757.62	15 033.84	11 723.78	12 809.04	1 085.26	是
在建工程	27 109.55	28 787.68	−1 678.13	—	1 678.13	是
生产性生物资产						
油气资产						
使用权资产						
无形资产	6 173.21	6 341.43	−168.22	33.00	201.22	是
开发支出						
商誉						
长期待摊费用	533.26	158.81	374.45	660.59	286.14	是
递延所得税资产	69.88	119.71	−49.83	−49.83	—	是
其他非流动资产						
非流动资产合计	64 643.52	53 441.47	11 202.05			
资产总计	149 902.69	116 501.59	33 401.10			
负债和所有者权益（或股东权益）	期末	期初	变动	调整借方	调整贷方	是否平衡
流动负债：						
短期借款	29 270.00	26 470.00	2 800.00	38 000.00	40 800.00	是
交易性金融负债						

(续)

负债和所有者权益（或股东权益）	期末	期初	变动	调整借方	调整贷方	是否平衡
衍生金融负债						
应付票据	22 000.00	20 900.00	1 100.00	—	1 100.00	是
应付账款	10 480.50	11 845.97	-1 365.47	1 365.47	—	是
预收款项						
合同负债	10 342.60	14 819.05	-4 476.45	—	-4 476.45	是
应付职工薪酬	202.06	201.34	0.72	4 123.96	4 124.68	是
应交税费	1 330.25	1 498.24	-167.99	12 790.24	12 622.25	是
其他应付款	18 632.69	10 725.54	7 907.15	—	7 907.15	是
持有待售负债						
一年内到期的非流动负债						
其他流动负债						
流动负债合计	92 258.10	86 460.14	5 797.96			
非流动负债：						
长期借款	49 940.00	23 340.00	26 600.00	3 800.00	30 400.00	是
应付债券						
其中：优先股						
永续债						
租赁负债						
长期应付款	1 005.30	1 005.17	0.13	—	0.13	是
预计负债						

第10章 商业企业现金流量表编制实例分析

项目			是
递延收益		—	
递延所得税负债		—	
其他非流动负债	50 945.30	—	
负债合计	143 203.40	24 345.17	
		110 805.31	
所有者权益（或股东权益）：			
实收资本（或股本）	3 540.00	3 540.00	
其他权益工具		—	
其中：优先股		—	
永续债		—	
资本公积	71.50	71.50	
减：库存股		—	
其他综合收益		—	
专项储备		—	
盈余公积	801.55	701.25	100.30
未分配利润	2 286.24	1 383.53	902.71
所有者权益（或股东权益）合计	6 699.29	5 696.28	
负债和所有者权益（或股东权益）总计	149 902.69	116 501.59	

表 10-6 利润表试算平衡表

2022 年度

单位：某商业零售企业　　　　　　　　　　　　　　　　　　　　　　　　　　　　　单位：万元

项目	本期发生额	调整借方	调整贷方	是否平衡
一、营业收入	66 816.10	—	66 816.10	是
减：营业成本	52 541.18	52 541.18	—	是
税金及附加	1 684.29	1 684.29	—	是
销售费用	915.12	915.12	—	是
管理费用	6 791.11	6 791.11	—	是
研发费用				
财务费用	3 855.16	4 384.77	529.61	是
其中：利息费用				
利息收入				
加：其他收益				
投资收益（损失以"-"号填列）	168.72	—	168.72	是
其中：对联营企业和合营企业的投资收益				
以摊余成本计量的金融资产终止确认收益（损失以"-"号填列）				
净敞口套期收益（损失以"-"号填列）				
公允价值变动收益（损失以"-"号填列）	1.03	—	1.03	是
信用减值损失（损失以"-"号填列）				
资产减值损失（损失以"-"号填列）	199.30	−199.30	—	是
资产处置收益（损失以"-"号填列）				

项目				是
二、营业利润（亏损以"-"号填列）	1 398.29	—	—	
加：营业外收入	6.27	—	—	
减：营业外支出	52.88	52.88	6.27	是
三、利润总额（亏损总额以"-"号填列）	1 351.68	—	—	
减：所得税费用	348.67	298.74	-49.83	是
四、净利润（净亏损以"-"号填列）	1 003.01			
（一）持续经营净利润（净亏损以"-"号填列）				
（二）终止经营净利润（净亏损以"-"号填列）				
五、其他综合收益的税后净额				
（一）不能重分类进损益的其他综合收益				
1. 重新计量设定受益计划变动额				
2. 权益法下不能转损益的其他综合收益				
3. 其他权益工具投资公允价值变动				
4. 企业自身信用风险公允价值变动				
……				
（二）将重分类进损益的其他综合收益				
1. 权益法下可转损益的其他综合收益				
2. 其他债权投资公允价值变动				
3. 金融资产重分类计入其他综合收益的金额				
4. 其他债权投资信用减值准备				
5. 现金流量套期储备				
6. 外币财务报表折算差额				
……				
六、综合收益总额	1 003.01			

表 10-7 为现金流量表工作底稿。

表 10-7 现金流量表工作底稿

(单位：万元)

项目	合计	序号	借方调整	序号	贷方调整
一、经营活动产生的现金流量：					
销售商品、提供劳务收到的现金	72 958.55	1)	72 958.55		
收到的税费返还	—				—
收到其他与经营活动有关的现金	9 510.60	9)	529.61		
		12)	6.27		
		17)	8 974.72		
现金流入小计	82 469.15				
购买商品、接受劳务支付的现金	81 970.10	33)	140.21	2)	81 796.76
				34)	313.55
支付给职工以及为职工支付的现金	4 111.12	7)	12.84	30)	4 123.96
支付的各项税费	3 553.65			6)	3 553.65
支付其他与经营活动有关的现金	2 820.30	19)	1 085.26	8)	7 706.33
		21)	201.22	11)	758.39
		23)	286.14	13)	52.88
		29)	4 124.68		
现金流出小计	92 455.17				
经营活动产生的现金流量净额	-9 986.02				
二、投资活动产生的现金流量：					
收回投资收到的现金	0.13	31)	0.13		
取得投资收益收到的现金	168.72	16)	168.72		
处置固定资产、无形资产和其他长期资产收回的现金净额	—				
收到其他与投资活动有关的现金	—				
现金流入小计	168.85				
购建固定资产、无形资产和其他长期资产支付的现金	11 651.16	34)	313.55	18)	11 130.91
				20)	33.00
				22)	660.59
				33)	140.21
投资支付的现金	1 000.00			24)	1 000.00
支付其他与投资活动有关的现金	—				
现金流出小计	12 651.16				
投资活动产生的现金流量净额	-12 482.31				

（续）

项目	合计	序号	借方调整	序号	贷方调整
三、筹资活动产生的现金流量：					
吸收投资收到的现金	—				
取得借款收到的现金	71 200.00	25）	40 800.00		
		27）	30 400.00		
收到其他与筹资活动有关的现金	—				
现金流入小计	71 200.00				
偿还债务支付的现金	41 800.00			26）	38 000.00
				28）	3 800.00
分配股利、利润或偿付利息支付的现金	3 626.38			10）	3 626.38
支付其他与筹资活动有关的现金					
现金流出小计	45 426.38				
筹资活动产生的现金流量净额	25 773.62				
四、汇率变动对现金的影响	—				
五、现金及现金等价物净增加额	3 305.29				

表 10-8 为现金流量表主表。

表 10-8　现金流量表主表

（单位：万元）

项目	行次	合计
一、经营活动产生的现金流量：	1	
销售商品、提供劳务收到的现金	2	72 958.55
收到的税费返还	3	—
收到其他与经营活动有关的现金	4	9 510.60
现金流入小计	5	82 469.15
购买商品、接受劳务支付的现金	6	81 970.10
支付给职工以及为职工支付的现金	7	4 111.12
支付的各项税费	8	3 553.65
支付其他与经营活动有关的现金	9	2 820.30
现金流出小计	10	92 455.17
经营活动产生的现金流量净额	11	-9 986.02
二、投资活动产生的现金流量：	12	
收回投资收到的现金	13	0.93
取得投资收益收到的现金	14	168.72

(续)

项目	行次	合计
处置固定资产、无形资产和其他长期资产收回的现金净额	15	—
收到其他与投资活动有关的现金	16	—
现金流入小计	17	168.85
购建固定资产、无形资产和其他长期资产支付的现金	18	11 651.16
投资支付的现金	19	1 000.00
支付其他与投资活动有关的现金	20	—
现金流出小计	21	12 651.16
投资活动产生的现金流量净额	22	-12 482.31
三、筹资活动产生的现金流量：	23	
吸收投资收到的现金	24	—
取得借款收到的现金	25	71 200.00
收到其他与筹资活动有关的现金	26	
现金流入小计	27	71 200.00
偿还债务支付的现金	28	41 800.00
分配股利、利润或偿付利息支付的现金	29	3 626.38
支付其他与筹资活动有关的现金	30	—
现金流出小计	31	45 426.38
筹资活动产生的现金流量净额	32	25 773.62
四、汇率变动对现金的影响	33	—
五、现金及现金等价物净增加额	34	3 305.29

表 10-9 为现金流量表附注。

表 10-9 现金流量表附注

项目	行次	本期发生额
1.将净利润调节为经营活动现金流量：	1	
净利润	2	1 003.01
加：资产减值准备	3	
信用损失准备	4	-199.30
固定资产折旧、油气资产折耗、生产性生物资产折旧	5	1 085.26
无形资产摊销	6	201.22
长期待摊费用摊销	7	286.14
处置固定资产、无形资产和其他长期资产的损失（收益以"-"号填列）	8	

(续)

项目	行次	本期发生额
固定资产报废损失（收益以"-"号填列）	9	
净敞口套期损失（收益以"-"号填列）	10	
公允价值变动损失（收益以"-"号填列）	11	−1.03
财务费用（收益以"-"号填列）	12	3 626.38
投资损失（收益以"-"号填列）	13	−168.72
递延所得税资产减少（增加以"-"号填列）	14	49.83
递延所得税负债增加（减少以"-"号填列）	15	
存货的减少（增加以"-"号填列）	16	2 116.40
经营性应收项目的减少（增加以"-"号填列）	17	−20 809.83
经营性应付项目的增加（减少以"-"号填列）	18	2 824.62
其他	19	
经营活动产生的现金流量净额	20	−9 986.02
2. 不涉及现金收支的投资和筹资活动：	21	
债务转为资本	22	
一年内到期的可转换公司债券	23	
融资租入固定资产	24	
其他	27	
3. 现金及现金等价物净增加情况：	28	
现金的期末余额	29	19 120.66
减：现金的期初余额	30	15 815.37
加：现金等价物的期末余额	31	
减：现金等价物的期初余额	32	
现金及现金等价物净增加额	33	3 305.29

经营性应收项目的减少，其调整为：应收账款、其他应收款计提的资产减值准备转回199.30万元。该事项因不影响经营活动现金流量，在此做调整。

经营性应付项目的增加，其调整为：①应付账款：设备款本期变动数为313.55万元。②采购固定资产和在建工程发生时产生的进项税140.21万元。上述因素均不影响经营活动现金流量，在此做调整。

其他项目的调整，均直接取自报表数。

第 11 章

金融企业现金流量表编制实例分析

11.1 案例背景及相关资料

案例背景：某农村商业银行，营改增后为增值税一般纳税人，目前处于正常生产经营中。

和工商企业相比，金融企业的现金流量表的项目略有不同，主要是：客户存款和同业存放款项净增加额、向中央银行借款净增加额、向其他金融机构拆入资金净增加额、收取利息手续费及佣金的现金、客户贷款及垫款净增加额、存放中央银行和同业款项净增加额、支付手续费及佣金的现金、发行债券收到的现金。其他项目与一般工商企业一致。本案例主要发生的事项如下。

（1）本期利息收入为 213 300 万元，本期应收利息增加 7 000 万元，本期有 7 000 万元利息未收到现金。本期利息收入中含有贴现利息收入 2 300 万元，反映在资产负债表的"贴现资产"项目中，未形成本期现金流入。

（2）投资收益、手续费和佣金收入、其他业务收入均为现金流入。

（3）汇兑收益均为外币银行存款的汇率变动形成的汇兑收益。

（4）本期通过税金及附加科目计提各项税费 2 070 万元。本期所得税费用发生额为 38 722.50 万元，发生事项为：计提企业所得税 45 972.50 万元，计提信用减值损失产生的确认递延所得税资产 7 250 万元。本期支付的各项税费为 1 970 万元。

（5）本期产生增值税销项税 12 700 万元，进项税 3 400 万元。

（6）本期利息支出为 11 900.00 万元，本期应付利息增加 4 000.00 万元，本期有 4 000.00 万元利息支出未形成现金流出。其他利息支出均为现金流出。

（7）手续费及佣金支出、其他业务成本均为现金流出。

（8）本期营业外收入为 300 万元，形成事项为：收回已核销的呆账 300 万元。

（9）本期资产处置收益为 1 960 万元。形成事项：①处置一处房屋建筑物，房屋原值 12 000 万元，累计折旧 4 000 万元，净值 8 000 万元，处置收入 10 500 万元，处置费用 500 万元，均以现金收付。②单位报废了一辆汽车，原值 250 万元，已计提累计折旧 200 万元，处置收入 10 万元。均以现金收付。

（10）发放贷款和垫款科目构成及形成事项如下。

1）年初贸易融资 1 000 万元，贴现资产 50 000 万元，短期贷款 1 376 000 万元，中长期贷款 1 441 850 万元，年初贷款损失准备为 2 200 万元；年末贸易融资 12 400 万元，贴现资产 60 000 万元，短期贷款 1 935 430 万元，中长期贷款 1 738 000 万元，年末贷款损失准备为 31 200 万元。

2）中长期贷款本期增加 330 000 万元，主要形成事项为：发放中长期贷款 480 000 万元，收回中长期贷款 330 000 万元，转出逾期贷款 150 000 万元。在收回的中长期贷款 330 000 万元中，有逾期贷款转入 37 000 万元。

3）中长期贷款中的逾期贷款期初为 545 850 万元，期末为 540 000 万元，本期净减少 5 850 万元，形成事项为：本期实际收回逾期贷款 22 850 万元，由中长期贷款转入 37 000 万元，转出呆滞贷款 20 000 万元。

4）中长期贷款中的呆滞贷款期初为 151 000 万元，期末为 160 000 万元，本期净增加 9 000 万元，形成事项为：本期呆账核销 11 000 万元，由逾期贷款转入 20 000 万元。

5）贴现资产增加 10 000 万元，其中包括 2 300 万元的利息收入。

6）贷款损失准备净增加 29 000 万元，主要构成为：本期计提贷款损失准备 40 000 万元，核销呆账 11 000 万元。

（11）其他应收款增加 12 000 万元，为垫付待处理案件损失。

（12）本期交易性金融资产减少 2 000 万元，为对外购买交易性金融资产本期变现 2 000 万元。

（13）债权投资本期减少 2 000 万元，为实际收回投资 2 000 万元。

（14）本期固定资产净增加 17 600 万元，形成事项为：本期购建固定资产 29 250 万元，在建工程完工转入 600 万元，处置一处房屋建筑物 12 000 万元，报废一辆汽车 250 万元。

（15）本期累计折旧科目净减少 1 200 万元，形成事项为：计提累计折旧 3 000 万元，通过固定资产清理转出累计折旧 4 200 万元，其中房屋建筑物清理转出 4 000 万元，报废汽车转出 200 万元。

（16）在建工程本期增加 3 400 万元，形成事项为：支付工程款 4 000 万元，完工转入固定资产 600 万元。

（17）其他资产为或有资产，与其他负债均净增加 12 000 万元，或有资产和或有负债核算的是签发的银行承兑汇票、信用证、保函等，不涉及现金流量。

（18）本期应付职工薪酬增加 450 万元，其中应付工资增加 400 万元，应付职工社保增加 50 万元。本期通过业务管理费计提应付工资 5 500 万元，计提社保 770 万元，实际支付职工工资 5 100 万元、职工社保 720 万元。

（19）应付债券本期净增加 11 000 万元，形成事项为：支付应付债券 25 000 万元，由吸收存款转入 36 000 万元。

（20）本期实收资本净增加 10 000 万元，均为现金流入。

（21）除工资、折旧等事项外，业务及管理费均为付现费用。

2022 年 12 月 31 日的资产负债表和 2022 年的利润表如表 11-1 和表 11-2 所示。

第 11 章 金融企业现金流量表编制实例分析 173

表 11-1　某农村商业银行资产负债表

单位名称：某农村商业银行　　年报　　日期：2022 年 12 月 31 日　　币种：本币　　单位：万元

资产	行次	期初余额	期末余额	期末－期初	负债和所有者权益	行次	期初余额	期末余额	期末－期初
资产：					负债：				
现金及存放中央银行款项	1				向中央银行借款	33			
	2	44 700.00	58 000.00	13 300.00		34			
贵金属	3				联行存放款项	35	10 500.00	15 000.00	4 500.00
存放联行款项	4				同业及其他金融机构存放款	36	11 500.00	14 000.00	2 500.00
存放同业款项	5	8 000.00	10 000.00	2 000.00	拆入资金	37			
拆出资金	6	6 000.00	83 260.00	77 260.00	交易性金融负债	38			
交易性金融资产	7	10 000.00	8 000.00	-2 000.00	衍生金融负债	39			
衍生金融资产	8				卖出回购金融资产款	40			
买入返售金融资产	9				吸收存款	41	2 952 000.00	3 704 000.00	752 000.00
应收款项类金融资产	10				应付职工薪酬	42	350.00	800.00	450.00
应收利息	11	25 000.00	32 000.00	7 000.00	应交税费	43	200.00	55 572.50	55 372.50
应收股利	12				应付利息	44	1 500.00	5 500.00	4 000.00
其他应收款	13	20 000.00	32 000.00	12 000.00	应付股利	45			
发放贷款及垫款	14	2 866 650.00	3 714 630.00	847 980.00	其他应付款	46	5 100.00	5 100.00	0.00
其他权益工具投资	15				预计负债	47			
其他债权投资	16				应付债券	48	20 000.00	31 000.00	11 000.00

（续）

行次	资产	期初余额	期末余额	期末－期初	行次	负债和所有者权益	期初余额	期末余额	期末－期初
17	债权投资	6 000.00	4 000.00	−2 000.00	49	租赁负债			
18	长期股权投资	1 000.00	1 000.00	0.00	50	持有待售负债			
19	投资性房地产				51	递延所得税负债			
20	固定资产	35 000.00	53 800.00	18 800.00	52	其他负债	29 000.00	41 000.00	12 000.00
21	在建工程	1 000.00	4 400.00	3 400.00	53	负债合计	3 030 150.00	3 871 972.50	841 822.50
22	固定资产清理				54	所有者权益：			
23	使用权资产		2 000.00	2 000.00	55	实收资本（股本）	25 000.00	35 000.00	10 000.00
24	无形资产				56	其中：法人股股本	10 000.00	15 000.00	5 000.00
25	开发支出				57	自然人股股本	15 000.00	20 000.00	5 000.00
26	长期待摊费用				58	其他股本			
27	抵债资产				59	资本公积	3 600.00	3 600.00	0.00
28	持有待售资产				60	减：库存股			
29	递延所得税资产	10 000.00	17 250.00	7 250.00	61	其他综合收益			
30	待处理财产损溢				62	盈余公积	4 400.00	4 400.00	
31	其他资产	29 000.00	41 000.00	12 000.00	63	一般风险准备			
					64	未分配利润	1 200.00	146 367.50	145 167.50
					65	其他权益工具	4 400.00	4 400.00	0.00
					66	所有者权益合计	38 600.00	193 767.50	155 167.50
32	资产总计	3 064 350.00	4 061 340.00	996 990.00	67	负债和所有者权益总计	3 064 350.00	4 061 340.00	996 990.00

表 11-2 某农村商业银行利润表

编制单位：某农村商业银行　　　2022 年度　　　单位：万元

项目名称	本年累计
一、营业收入	254 960.00
利息净收入	201 400.00
1. 利息收入	213 300.00
2. 利息支出	11 900.00
手续费及佣金净收入	40 000.00
1. 手续费及佣金收入	42 000.00
2. 手续费及佣金支出	2 000.00
投资收益	1 600.00
公允价值变动收益	
汇兑收益	2 000.00
其他业务收入	8 000.00
资产处置收益	1 960.00
其他收益	
二、营业支出	71 370.00
税金及附加	2 070.00
业务及管理费	24 300.00
信用减值损失	40 000.00
其他资产减值损失	
其他业务成本	5 000.00
三、营业利润	183 590.00
加：营业外收入	300.00
减：营业外支出	
四、利润总额	183 890.00
减：所得税费用	38 722.50
净利润	145 167.50

11.2 用工作底稿法编制现金流量表

第一步：将资产负债表的期初数和期末数过入工作底稿的期初数和期末数栏。

第二步：对当期业务进行分析并编制调整分录（会计分录单位均为万元）。

（1）分析调整利息收入。本期利息收入为 213 300 万元，从资产负债表可见，本期应收利息增加 7 000 万元，反映本期有 7 000 万元利息未形成现金流入。产生销项税 12 700 万元，应计入本期收取利息、手续费及佣金的现金中。利息收入中含有贴现利息收入 2 300 万元，反映在资产负债表的"贴现资产"项目中，未形成本期现金流入。

1）借：应收利息　　　　　　　　　　　　　　　7 000
　　　收取利息、手续费及佣金的现金　　　　216 700
　　　贴现资产　　　　　　　　　　　　　　　　2 300
　　贷：利息收入　　　　　　　　　　　　　　　　　　211 000
　　　　金融机构往来利息收入　　　　　　　　　　　　2 300
　　　　应交税费——应交增值税（销项税额）　　　　12 700

（2）分析调整手续费及佣金收入，全部为实际现金流入。

2）借：收取利息、手续费及佣金的现金　　　　42 000
　　贷：手续费及佣金收入　　　　　　　　　　　　　42 000

（3）分析调整投资收益，均为实际现金流入。

3）借：收取利息、手续费及佣金的现金　　　　 1 600
　　贷：投资收益　　　　　　　　　　　　　　　　　 1 600

（4）分析调整汇兑收益，假设均为外币银行存款的汇率变动形成的汇兑收益。

4）借：汇率变动对现金及现金等价物的影响　　 2 000
　　贷：汇兑损益　　　　　　　　　　　　　　　　　 2 000

（5）分析调整其他业务收入，为公司的房租收入，均已取得现金。

5）借：收到其他与经营活动有关的现金　　　　 8 000
　　贷：其他业务收入　　　　　　　　　　　　　　　 8 000

（6）分析调整利息支出。本期利息支出为 11 900 万元，从资产负债表可见，本期应付利息增加 4 000 万元，反映本期有 4 000 万元利息支出未形成现金流出。其他利息支出均为现金流出。

6）借：利息支出　　　　　　　　　　　　11 900
　　　贷：支付利息、手续费及佣金的现金　　　　　7 900
　　　　　应付利息　　　　　　　　　　　　　　　4 000

（7）分析调整手续费及佣金支出，全部为实际现金流出。

7）借：手续费及佣金支出　　　　　　　2 000
　　　贷：支付利息、手续费及佣金的现金　　　　　2 000

（8）分析调整税金及附加。由于税金及附加与资产负债表中的应交税费有关联，两者应放在一起一并调整。应交税费所涉及的事项不仅包括增值税、城市维护建设税、教育费附加，还包括企业所得税。本案例中假设不考虑个人所得税及其他税费。因此，我们在做调整分录时，将所得税项目一并调整。本期通过税金及附加科目计提各项税费 2 070 万元。本期所得税费用发生额为 38 722.50 万元，发生事项为：计提企业所得税 45 972.50 万元，计提资产减值损失产生的确认递延所得税资产 7 250 万元。本期支付的各项税费为 1 970 万元。

8）借：税金及附加　　　　　　　　　　2 070
　　　贷：应交税费　　　　　　　　　　　　　　　2 070

9）借：所得税费用　　　　　　　　　　45 972.50
　　　贷：应交税费　　　　　　　　　　　　　　　45 972.50

10）借：递延所得税资产　　　　　　　　7 250
　　　贷：所得税费用　　　　　　　　　　　　　　7 250

11）借：应交税费　　　　　　　　　　　1 970
　　　贷：支付的各项税费　　　　　　　　　　　　1 970

（9）分析调整业务及管理费。一般来说，业务及管理费的调整，先直接计入"支付其他与经营活动有关的现金"，对于其中包含的不涉及现金收支的项目，再结合具体情况进行调整。本期业务及管理费发生额为 24 300 万元，涉及进项税 3 400 万元，所做的调整分录为：

12) 借：业务及管理费　　　　　　　　　　　　　24 300
　　　应交税费——应交增值税（进项税额）　　 3 400
　　贷：支付其他与经营活动有关的现金　　　　　27 700

（10）分析调整其他业务成本。其他业务成本本期发生额为5 000万元，均为付现支出。所做的调整分录为：

13) 借：其他业务成本　　　　　　　　　　　　　 5 000
　　贷：支付其他与经营活动有关的现金　　　　　 5 000

（11）分析调整营业外收入。本期营业外收入300万元，形成事项为：收回已核销的呆账300万元。

14) 借：客户存款和同业存放款项净增加额　　　　　300
　　贷：营业外收入　　　　　　　　　　　　　　　300

（12）分析调整资产处置收益。形成事项为：①处置一处房屋建筑物，房屋原值12 000万元，累计折旧4 000万元，净值8 000万元，处置收入10 500万元，处置费用500万元，均以现金收付。②单位报废了一辆汽车，原值250万元，已计提累计折旧200万元，处置收入10万元。均以现金收付。对这两个事项应分别进行调整。

一般来说，为了不出错，我们建议最好逐笔编制调整分录，即使不涉及现金流量的分录也逐笔编制，这样容易检查，且不易出错，也方便理解。

对于处置资产的分录，做如下调整。

15) 借：固定资产清理　　　　　　　　　　　　　 8 250
　　　累计折旧　　　　　　　　　　　　　　　　 4 200
　　贷：固定资产　　　　　　　　　　　　　　　12 450

16) 借：固定资产清理　　　　　　　　　　　　　　 500
　　贷：处置固定资产、无形资产和其他　　　　　　 500
　　　　长期资产收回的现金净额

17) 借：处置固定资产、无形资产和其他　　　　　10 510
　　　　长期资产收回的现金净额
　　贷：固定资产清理　　　　　　　　　　　　　10 510

18）借：固定资产清理　　　　　　　　　　　　　1 960
　　　贷：资产处置收益　　　　　　　　　　　　　　　1 960

（13）分析调整资产减值准备。资产减值准备为计提的贷款减值准备，在贷款调整中一并进行调整。本处暂不调整。

至此，利润表科目已经全部调整完毕，接下来开始调整资产负债表科目。

（14）分析调整拆出资金。本期拆出同业款项增加 77 260 万元，反映该行因拆放同业和拆放金融性公司款项而使现金流出增加 77 260 万元。

19）借：拆出资金　　　　　　　　　　　　　　77 260
　　　贷：存放中央银行和同业款项净增加额　　　　　77 260

（15）分析调整发放贷款和垫款。发放贷款和垫款科目构成及形成事项如下：

a. 年初贸易融资 1 000 万元，贴现资产 50 000 万元，短期贷款 1 376 000 万元，中长期贷款 1 441 850 万元，年初贷款损失准备为 2 200 万元；年末贸易融资 12 400 万元，贴现资产 60 000 万元，短期贷款 1 935 430 万元，中长期贷款 1 738 000 万元，年末贷款损失准备为 31 200 万元。

b. 中长期贷款本期增加 330 000 万元，主要形成事项为：发放中长期贷款 480 000 万元，收回中长期贷款 330 000 万元，转出逾期贷款 150 000 万元。在收回的中长期贷款 330 000 万元中，有逾期贷款转入 37 000 万元。

c. 中长期贷款中的逾期贷款期初为 545 850 万元，期末为 540 000 万元，本期净减少 5 850 万元，形成事项为：本期实际收回逾期贷款 22 850 万元，由中长期贷款转入 37 000 万元，转出呆滞贷款 20 000 万元。

d. 中长期贷款中的呆滞贷款期初为 151 000 万元，期末为 160 000 万元，本期净增加 9 000 万元，形成事项为：本期呆账核销 11 000 万元，由逾期贷款转入 20 000 万元。

e. 贴现资产增加 10 000 万元。

f. 贷款损失准备净增加 29 000 万元，主要构成为：本期计提贷款损失准备 40 000 万元,核销呆账 11 000 万元。

第一步,调整短期贷款、贸易融资、贴现资产。贴现资产增加 10 000 万元,其中 2 300 万元的利息收入已经在调整分录 1)中作为利息收入进行了调整,因此在此仅调整 7 700 万元。

20)借:短期贷款　　　　　　　　　　　　559 430

　　　贸易融资　　　　　　　　　　　　11 400

　　　贴现资产　　　　　　　　　　　　7 700

　　贷:客户贷款及垫款净增加额　　　　　　578 530

第二步,调整中长期贷款。中长期贷款本期增加 330 000 万元,主要形成事项为:发放中长期贷款 480 000 万元,收回中长期贷款 330 000 万元,转出逾期贷款 150 000 万元。在收回的中长期贷款 330 000 万元中,有逾期贷款转入 37 000 万元。

21)借:中长期贷款　　　　　　　　　　　330 000

　　　客户贷款及垫款净增加额　　　　　150 000

　　贷:客户贷款及垫款净增加额　　　　　　480 000

第三步,调整中长期贷款中的逾期贷款。

22)借:中长期贷款　　　　　　　　　　　20 000

　　　客户贷款及垫款净增加额　　　　　22 850

　　贷:中长期贷款　　　　　　　　　　　　42 850

第四步,调整中长期贷款中的呆滞贷款。

23)借:贷款损失准备　　　　　　　　　　11 000

　　贷:中长期贷款——呆滞贷款　　　　　　11 000

第五步,调整贷款损失准备。

24)借:信用减值损失　　　　　　　　　　40 000

　　贷:贷款损失准备　　　　　　　　　　　40 000

(16)分析调整其他应收款。其他应收款增加 12 000 万元,为垫付待处理案件损失,是现金流出。

25）借：其他应收款　　　　　　　　　　　　　12 000

　　　贷：经营活动产生的现金流量——支付其他与　　12 000
　　　　　经营活动有关的现金

（17）分析调整交易性金融资产。本期交易性金融资产减少 2 000 万元，为对外购买交易性金融资产本期变现 2 000 万元。

26）借：收回投资收到的现金　　　　　　　　　　2 000

　　　贷：交易性金融资产　　　　　　　　　　　　2 000

（18）分析调整债权投资。债权投资本期减少 2 000 万元，为实际收回投资 2 000 万元。

27）借：收回投资收到的现金　　　　　　　　　　2 000

　　　贷：债权投资　　　　　　　　　　　　　　　2 000

（19）分析调整固定资产。本期固定资产净增加 17 600 万元，形成事项为：本期购建固定资产 29 250 万元，在建工程完工转入 600 万元，处置一处房屋建筑物 12 000 万元，报废一辆汽车 250 万元。由于处置固定资产的事项已经在资产处置收益调整中予以反映，故而本次调整仅调整增加固定资产事项。

28）借：固定资产　　　　　　　　　　　　　　　29 850

　　　贷：在建工程　　　　　　　　　　　　　　　600
　　　　　购建固定资产、无形资产和其他长期资产　29 250
　　　　　支付的现金

（20）分析调整累计折旧。本期累计折旧科目净减少 1 200 万元，形成事项为：计提累计折旧 3 000 万元，通过固定资产清理转出累计折旧 4 200 万元，其中房屋建筑物清理转出 4 000 万元，报废汽车转出 200 万元。由于固定资产清理转出累计折旧已经在营业外支出科目中调整，只需要对计提累计折旧的事项进行调整。固定资产折旧的计提计入业务及管理费，由于业务及管理费科目已经在调整分录 12）中调整，因此，在这里不通过"业务及管理费"科目进行调整。

29）借：支付其他与经营活动有关的现金　　　3 000
　　　　贷：累计折旧　　　　　　　　　　　　　　　3 000

（21）分析调整在建工程。在建工程本期增加3 400万元，形成事项为：支付工程款4 000万元，完工转入固定资产600万元。由于在建工程已经在调整分录28）中进行了调整，故而本次仅对支付工程款进行调整。

30）借：在建工程　　　　　　　　　　　　4 000
　　　　贷：购建固定资产、无形资产和其他长期资产　　4 000
　　　　　　支付的现金

（22）分析调整其他资产。其他资产为或有资产，与其他负债均净增加12 000万元，或有资产和或有负债核算的是签发的银行承兑汇票、信用证、保函等，不涉及现金流量。

31）借：其他资产　　　　　　　　　　　　12 000
　　　　贷：其他负债　　　　　　　　　　　　　　　12 000

（23）分析调整吸收存款。本期的活期存款净增加510 000万元，形成事项为：收到客户储蓄的资金流入。

32）借：客户存款和同业存放款项净增加额　510 000
　　　　贷：吸收存款——活期存款　　　　　　　　510 000

本期的活期存款净增加226 000万元，形成事项为：收到客户储蓄的资金流入。

33）借：客户存款和同业存放款项净增加额　226 000
　　　　贷：吸收存款——活期存款　　　　　　　　226 000

本期财政性存款净减少18 000万元，反映该行吸收的财政性存款减少，是现金流出。

34）借：吸收存款——财政性存款　　　　　18 000
　　　　贷：客户存款和同业存放款项净增加额　　　18 000

本期长期储蓄存款转入应付债券36 000万元。

35）借：吸收存款——长期储蓄存款　　　　　36 000
　　　贷：应付债券　　　　　　　　　　　　　　　36 000
本期吸收长期存款 56 000 万元，支付到期长期存款 52 000 万元。

36）借：客户存款和同业存放款项净增加额　　　56 000
　　　贷：客户存款和同业存放款项净增加额　　　　52 000
　　　　　吸收存款——长期储蓄存款　　　　　　　4 000

本期长期储蓄存款净增加 30 000 万元，其中吸收长期储蓄存款 180 000 万元，支付到期存款 114 000 万元，转出一年内到期的长期储蓄存款 36 000 万元。

37）借：客户存款和同业存放款项净增加额　　　180 000
　　　贷：客户存款和同业存放款项净增加额　　　　114 000
　　　　　吸收存款——长期储蓄存款　　　　　　　66 000

转出一年内到期的长期储蓄存款已经在调整分录 35）中调整。

（24）分析调整开出汇票和存入保证金存款。开出汇票和存入保证金存款属于活期存款性质，本期开出汇票增加 3 500 万元，存入保证金存款增加 1 000 万元，属于经营活动现金流入。

38）借：客户存款和同业存放款项净增加额　　　4 500
　　　贷：开出汇票　　　　　　　　　　　　　　　3 500
　　　　　存入保证金　　　　　　　　　　　　　　1 000

（25）分析调整应付利息。本期应付利息净增加 4 000 万元，已在调整分录 6）中调整，本处不再调整。

（26）分析调整应付职工薪酬。本期应付职工薪酬增加 450 万元，其中应付工资增加 400 万元，应付职工社保增加 50 万元。本期通过业务管理费计提应付工资 5 500 万元，计提社保 770 万元，实际支付职工工资 5 100 万元、职工社保 720 万元，此处应根据计提及支付分别进行调整。

由于业务及管理费已于调整分录 12）中全额调整计入"经营活动产生的现金流量——支付其他与经营活动有关的现金"中，本次做计提事项的调整分录时，不再通过"业务及管理费"进行调整，而是通过"经营活动产生的现金流量——支付其他与经营活动有关的现金"进行调整。

39）借：支付其他与经营活动有关的现金　　　　6 270
　　　　贷：应付职工薪酬——工资　　　　　　　　　　5 500
　　　　　　应付职工薪酬——职工福利费　　　　　　　770
40）借：应付职工薪酬——工资　　　　　　　　5 100
　　　　应付职工薪酬——职工福利费　　　　　　720
　　　　贷：支付给职工以及为职工支付的现金　　　　 5 820

（27）分析调整应交税费。应交税费的调整已于调整分录8）、9）、11）中进行调整，本处不再调整。

（28）分析调整应付债券。应付债券本期净增加11 000万元，形成事项为：支付应付债券25 000万元，由吸收存款转入36 000万元。由于吸收存款转入应付债券36 000万元已于调整分录37）中调整，本处不再调整。

41）借：应付债券　　　　　　　　　　　　　　25 000
　　　　贷：偿还债务支付的现金　　　　　　　　　　　25 000

（29）分析调整实收资本。本期实收资本净增加10 000万元，均为现金流入。

42）借：吸收投资收到的现金　　　　　　　　　10 000
　　　　贷：实收资本　　　　　　　　　　　　　　　　10 000

（30）分析调整现金及现金等价物净变化额。本期"现金及现金等价物"净增加12 800万元，其中现金净增加7 000万元，存放中央银行款项净增加6 300万元，存放同业净增加2 000万元，同业存放净增加2 500万元。

43）借：现金　　　　　　　　　　　　　　　　 7 000
　　　　存放中央银行款项　　　　　　　　　　 6 300
　　　　存放同业　　　　　　　　　　　　　　 2 000
　　　　贷：同业存放　　　　　　　　　　　　　　　　 2 500
　　　　　　现金及现金等价物净增加额　　　　　　　 12 800

第三步，将调整分录过入工作底稿（见表11-3、表11-4和表11-5）。

表 11-3　现金流量表工作底稿——资产负债表校验

(单位：万元)

	行次	期初余额	期末余额	期末-期初	调整借方	调整贷方	是否平衡
a) 资产项目							
资产：							
现金及存放中央银行款项	1						
贵金属	2	44 700.00	58 000.00	13 300.00	13 300.00		是
存放联行款项	3			0			
存放同业款项	4			0			
拆出资金	5	8 000.00	10 000.00	2 000.00	2 000.00		是
交易性金融资产	6	6 000.00	83 260.00	77 260.00	77 260.00		是
衍生金融资产	7	10 000.00	8 000.00	-2 000.00		2 000.00	是
买入返售金融资产	8			0			
应收款项类金融资产	9			0			
应收利息	10			0			
应收股利	11	25 000.00	32 000.00	7 000.00	7 000.00		是
其他应收款	12			0			
发放贷款和垫款	13	20 000.00	32 000.00	12 000.00	12 000.00		是
可供出售金融资产	14	2 866 650.00	3 714 630.00	847 980.00	941 830.00	93 850.00	是
持有至到期投资	15			0			
长期股权投资	16	6 000.00	4 000.00	-2 000.00		2 000.00	是
投资性房地产	17	1 000.00		0			
	18						

(续)

	行次	期初余额	期末余额	期末－期初	调整借方	调整贷方	是否平衡
资产							
固定资产	19	35 000.00	53 800.00	18 800.00	34 050.00	15 250.00	是
在建工程	20	1 000.00	4 400.00	3 400.00	4 000.00	600.00	是
固定资产清理	21			0	10 500	10 500	是
无形资产	22			0			
长期待摊费用	23			0			
抵债资产	24	2 000.00	2 000.00	0			是
递延所得税资产	25	10 000.00	17 250.00	7 250.00	7 250.00		是
待处理财产损溢	26			0			
其他资产	27	29 000.00	41 000.00	12 000.00	12 000.00		是
资产总计	28	3 064 350.00	4 061 340.00	996 990.00			

b) 负债和所有者权益项目

	行次	期初余额	期末余额	期末－期初	调整借方	调整贷方	是否平衡
负债和所有者权益							
负债:							
向中央银行借款	29			0			
同业及其他金融机构存放款	30	11 500.00	14 000.00	2 500.00		2 500.00	是
拆入资金	31			0			
交易性金融负债	32			0			
衍生金融负债	33			0			
吸收存款	34	2 952 000.00	3 704 000.00	752 000.00	54 000.00	806 000.00	是
开出汇票	35	8 500.00	12 000.00	3 500.00		3 500.00	是
存入保证金	36	2 000.00	3 000.00	1 000.00		1 000.00	是

第 11 章　金融企业现金流量表编制实例分析　187

项目	行次						
应付职工薪酬	38	350.00	800.00	450.00	5 820.00	6 270.00	是
应交税费	39	200.00	55 572.50	55 372.50	1 970.00	57 342.50	是
应付利息	40	1 500.00	5 500.00	4 000.00		4 000.00	是
其他应付款	41			0			
预计负债	42	5 100.00	5 100.00	0			
应付债券	43			0			是
递延所得税负债	44	20 000.00	31 000.00	11 000.00	25 000.00	36 000.00	
其他负债	45	29 000.00	41 000.00	12 000.00		12 000.00	
负债合计	46						
	47	3 030 150.00	3 871 972.50	841 822.50			
所有者权益:	48						是
实收资本（股本）	49	25 000.00	35 000.00	10 000.00		10 000.00	
其中：法人股股本	50			0			
自然人股股本	51			0			
资本公积	52	3 600.00	3 600.00	0			
减：库存股	53			0			
盈余公积	54	4 400.00	18 916.75	14 516.75			
一般风险准备	55	1 200.00		0.00			
未分配利润	56	34 200.00	131 850.75	130 650.75			
所有者权益合计	57		189 367.50	155 167.50			
负债和所有者权益总计	58	3 064 350.00	4 061 340.00	996 990.00			

表 11-4 现金流量表工作底稿——利润表校验

(单位:万元)

项目名称	本年累计	调整	是否平衡
一、营业收入	254 960		
利息净收入	201 400		
1. 利息收入	213 300	213 300	是
2. 利息支出	11 900	11 900	是
手续费及佣金净收入	40 000		
1. 手续费及佣金收入	42 000	42 000	是
2. 手续费及佣金支出	2 000	2 000	是
投资收益	1 600	1 600	是
公允价值变动收益			
汇兑收益	2 000	2 000	是
其他业务收入	8 000	8 000	是
资产处置收益	1 960		
二、营业支出	71 370		
税金及附加	2 070	2 070	是
业务及管理费	24 300	24 300	是
资产减值损失	40 000	40 000	是
其他业务成本	5 000	5 000	是
三、营业利润	183 590		
加:营业外收入	300	300	是
减:营业外支出			
四、利润总额	183 890		
减:所得税费用	38 722.5	38 722.5	是
净利润	145 167.5		

表 11-5 现金流量表工作底稿

编制单位:某农村商业银行　　　2022 年 1~12 月　　　单位:万元

| 项目 | 序号 | 调整分录 | | | 本年数 |
		借方	序号	贷方	
一、经营活动产生的现金流量:					
客户存款和同业存放款项净增加额		14)	300		792 800
		32)	510 000		
		33)	226 000	34)	18 000
		36)	56 000	36)	52 000

（续）

项目	序号	调整分录 借方	序号	调整分录 贷方	本年数
客户存款和同业存放款项净增加额	37）	180 000	37）	114 000	
	38）	4 500			
向中央银行借款净增加额					
向其他金融机构拆入资金净增加额					
收取利息、手续费及佣金的现金	1）	216 700			260 300
	2）	42 000			
	3）	1 600			
收到其他与经营活动有关的现金	5）	8 000			8 000
经营活动现金流入小计		1 245 100		184 000	1 061 100
客户贷款及垫款净增加额	22）	22 850	20）	578 530	885 680
	21）	150 000	21）	480 000	
存放中央银行和同业款项净增加额			19）	77 260	77 260
支付利息、手续费及佣金的现金			6）	7 900	9 900
			7）	2 000	
支付给职工以及为职工支付的现金			40）	5 820	5 820
支付的各项税费			11）	1 970	1 970
支付其他与经营活动有关的现金	29）	3 000	12）	27 700	35 430
	39）	6 270	13）	5 000	
			25）	12 000	
经营活动现金流出小计		182 120		1 198 180	1 016 060
经营活动产生的现金流量净额					45 040
二、投资活动产生的现金流量：					
收回投资收到的现金	26）	2 000			4 000
	27）	2 000			
取得投资收益收到的现金					0
处置固定资产、无形资产和其他长期资产收回的现金净额	17）	10 510	16）	500	10 010
收到其他与投资活动有关的现金					
投资活动现金流入小计		14 510		500	14 010
投资支付的现金					
购建固定资产、无形资产和其他长期资产支付的现金			28）	29 250	29 250
			30）	4 000	4 000

(续)

项目	序号	调整分录 借方	序号	调整分录 贷方	本年数
支付其他与投资活动有关的现金					
投资活动现金流出小计				33 250	33 250
投资活动产生的现金流量净额					-19 240
三、筹资活动产生的现金流量：					
吸收投资收到的现金	42）	10 000			10 000
发行债券收到的现金					
收到其他与筹资活动有关的现金					
筹资活动现金流入小计		10 000		0	10 000
偿还债务支付的现金			41）	25 000	25 000
分配股利、利润或偿付利息支付的现金					
支付其他与筹资活动有关的现金					
筹资活动现金流出小计		0		25 000	25 000
筹资活动产生的现金流量净额					-15 000
四、汇率变动对现金及现金等价物的影响	4）	2 000			2 000
五、现金及现金等价物净增加额					12 800
加：期初现金及现金等价物余额					41 200
六、期末现金及现金等价物余额					54 000

整理得到现金流量表主表如表 11-6 所示。

表 11-6 现金流量表主表

编制单位：某农村商业银行　　　　2022 年 1～12 月　　　　单位：万元

项目	行次	本年数
一、经营活动产生的现金流量：	1	
客户存款和同业存放款项净增加额	2	792 800
向中央银行借款净增加额	3	
向其他金融机构拆入资金净增加额	4	
收取利息、手续费及佣金的现金	5	260 300
收到其他与经营活动有关的现金	6	8 000
经营活动现金流入小计	7	1 061 100

（续）

项目	行次	本年数
客户贷款及垫款净增加额	8	885 680
存放中央银行和同业款项净增加额	9	77 260
支付利息、手续费及佣金的现金	10	9 900
支付给职工以及为职工支付的现金	11	5 820
支付的各项税费	12	1 970
支付其他与经营活动有关的现金	13	35 430
经营活动现金流出小计	14	1 016 060
经营活动产生的现金流量净额	15	45 040
二、投资活动产生的现金流量：	16	
收回投资收到的现金	17	4 000
取得投资收益收到的现金	18	
处置固定资产、无形资产和其他长期资产收回的现金净额	19	10 010
收到其他与投资活动有关的现金	20	
投资活动现金流入小计	21	14 010
投资支付的现金	22	
购建固定资产、无形资产和其他长期资产支付的现金	23	33 250
支付其他与投资活动有关的现金	24	
投资活动现金流出小计	25	33 250
投资活动产生的现金流量净额	26	−19 240
三、筹资活动产生的现金流量：	27	
吸收投资收到的现金	28	10 000
发行债券收到的现金	29	
收到其他与筹资活动有关的现金	30	0
筹资活动现金流入小计	31	10 000
偿还债务支付的现金	32	25 000
分配股利、利润或偿付利息支付的现金	33	
支付其他与筹资活动有关的现金	34	
筹资活动现金流出小计	35	25 000
筹资活动产生的现金流量净额	36	−15 000
四、汇率变动对现金及现金等价物的影响	37	2 000
五、现金及现金等价物净增加额	38	12 800
加：期初现金及现金等价物余额	39	41 200
六、期末现金及现金等价物余额	40	54 000

第 12 章

合并现金流量表的编制

12.1 合并现金流量表概述

12.1.1 定义

合并现金流量表是综合反映母公司及其子公司所组成的企业集团在一定会计期间内现金流入、现金流出金额及其增减变动情况的会计报表。合并现金流量表应当以母公司和子公司的现金流量表为基础,在抵销母公司与子公司、子公司相互之间发生的内部交易对合并现金流量表的影响后,由母公司合并编制。

12.1.2 编制原理

合并现金流量表采用与编制合并资产负债表、合并利润表相同的原理、方法和程序,在母子公司个别现金流量表的基础上,通过编制抵销分录抵销集团内部交易、投融资关系、子公司支付现金股利等业务对个别现金流量表中现金流量的影响,从而编制出合并现金流量表。

个别现金流量表是以母子公司本身的角度反映其在一定会计期间内的现金流入和流出的报表,是以一个单体公司作为会计主体进行会计核算的结果。从整个集团来说,母公司与子公司、子公司与子公司之间的内部交易和业务,必然会引起其单体公司的现金流量重复计算。如果将各单体公司的现金流量表项目简单相加,则包含了很多内部交易的重复因素,不能真实地反映一个集团的现金流量。

例如，母公司在 2022 年度直接以现金投资 1 000 万元至子公司，在母公司的个别现金流量表中体现为"投资活动现金流量——投资支付的现金"；子公司收到母公司的投资，在其个别现金流量表中则表现为"筹资活动现金流量——吸收投资收到的现金"。如果将母子公司作为一个集团整体来看，则相当于集团内部核算单位的资金流转，并没有引起整个集团的现金流量的增减变动。因此，应在母子公司的个别现金流量表各项目相加的基础上，将此重复因素予以抵销，以反映母子公司作为一个集团整体的现金流量情况。

12.1.3 《企业会计准则》相关规定

1.《企业会计准则第 33 号——合并财务报表》

第四十三条　母公司在报告期内因同一控制下企业合并增加的子公司以及业务，应当将该子公司以及业务合并当期期初至报告期末的现金流量纳入合并现金流量表，同时应当对比较报表的相关项目进行调整，视同合并后的报告主体自最终控制方开始控制时点起一直存在。

因非同一控制下企业合并增加的子公司以及业务，应当将该子公司购买日至报告期末的现金流量纳入合并现金流量表。

第四十四条　母公司在报告期内处置子公司以及业务，应当将该子公司以及业务期初至处置日的现金流量纳入合并现金流量表。

2.《企业会计准则讲解 2010》第三十二章：现金流量表

处置子公司及其他营业单位收到的现金净额

本项目反映企业处置子公司及其他营业单位所取得的现金减去子公司或其他营业单位持有的现金和现金等价物以及相关处置费用后的净额。本项目可以根据有关科目的记录分析填列。

企业处置子公司及其他营业单位是整体交易，子公司和其他营业单位可能持有现金和现金等价物。这样，整体处置子公司或其他营业单位的现金流量，就应以处置价款中收到现金的部分，减去子公司或其他营业单位持有的现金和现金等价物以及相关处置费用后的净额反映。

处置子公司及其他营业单位收到的现金净额若为负数，应将该金额填列至"支付其他与投资活动有关的现金"项目。

取得子公司及其他营业单位支付的现金净额

本项目反映企业取得子公司及其他营业单位购买出价中以现金支付的部分，减去子公司或其他营业单位持有的现金和现金等价物后的净额。本项目可以根据有关科目的记录分析填列。

整体购买一个单位，其结算方式是多种多样的，如购买方全部以现金支付或一部分以现金支付而另一部分以实物清偿。同时，企业购买子公司及其他营业单位是整体交易，子公司和其他营业单位除有固定资产和存货外，还可能持有现金和现金等价物。这样，整体购买子公司或其他营业单位的现金流量，就应以购买出价中以现金支付的部分减去子公司或其他营业单位持有的现金和现金等价物后的净额反映，若为负数，应在"收到其他与投资活动有关的现金"项目中反映。

12.1.4 可供选择的编制方法

1. 编制方法

《企业会计准则第33号——合并财务报表》规定：合并现金流量表应当以母公司和子公司的现金流量表为基础，在抵销母公司与子公司、子公司相互之间发生的内部交易对合并现金流量表的影响后，由母公司合并编制。合并现金流量表及其补充资料也可以根据合并资产负债表和合并利润表进行编制。

由准则可知，合并现金流量表的编制方法包括以下两种。

第一种方法：采用与个别现金流量表相同的方法编制出合并现金流量表。该方法是以合并资产负债表、合并利润表为基础，对各成员公司的某些资料进行分析来编制。

第二种方法：以母公司和纳入合并范围的子公司的个别现金流量表为基础，通过编制抵销分录，抵销母公司与纳入合并范围的子公司以及子公司相互之间发生的经济业务对个别现金流量表中的现金流量的影响，从而编制出合并现金流量表。该方法需要的资料有母子公司个别现金流量表和公司间内部交易资料。

在采用第二种方法编制合并现金流量表的情况下，编制原理、编制方法和编制程序与合并资产负债表、合并利润表以及合并所有者权益变动表的编制原理、编制方法和编制程序相同：首先，编制合并工作底稿，将母公司和子公司个别现金流量表各项目的数据全部过入合并工作底稿；其次，根据当期母公司与子公司以及子公司相互之间发生的影响其现金流量增减变动的经济业务，编制相应的抵销分录，通过抵销分录将个别现金流量表中重复反映的现金流入量和现金流出量予以抵销；最后，在此基础上计算出合并现金流量表各项目的合并数，并填制合并现金流量表。

2. 两种方法自身特点对其选择的影响

合并现金流量表的两种编制方法在程序和所需资料方面各有特点：第一种方法的程序类似于编制单个企业的个别现金流量表，只是它以合并资产负债表、合并利润表为基础，并对各成员公司的某些资料进行分析来编制。第二种方法的程序是，将成员公司个别现金流量表的对应项目合并，同时编制调整分录，抵销公司间内部交易对现金流量表的影响，然后编制合并报表。两种方法比较，第二种方法适合在成员公司间内部交易较少的情况下采用，情况相反时应当采用第一种方法。第一种方法适用于所需分析的各公司具体资料不多的情况。

在实务中可以根据编制集团成员公司的情况、个人的编制习惯来编制。从实务工作来看，对于成员公司较少、业务比较简单的集团来说，可以选择以个别现金流量表为基础，抵销内部交易的方法；对于成员公司较多的集团来说，选择以合并报表为基础来编制的方法，更容易实现现金流量表与资产负债表、利润表的钩稽，编制效率也更高。

3. 现金流量表列报方式对选择编制方法的影响

现金流量表的列报方式，按对"经营活动现金流量"的反映方式不同，可分为直接法和间接法。

在直接法列报方式下，"经营活动产生的现金流量"栏中的项目，是按照经营活动现金流入和现金流出的主要类别设置的，这些项目适合对内部交易进行抵销调整，尤其是在只需调整涉及现金流入、流出的内部交易，而不必考虑非现金内部交易时，可以减少工作量。相反，由于按现金流入、流出类别设置的项目，其数据无法直接从合并资产负债表和合并利润表中得到，因此不适合采用第一种方法。

在间接法列报方式下，"经营活动产生的现金流量"栏下设置的，是净利润和不涉及现金的收入、费用、营业外收支和应收应付等项目，这些项目的数据大多易于从合并资产负债表、合并利润表及相关账簿资料得到，因此适合采用第一种方法编制合并现金流量表。相反，对这些项目进行内部交易的抵销调整则很复杂，例如，抵销内部购销事项时必须既考虑现销又考虑赊销，抵销分录可能涉及净利润、存货、经营性应收（应付）款等多个项目，还要对购销成本及增值税事项加以调整，所以不适合采用第二种方法。

12.1.5 常见的合并现金流量表需要抵销的项目

1. 主要应抵销的项目

企业集团内部当期以现金投资或收购股权增加的投资所产生的现金流量；企业集团内部当期取得投资收益收到的现金与分配股利、利润或偿付利息支付的现金；企业集团内部以现金结算债权和债务所产生的现金流量；企业集团内部当期销售商品所产生的现金流量；企业集团内部处置固定资产等收回的现金净额与购建固定资产等支付的现金；其他内部交易产生的现金流量。

2. 抵销分录的特点

从合并现金流量表的编制过程和结果看，合并现金流量表中的抵销分录具有以下特点。

（1）抵销分录借、贷方项目均为现金流量表项目，不涉及其他报表项目，因为抵销分录解决成员企业之间现金流入与现金流出的抵销问题，合并现金流量表的工作底稿也可单独编制。

（2）贷方抵销有关收现项目，借方抵销有关付现项目。

（3）在经营活动现金流量的抵销分录中，一方经营活动现金流入往往与另一方经营活动现金流出相抵销。个别情况下可能要求一方经营活动现金流入（或流出）与另一方投资活动（或筹资活动）现金流出（或流入）相抵销。如抵销固定资产内部交易的现金流量时，可能需要将销货方的"销货收现"与购货方的"购建固定资产付现"相抵销，或将销货方的"处置固定资产收现"与购货方的"购货付现"相抵销。

（4）在投资活动和筹资活动现金流量的抵销分录中，集团内一方的投资业务往往涉及另一方的筹资业务，所以抵销分录的借、贷分别是投资活动现金流出或流入、筹资活动现金流入或流出。个别情况下可能要求一方的投资活动现金流入与另一方的投资活动现金流出相抵销，如固定资产内部交易双方均涉及固定资产交易的业务，需要将一方的"购建固定资产付现"与另一方的"处置固定资产收现"相抵销；对集团内部的转让有价证券投资业务，需要将一方的"收回投资收现"与另一方的"权益性（或债权性）投资付现"相抵销。

3. 抵销分录编制过程中的注意事项

（1）内部销售现金收付的抵销。第一，一方经营活动现金流入与另一方经营活动现金流出相抵销，包括以现金买卖、现金预收预付、现金结算应收应付账款等收付的现金。抵销时，应按内部交易收入或付出的现金数额，借记"购买商品、接受劳务支付的现金"，贷记"销售商品、提供劳务收到的现金"。第二，一方经营活动现金流入与另一方投资活动现金流出相抵销。如在抵销固定资产内部交易的现金流量时，需要将购货方的"购建固定资产支付的现金"与销货方的"销售商品收到的现金"相抵销，即借记"购建固定资产、无形资产和其他长期资产支付的现金"，贷记"销售商品、提供劳务收到的现金"。第三，一方经营活动现金流出与另一方投资活动现金流入相抵销。如在抵销固定资产内部交易的现金流量时，可能需将购货方的"购买商品支付的现金"与销货方的"处置固定资产收到的现金"相抵销，即借记"购买商品、接受劳务支付的现金"，贷记"处置固定资产、无形资产和其他长期资产收回的现金净额"。

（2）内部权益性投资与筹资。第一，内部权益性投资与权益性筹资现金收付抵销。一方为权益性投资支付现金，另一方为吸收权益性投资收到现金。在工作底稿中，应借记"投资支付的现金"，贷记"吸收投资收到的现金"。第二，内部权益性投资收益与权益性筹资费用现金收付抵销。一方为分得股利、利润收到的现金，另一方为分配股利、利润支付的现金。在工作底稿中，应借记"分配股利、利润或偿付利息支付的现金"，贷记"取得投资收益收到的现金"。第三，内部权益性投资出售或转让的现金收付抵销。如果出售或转让权益性投资给集团内其他成员企业，则后者为之付出的现金属于投资活动支付的现金，前者因此收到的现金属于投资活动收回的现金。在工作底稿中，应借记"投资支付的现金"，贷记"收回投资收到的现金"。

（3）内部债券投资与筹资。第一，内部债券投资与债券筹资现金收付抵销。这种情况在个别现金流量表上表现为一方为债权性投资支付的现金，另一方为发行债券收到的现金。在工作底稿中，应借记"投资支付的现金"，贷记"发行债券收到的现金"。第二，内部债券投资收益与债券筹资费用现金收付抵销。一方为取得债券利息收到的现金，另一方为偿付利息支付的现金，此时，应借记"分配股利、利润或偿付利息支付的现金"，贷记"取得投资收益收到的现金"。第三，内部债券投资收回现金收付抵销。如果企业到期收回投资，对方是筹资方，此时，应借记"偿还债务支付的现金"，贷记"收回投资收到的现金"。如果是出售或转让投资给集团内其他成员企业，则后者为之付出的现金属于投资活动支付的现金，前者因此收到的现金属于投资活动收回的现金，此时，应借记"投资支付的现金"，贷记"收回投资收到的现金"。

（4）内部其他与经营活动有关的现金收付抵销。这类业务主要是内部经营租赁租金或押金的收付等，一方为收到的其他与经营活动有关的现金，另一方为支付的其他与经营活动有关的现金。编制抵销分录时，借记"支付其他与经营活动有关的现金"，贷记"收到其他与经营活动有关的现金"。

（5）固定资产、无形资产、其他长期资产现金收付抵销。在这类业务交易双方均为集团内部成员企业时，一方为处置固定资产、无形资产和其他长期资产收到的现金，另一方为购建固定资产、无形资产和其他长期资产支付的现金，此时，应借记"购建固定资产、无形资产和其他长期资产支付的现金"，贷记"处置固定资产、无形资产和其他长期资产收回的现金净额"。

【例12-1】母公司及其子公司2022年度涉及有关经济业务为：母公司以银行存款50万元增加对子公司的投资；子公司本年度分配2022年度现金股利100万元，其中母公司取得60万元，该股利已全部支付；子公司以20万元偿还所欠母公司商品款；本年度子公司向母公司销售产品共计46.8万元，母公司以银行存款结清；母公司将不用的一辆汽车销售给子公司，售价5万元。

抵销分录如下（单位：万元）。

借：投资支付的现金　　　　　　　　　　　　　　　50
　　贷：吸收投资收到的现金　　　　　　　　　　　　50

借：分配股利、利润或偿付利息支付的现金	60	
贷：取得投资收益收到的现金		60
借：购买商品、接受劳务支付的现金	20	
贷：销售商品、提供劳务收到的现金		20
借：购买商品、接受劳务支付的现金	46.80	
贷：销售商品、提供劳务收到的现金		46.80
借：购建固定资产、无形资产和其他长期资产支付的现金	5	
贷：处置固定资产、无形资产和其他长期资产收回的现金净额		5

12.2　合并现金流量表和个别现金流量表的异同

12.2.1　共同点

（1）现金流量均分类为经营活动、投资活动和筹资活动。

（2）均应遵循与资产负债表、利润表、会计报表附注的钩稽关系。

（3）均需要在会计报表附注中披露现金流量表附列资料、现金及现金等价物情况，均需要对收到和支付的其他与经营、投资、筹资活动有关的现金做披露。

12.2.2　主要区别

1. 个别现金流量表是合并现金流量表的基础

合并现金流量表以个别现金流量表为基础。虽然合并现金流量表的编制有两种方法，一种是在个别现金流量表的基础上进行合并抵销，另一种是根据合并后的资产负债表和利润表编制，但两者的基础其实是一致的。因为第二种方法实际上相当于将重复业务已经抵销的合并报表视同为个别报表进行编制。

2. 依据的准则不完全相同

个别现金流量表的编制依据的准则为《企业会计准则第31号——现金流量表》，合并现金流量表的编制除了遵循《企业会计准则第31号——现金流量表》外，还应遵循《企业会计准则第33号——合并财务报表》中对合并现金流量表的要求。

3. 会计主体不同

个别现金流量表反映的是母子公司单个企业法人主体的现金流量，合并现金流量表反映的是企业集团整体的现金流量。编制合并现金流量表时，视同把企业集团整体视为一个具有经济意义的主体，这种主体不是法人主体。对于个别现金流量表来说，会计主体既是法人主体也是经济主体。

4. 编制主体不同

只有企业集团中对子公司具有控股权的母公司，才是合并现金流量表的编制主体。个别现金流量表是不管母公司还是子公司都需要单独编制的。

5. 在合并现金流量表中应反映少数股东权益项目情况

合并现金流量表和个别现金流量表一个最主要的区别是，合并现金流量表中应反映少数股东权益项目的情况。只有在合并现金流量表中才会出现这些事项，并且也只有集团内的子公司为非全资子公司的情况下，才会通过这些项目反映子公司与少数股东之间的现金流入和流出情况。这也是合并现金流量表和个别现金流量表的一个非常重要的区别。

在合并现金流量表中，少数股东对子公司增加权益性投资、依法从子公司中抽回权益性投资、子公司向其少数股东支付现金股利或利润等，都是必须单独反映的经济业务。对于整个集团来说，这些经济业务导致的现金流入和流出，影响了整个集团的现金增减变动。

涉及少数股东权益项目的现金流量情况，均在筹资活动现金流量中反映。"子公司吸收少数股东投资收到的现金""子公司支付少数股东的股利、利润或偿付的利息"这两个项目，反映少数股东对子公司增加权益性投资和子公司向少数股东分配现金股利的经济业务。此外，在筹资活动产生的现金流量中，也可能在"支付其他与筹资活动有关的现金"中单独反映少数股东抽回在子公司中的权益性投资的经济业务。

12.3 同一控制与非同一控制的合并形式对现金流量表的不同影响

合并日编制合并财务报表时，若是同一控制下企业合并则涉及合并现金流量表的编制问题，若是非同一控制下的企业合并则不涉及。在合并日后编制合并财务报表，则不论是同一控制下的企业合并还是非同一控制下的企业合并，都将涉及合并现金流量表的编制问题。

在非同一控制下的企业合并中，合并方购买的是被合并方的资产和负债。合并日之前的利润表和现金流量表上的项目与母公司无关，只有合并日后产生的利润和现金流量才属于母公司，因此，在合并日，非同一控制下的企业合并不需要编制合并利润表和合并现金流量表。

对于同一控制下的企业合并，视同被合并方在最早期已经纳入合并范围，应对期初数进行重述，对现金流量表也应同步予以重述。例如，A公司与B公司同受最终控制方控制，A公司于2022年收购B公司，B公司在2022年之前成立，在编制合并报表时需要重述期初数据。因为在合并日之前没有对B公司的长期股权投资，在抵销的时候以资本公积替代。在B公司设立时原股东投入的现金也就相当于投入了本合并主体，所以作为本合并主体吸收外部权益性投资取得的现金处理，在合并日，按实际支付的现金对价在合并现金流量表中列入"支付其他与筹资活动有关的现金"。

12.4 合并现金流量表编制的基本过程

【例 12-2】 甲集团公司的母公司为甲公司，乙公司为其子公司，甲公司和乙公司均为增值税一般纳税人，增值税税率为13%，所得税税率为 25%，不考虑其他相关税费。

甲公司发生的经济业务如下：

（1）自然人李四以货币资金投资设立甲公司，实收资本 500 万元。

（2）甲公司以货币资金 100 万元投资成立乙公司。

（3）甲公司从 A 公司购入库存商品 100 万元，增值税进项税为 13 万元，已全部用银行存款支付。

（4）甲公司销售库存商品给乙公司，存货成本为 50 万元，销售价款为 60 万元，增值税销项税为 7.8 万元，价款合计 67.8 万元，尚未收到。

（5）计算得出应交企业所得税（60-50）×25%=2.5（万元）。

（6）根据净利润提取盈余公积 0.75 万元。

乙公司发生的经济业务如下：

（1）甲公司以货币资金 100 万元投资成立乙公司。

（2）从甲公司购入存货 67.8 万元，款项尚未支付。

（3）乙公司将库存商品全部销售给 B 公司，销售价款为 80 万元，增值税销项税为 10.4 万元，款项已收到。

（4）计算得出应交企业所得税（80-60）×25%=5（万元）。

（5）计算得出应交增值税 10.4-7.8=2.6（万元）。

（6）根据净利润提取盈余公积 1.5 万元。

上述经济业务中，甲公司的（2）（4）事项，乙公司的（1）（2）事项，为内部交易事项，在编制合并报表时应考虑予以抵销。

表 12-1 为报表简表。

表 12-1 报表简表

（单位：万元）

资产负债表简表	甲公司	乙公司	合计
货币资金	287.00	190.40	477.40
应收账款	67.80		67.80
存货	50.00		50.00

（续）

	甲公司	乙公司	合计
其他流动资产（增值税负数）	5.20		5.20
长期股权投资	100.00		100.00
资产总计	510.00	190.40	700.40
应交税费	2.50	7.60	10.10
应付账款		67.80	67.80
负债合计	2.50	75.40	77.90
实收资本	500.00	100.00	600.00
盈余公积	0.75	1.50	2.25
未分配利润	6.75	13.50	20.25
所有者权益合计	507.50	115.00	622.50
负债和所有者权益总计	510.00	190.40	700.40
利润表简表			
营业收入	60.00	80.00	140.00
营业成本	50.00	60.00	110.00
所得税费用	2.50	5.00	7.50
净利润	7.50	15.00	22.50
现金流量表主表简表			
销售商品、提供劳务收到的现金		90.40	90.40
购买商品、接受劳务支付的现金	113.00		113.00
经营活动产生的现金流量净额	−113.00	90.40	−22.60
吸收投资收到的现金	500.00	100.00	600.00
投资支付的现金	100.00		100.00
投资活动产生的现金流量净额	400.00	100.00	500.00
现金及现金等价物净增加额	287.00	190.40	477.40
现金流量表附注简表			
净利润	7.50	15.00	22.50
加：存货的减少	−50.00		−50.00
加：经营性应收项目的减少	−67.80		−67.80
加：经营性应付项目的增加	2.50	75.40	77.90
加：其他	−5.20		−5.20
经营活动产生的现金流量净额	−113.00	90.40	−22.60

方法 1：经分析，本项目中仅涉及两笔内部交易，乙公司内部事项（2）不涉及实际的现金流入和流出，因此需要在合并现金流量表抵销的事项为内部事项（1）。

所做的抵销分录为：

借：投资支付的现金　　　　　　　　　　　　100

　　贷：吸收投资收到的现金　　　　　　　　　　100

个别—合并—抵销的过程如表 12-2 所示，附注直接根据资产负债表和利润表的相关项目填列。

表 12-2　合并现金流量表工作底稿

（单位：万元）

	合计	权益法调整	抵销借方	抵销贷方	合并后报表
资产负债表简表					
货币资金	477.40				477.40
应收账款	67.80			67.80	—
存货	50.00				50.00
其他流动资产（增值税负数）	5.20				5.20
长期股权投资	100.00	15.00	—	115.00	—
资产总计	700.40	15.00	—	182.80	532.60
应交税费	10.10				10.10
应付账款	67.80		67.80		—
负债合计	77.90		67.80		10.10
实收资本	600.00		100.00		500.00
盈余公积	2.25				2.25
未分配利润	20.25				20.25
所有者权益合计	622.50		100.00		522.50
负债和所有者权益总计	700.40		167.80		532.60
利润表简表					
营业收入	140.00		60.00		80.00
营业成本	110.00			60.00	50.00
所得税费用	7.50				7.50
净利润	22.50				22.50

(续)

	合计	权益法调整	抵销借方	抵销贷方	合并后报表
现金流量表主表简表					
销售商品、提供劳务收到的现金	90.40				90.40
购买商品、接受劳务支付的现金	113.00				113.00
经营活动产生的现金流量净额	-22.60				-22.60
吸收投资收到的现金	600.00			100.00	500.00
投资支付的现金	100.00			100.00	—
投资活动产生的现金流量净额	500.00				500.00
现金及现金等价物净增加额	477.40	—	—	—	477.40
现金流量表附注简表					
净利润	22.50				22.50
加：存货的减少	-50.00				-50.00
加：经营性应收项目的减少	-67.80				-67.80
加：经营性应付项目的增加	77.90				77.90
加：其他	-5.20				-5.20
经营活动产生的现金流量净额	-22.60				-22.60

方法 2：将合并后资产负债表和利润表视同个别报表，通过分析编制合并现金流量表。

调整分录 1：

借：销售商品、提供劳务收到的现金　　　　　　　90.4

　　贷：营业收入　　　　　　　　　　　　　　　80

　　　　应交税费——应交增值税（销项税额）　　10.4

调整分录 2：

借：营业成本　　　　　　　　　　　　　　　　　50

　　存货　　　　　　　　　　　　　　　　　　　50

　　应交税费——应交增值税（进项税额）　　　　13

　　贷：购买商品、接受劳务支付的现金　　　　　113

调整分录 3：

借：吸收投资收到的现金　　　　　　　500

　　贷：实收资本　　　　　　　　　　　　　　500

调整分录 4：计提企业所得税

借：所得税　　　　　　　　　　　　　7.5

　　贷：应交税费　　　　　　　　　　　　　　7.5

调整分录 5：计提盈余公积

借：利润分配　　　　　　　　　　　　2.25

　　贷：盈余公积　　　　　　　　　　　　　　2.25

根据上述调整分录，编制现金流量表如表 12-3 所示。

表 12-3　现金流量表简表

（单位：万元）

现金流量表主表简表	金额
销售商品、提供劳务收到的现金	90.40
购买商品、接受劳务支付的现金	113.00
经营活动产生的现金流量净额	**−22.60**
吸收投资收到的现金	500.00
投资支付的现金	—
投资活动产生的现金流量净额	**500.00**
现金及现金等价物净增加额	**477.40**

现金流量表附注简表	金额
净利润	22.50
加：存货的减少	−50.00
加：经营性应收项目的减少	−67.80
加：经营性应付项目的增加	77.90
加：其他	−5.20
经营活动产生的现金流量净额	**−22.60**

总结：无论是个别现金流量表还是合并现金流量表，如果采用同一种方法来编制，结果应该都是一致的。实务中，一般个别现金流量表都是采用工作底稿法，通过编制调整分录来编制。如果合并现金流量表采用第二

种方法来编制，即通过编制调整分录的方法编制，和第一种方法的结果应该基本一致。

如果集团内子公司数量较多，涉及的经济业务比较复杂，采用第一种方法编制，相对更为准确，但也对编制人员的业务能力有着更高的要求。第一种方法要求编制人员对各子公司的编制均能口径一致，对各内部经济业务事项的统计也较为完整，在此基础上编制出各子公司的个别现金流量表。比较而言，第二种方法会显得略为粗略。

12.5 非同一控制下取得或处置子公司的合并现金流量表处理

12.5.1 基本原理和思路

正常情况下，合并现金流量表的编制，无论是采用个别—合并—抵销的方法，还是将合并后报表作为个别报表来编制，只要遵循方法来做，都不会有太大的编制难度。但是，如果存在非同一控制下增加或减少子公司的情形，则存在一定的编制难度。

初学者在编制合并现金流量表时，常常会有一些困惑。假设在原合并范围内只有 A 和 B 两家公司，本期处置了子公司 B，根据《企业会计准则第 33 号——合并财务报表》，处置子公司当期要把处置期初至处置日的子公司现金流量表纳入合并范围。在处置当期的合并资产负债表上货币资金的期初数是 A 公司和 B 公司的合并数，而期末数中，B 公司的货币资金已不存在，只体现了母公司个别报表的货币资金数。此时，子公司处置日的货币资金如何在现金流量表中体现？合并现金流量表的期初、期末现金及现金等价物金额如何衔接？

另外，在非同一控制下，如果本期购入子公司，根据《企业会计准则第 33 号——合并财务报表》，应当将该子公司购买日至报告期末的现金流量纳入合并现金流量表。那么，此时是不调整合并报表期初数的。在合并现金流量表中，货币资金的期初数是上一年母公司的单体报表数，而期末数中包含了子公司的现金流量。那么，子公司购买日的货币资金如何在现金流量表中体现？此时期初和期末的现金及现金等价物的金额又如何衔接？

在合并现金流量表中，"取得子公司及其他营业单位支付的现金净额"和"处置子公司及其他营业单位收到的现金净额"，类似于一种过渡项目，将取得子公司和处置子公司时发生的现金流量在此项目中列示，可以平衡现金流量表，使期初和期末的现金及现金等价物衔接。

12.5.2 非同一控制下增加子公司的合并现金流量表编制过程

【例12-3】 甲公司2022年8月1日收购乙公司100%股权，该合并为非同一控制下企业合并，购买日甲公司以银行存款支付对价1 000万元，购买日乙公司账面现金及现金等价物为600万元。

为简便起见，做如下假设：母子公司的账面货币资金均为现金及现金等价物，不考虑企业所得税、增值税等相关税费影响。购买日乙公司的可辨认资产、负债的公允价值与账面价值一致，母子公司的会计政策一致。应付账款的增加均为经营性应付账款。财务费用的发生均为利息支出。管理费用均为付现费用。本期固定资产均未计提折旧。

母子公司的资产负债表简表及利润表简表如表12-4、表12-5所示。

解析：

第一步：对"取得子公司及其他营业单位支付的现金净额"项目进行分析并编制调整分录。

根据现金流量表"取得子公司及其他营业单位支付的现金净额"的概念，甲公司购买子公司的实际现金付出为：

购买子公司出价	1 000
减：子公司持有的现金和现金等价物	600
等于：取得子公司及其他营业单位支付的现金净额	400

在合并数中，资产负债表各项目本期增加数、母公司本期增加数、子公司本期增加数及归属于购买日前的资产负债表项目变动数如表12-6

所示。对于归属于购买日前的资产负债表项目的变动,不应该作为影响本期现金流量变动的因素,但应通过"取得子公司及其他营业单位支付的现金净额"予以归集。

表 12-4　资产负债表简表

(单位:万元)

项目	母公司		子公司		合并数	
	2022.1.1	2022.12.31	2022.8.1	2022.12.31	2022.1.1	2022.12.31
货币资金	700	400	600	200	700	600
应收账款	500	600	200	300	500	900
存货	700	900	400	700	700	1 600
固定资产	1 400	2 400	1 900	2 200	1 400	4 600
长期股权投资		1 000				
资产总计	3 300	5 300	3 100	3 400	3 300	7 700
应付账款	300	500	100	300	300	800
长期借款	1 200	2 200	2 000	2 000	1 200	4 200
负债合计	1 500	2 700	2 100	2 300	1 500	5 000
实收资本	1 000	1 000	500	500	1 000	1 000
未分配利润	800	1 600	500	600	800	1 700
所有者权益合计	1 800	2 600	1 000	1 100	1 800	2 700
负债和所有者权益总计	3 300	5 300	3 100	3 400	3 300	7 700

表 12-5　利润表简表

(单位:万元)

项目	母公司	子公司	合并数
	2022.1.1~12.31	2022.8.1~12.31	2022 年度
营业收入	3 400	2 200	5 600
营业成本	2 300	1 700	4 000
管理费用	100	200	300
财务费用	200	200	400
净利润	800	100	900

表 12-6　主要项目变动表

(单位：万元)

序号	项目	本期增加数	母公司本期增加数	子公司本期增加数	归属于购买日前的资产负债表项目变动数
1	应收账款	400	100	300	200
2	存货	900	200	700	400
3	固定资产	3 200	1 000	2 200	1 900
4	应付账款	500	200	300	100
5	长期借款	3 000	1 000	2 000	2 000

取得子公司及其他营业单位支付的现金净额，可以用下面这个分录来表示（以下分录单位均为万元）。

借：应收账款　　　　　　　　　　　　　　　　　200
　　存货　　　　　　　　　　　　　　　　　　　400
　　固定资产　　　　　　　　　　　　　　　　1 900
　贷：应付账款　　　　　　　　　　　　　　　　100
　　　长期借款　　　　　　　　　　　　　　　2 000
　　　取得子公司及其他营业单位支付的现金净额　　400

第二步：编制除影响"取得子公司及其他营业单位支付的现金净额"外的其他现金流量的调整分录。

（1）调整应收账款及营业收入的变动。

借：应收账款　　　　　　　　　　　　　　　　　200
　　销售商品、提供劳务收到的现金　　　　　　5 400
　贷：营业收入　　　　　　　　　　　　　　　5 600

（2）调整营业成本、存货及应付账款的变动。

借：营业成本　　　　　　　　　　　　　　　4 000
　　存货　　　　　　　　　　　　　　　　　　500
　贷：购买商品、接受劳务支付的现金　　　　4 100
　　　应付账款　　　　　　　　　　　　　　　400

（3）调整本期增加的固定资产。

借：固定资产　　　　　　　　　　　　　　　　　　　　1 300
　　贷：购建固定资产、无形资产和其他长期资产
　　　　支付的现金　　　　　　　　　　　　　　　　　1 300

（4）调整长期借款变动。

借：取得借款收到的现金　　　　　　　　　　　　　　1 000
　　贷：长期借款　　　　　　　　　　　　　　　　　　1 000

（5）调整管理费用。

借：管理费用　　　　　　　　　　　　　　　　　　　　300
　　贷：支付其他与经营活动有关的现金　　　　　　　　 300

（6）调整财务费用。

借：财务费用　　　　　　　　　　　　　　　　　　　　400
　　贷：分配股利、利润或偿付利息支付的现金　　　　　 400

第三步，根据上述分录编制合并现金流量表简表及附列资料项目如表12-7所示。

表12-7　合并现金流量表简表及附注

（单位：万元）

主表项目	本期合并报表数	附注项目	本期合并报表数
销售商品、提供劳务收到的现金	5 400	净利润	900
购买商品、接受劳务支付的现金	4 100	加：财务费用	400
支付其他与经营活动有关的现金	300	减：存货的增加	-500
经营活动产生的现金流量净额	1 000	减：经营性应收项目的增加	-200
购建固定资产、无形资产和其他长期资产支付的现金	1 300	加：经营性应付项目的增加	400
取得子公司及其他营业单位支付的现金净额	400	经营活动现金流量净额	1 000
投资活动产生的现金流量净额	-1 700		
取得借款收到的现金	1 000		
分配股利、利润或偿付利息支付的现金	400		
筹资活动产生的现金流量净额	600		
现金及现金等价物净增加额	-100		

总结：本案例采用了将合并后资产负债表及利润表作为个别报表来编制合并现金流量表的方法，应注意的是，在非同一控制下取得子公司的合并现金流量表的编制中，应使用"取得子公司及其他营业单位支付的现金净额"作为一个过渡项目。子公司购买日前的资产负债表项目，不应作为当期的现金流量表项目进行调整，但应在"取得子公司及其他营业单位支付的现金净额"中予以归集。对于日后的资产负债表项目的变动，应在当期现金流量表项目中予以调整。

如果采用先编制个别现金流量表后抵销的方法进行合并现金流量表的编制，在非同一控制下取得子公司的合并现金流量表的编制中，对子公司的现金流量表应编制购买日至报告日期间的现金流量表，以此作为编制基础。同时将子公司购买日的现金及现金等价物作为"取得子公司及其他营业单位支付的现金净额"的调整项目予以反映。

虽然存货、应收应付、预收预付等通常作为经营性应收应付项目，但合并范围变动导致这些项目余额的减少是投资活动现金流量，而不是经营活动现金流量，故在填列合并现金流量表间接法下的存货和应收应付项目增减时，应剔除合并范围变动（包括处置子公司和同一控制下合并、接受非货币性资产出资等）导致的此类资产、负债的变动。

非同一控制下企业合并在编制合并报表时，会涉及公允价值的调整、合并商誉、少数股东损益的计算、少数股东权益的确认等特殊事项，但这些事项都不会对合并现金流量产生影响。

12.5.3 非同一控制下处置子公司的合并现金流量表编制思路

1. 处置子公司后不再拥有控制权时合并现金流量表的编制

根据《企业会计准则第 33 号——合并财务报表》和《企业会计准则讲解 2010》，处置子公司当期要把处置期初至处置日的子公司现金流量纳入合并范围。"处置子公司及其他营业单位收到的现金净额"反映企业处置子公司及其他营业单位所取得的现金减去子公司或其他营业单位持有的现金和现金等价物以及相关处置费用后的净额。该项目在集团合并现金流量表中体现处置子公司时发生的现金流量，子公司期初和期末的现金及现金等价物，通过这个项目得到衔接。处置子公司及其他营业单位收到的现金净额若为负数，应将该金额填列在"支付其他与投资活动有关的现金"项目中。

【例 12-4】 甲公司 2022 年 8 月 31 日处置乙公司 100% 股权，处置时甲公司收到银行存款 1 500 万元，处置日乙公司账面现金及现金等价物为 200 万元，乙公司的净资产为 1 100 万元，处置时甲公司确认投资收益 400 万元。

为简便起见，做如下假设：本次处置不存在处置费用；母子公司的账面货币资金均为现金及现金等价物，不考虑企业所得税、增值税等相关税费影响；乙公司的账面净资产价值与公允价值一致；母子公司的会计政策一致；应付账款的增加均为经营性应付账款；财务费用的发生均为利息支出；管理费用均为付现费用；本期固定资产均未计提折旧。母子公司的资产负债表简表及利润表简表如表 12-8、表 12-9 所示。

根据准则规定，处置子公司，期末不编制合并资产负债表，将该子公司期初至处置日的收入、费用和利润纳入合并利润表，并将该子公司期初至处置日的现金流量纳入合并现金流量表。

具体过程如下：

第一步，计算"处置子公司及其他营业单位收到的现金净额"项目。根据"处置子公司及其他营业单位收到的现金净额"的概念，处置子公司及其他营业单位收到的现金净额等于处置子公司现金流入 1 500 万元减去子公司持有的现金及现金等价物 200 万元，即为 1 300 万元。

在合并数中，资产负债表各项目本期增加数、母公司本期增加数、子公司本期增加数及处置日子公司的资产负债表项目变动数如表 12-10 所示。对于归属于处置日前的资产负债表项目的变动，由于影响了本期现金流量变动，应纳入合并范围。对于处置日子公司的账面资产负债表项目的金额，应通过"取得子公司及其他营业单位收到的现金净额"予以归集。

表 12-8　资产负债表简表

（单位：万元）

项目	母公司 2022.1.1	母公司 2022.12.31	子公司 2022.1.1	子公司 2022.8.31	合并数 2022.1.1	合并数 2022.12.31
货币资金	700	400	600	200	1 300	400
应收账款	1 000	1 100	200	300	1 200	1 100
其他应收款		1 000				1 000
存货	700	1 900	400	700	1 100	1 900
固定资产	1 400	1 900	1 900	2 200	3 300	1 900
长期股权投资	500					
资产总计	4 300	6 300	3 100	3 400	6 900	6 300
应付账款	300	500	100	300	400	500
长期借款	2 200	2 200	2 000	2 000	4 200	2 200
负债合计	2 500	2 700	2 100	2 300	4 600	2 700
实收资本	1 000	1 000	500	500	1 000	1 000
未分配利润	800	2 600	500	600	1 300	2 600
所有者权益合计	1 800	3 600	1 000	1 100	2 300	3 600
负债和所有者权益总计	4 300	6 300	3 100	3 400	6 900	6 300

表 12-9　利润表简表

（单位：万元）

项目	母公司 2022.1.1～2022.12.31	子公司 2022.1.1～2022.8.31	合并数 2022 年度
营业收入	3 400	2 200	5 600
营业成本	2 300	1 700	4 000
管理费用	100	200	300
财务费用	200	200	400
投资收益	1 000		400
净利润	1 800	100	1 300

表 12-10　资产负债表项目变动表

（单位：万元）

序号	项目	本期增加数	母公司 本期增加	子公司 本期增加	处置日子公司的资产 负债表项目变动数
1	应收账款	200	100	100	300
2	其他应收款	1 000	1 000		
3	存货	1 500	1 200	300	700
4	固定资产	800	500	300	2 200
5	应付账款	400	200	200	300
6	长期借款				2 000

处置子公司及其他营业单位收到的现金净额，可用如下分录表示（以下分录单位均为万元）。

借：应付账款　　　　　　　　　　　　　　　　　　　300

　　长期借款　　　　　　　　　　　　　　　　　　　2 000

　　处置子公司及其他营业单位收到的现金净额　　　　1 300

　贷：应收账款　　　　　　　　　　　　　　　　　　300

　　　存货　　　　　　　　　　　　　　　　　　　　700

　　　固定资产　　　　　　　　　　　　　　　　　　2 200

　　　投资收益　　　　　　　　　　　　　　　　　　400

第二步，编制处置日前的调整分录。

（1）调整应收账款及营业收入的变动。

借：应收账款　　　　　　　　　　　　　　　　　　　200

　　销售商品、提供劳务收到的现金　　　　　　　　　5 400

　贷：营业收入　　　　　　　　　　　　　　　　　　5 600

（2）调整其他应收款的变动。

借：其他应收款　　　　　　　　　　　　　　　　　　1 000

　贷：支付其他与经营活动有关的现金　　　　　　　　1 000

（3）调整营业成本、存货及应付账款的变动。

借：营业成本　　　　　　　　　　　　　　　　　　　4 000

　　存货　　　　　　　　　　　　　　　　　　　　　1 500

贷：购买商品、接受劳务支付的现金　　　　　　　5 100
　　　　应付账款　　　　　　　　　　　　　　　　　　400

（4）调整本期增加固定资产。

　　借：固定资产　　　　　　　　　　　　　　　　　　800
　　贷：购建固定资产、无形资产和其他长期资产支付的现金 800

（5）调整管理费用。

　　借：管理费用　　　　　　　　　　　　　　　　　　300
　　贷：支付其他与经营活动有关的现金　　　　　　　　300

（6）调整财务费用。

　　借：财务费用　　　　　　　　　　　　　　　　　　400
　　贷：分配股利、利润或偿付利息支付的现金　　　　　400

第三步，根据上述分录编制现金流量表简表如表12-11所示。对于附注的编制，需要列示母公司本期发生的科目变动以及子公司从期初至处置日期间各科目变动金额。

表12-11　现金流量表简表及附注

（单位：万元）

主表项目	本期合并数	附注项目	本期合并数
销售商品、提供劳务收到的现金	5 400	净利润	1 300
购买商品、接受劳务支付的现金	5 100	加：财务费用	400
支付其他与经营活动有关的现金	1 300	减：存货的增加	-1 500
经营活动产生的现金流量净额	-1 000	减：投资收益的增加	-400
处置子公司及其他营业单位收到的现金净额	1 300	减：经营性应收项目的增加	-1 200
购建固定资产、无形资产和其他长期资产支付的现金	800	加：经营性应付项目的增加	400
投资活动产生的现金流量净额	500	经营活动产生的现金流量净额	-1 000
取得借款收到的现金			
分配股利、利润或偿付利息支付的现金	400		
筹资活动产生的现金流量净额	-400		
现金及现金等价物净增加额	-900		

验证：本期货币资金合并数的变动额为 –900 万元，现金流量表主表编制结果与此一致。在间接法调整下，经营活动产生的现金流量净额与主表一致。

需要说明的是，本案例采用的是将合并后资产负债表及利润表作为个别报表来编制合并现金流量表的方法。如果采用先编制个别现金流量表后抵销的方法进行合并现金流量表的编制，在非同一控制下处置子公司的合并现金流量表的编制中，应编制子公司期初至处置日期间的现金流量表，以此作为编制基础，同时将子公司处置日的现金及现金等价物作为"取得子公司及其他营业单位支付的现金净额"的调整项目予以反映。

2. 处置子公司部分股权仍拥有控制权的合并现金流量表编制

在处置子公司部分股权后仍拥有控制权的情形下，子公司仍应纳入合并范围，应编制包括合并现金流量表在内的合并报表。《企业会计准则第 33 号——合并财务报表》和《企业会计准则讲解 2010》中，对处置子公司部分股权后仍拥有控制权的合并现金流量表的编制未做出明确规定。但《国际会计准则第 7 号——现金流量表》（IAS 7）第 42A 段明确规定：因子公司所有权权益变动而产生的现金流量，未造成控制权丧失的，应当归类为筹资活动现金流量。在实务中，我们应当遵循这一做法，在母公司个别报表中，将处置子公司部分股权收到的现金列报于"收回投资收到的现金"，在合并层面则作为"收到其他与筹资活动有关的现金"予以列报。

【例 12-5】 甲公司是乙公司控股权为 90% 的非全资子公司。2022 年，乙公司处置所持有的甲公司部分股权，处置后持有 75% 的甲公司股权，仍拥有控制权。处置甲公司部分股权收到的现金为 3 000 万元，母公司个别现金流量表中体现了"收回投资收到的现金"3 000 万元，在合并报表层面则体现了"收到其他与筹资活动有关的现金"3 000 万元。

3. 对非同一控制下处置子公司的合并现金流量表的编制总结

（1）在非同一控制下处置子公司的合并现金流量表的编制中，应使用"处置子公司及其他营业单位收到的现金净额"作为一个过渡项目。子公司处置日前的资产、负债项目，作为当期的现金流量项目进行调整，子公司处置日时点的资产、负债项目，在"处置子公司及其他营业单位收到的现金净额"中予以归集。

（2）如果采用先编制个别现金流量表后抵销的方法进行合并现金流量表的编制，在非同一控制下处置子公司的合并现金流量表的编制中，应编制子公司期初至处置日期间的现金流量表作为编制基础，同时将子公司购买日的现金及现金等价物作为"取得子公司及其他营业单位支付的现金净额"的调整项目予以反映。

（3）现金流量表主表的各项目，除了各活动项目的现金流量净额和汇兑损益产生的现金流量变动项目外，其他项目都不应该出现负数。因此，处置子公司及其他营业单位收到的现金净额若为负数，应将该金额填列至"支付其他与投资活动有关的现金"项目。

（4）对于附注的编制，只需要将母子公司本期发生的项目变动都列示进来。这一点与非同一控制下取得子公司不同，在取得子公司的合并现金流量表的附注编制中，应剔除因合并的原因导致的存货、应收和应付项目等资产、负债项目的变动。

12.6 同一控制下合并现金流量表的基本思路

12.6.1 同一控制下合并的经济本质

在同一控制下的企业合并中，参与合并的企业在合并前后受同一方或相同的多方最终控制且该控制并非暂时性的。同一控制下的合并，相当于两个或多个参与合并企业的所有者权益进行重新整合，从最终控制方的角度来看，该类企业合并在一定程度上并不会造成企业集团整体的经济利益流入和流出，最终控制方在合并前后实际控制的经济资源并没有发生变化。因此，其交易事项不能作为出售或购买来处理。通常情况下，同一控制下企业合并是指发生在同一企业集团内部企业之间的合并。

【例 12-6】（1）A 公司和 B 公司均为 C 公司控制下的子公司，A 公司于 2022 年 8 月 1 日自母公司处取得 B 公司 100% 的股权，合并后 B 公司仍然维持独立法人资格继续经营。

（2）A 公司以一项账面价值 300 万元的固定资产和一项账面价值为 300 万元的无形资产为对价取得同一集团内另一家企业 B 公司 100% 的股权。

上述两项经济行为，由于发生在同一企业集团内部，因此属于同一控制下企业合并。

12.6.2　合并现金流量表包含的内容

因为视同合并后的主体在以前期间一直存在，在编制合并日的合并现金流量表时，应包含合并方及被合并方自合并当期期初至合并日产生的现金流量。对其内部交易产生的现金流量，按照合并财务报表准则的规定进行抵销。

12.6.3　与非同一控制下合并业务的不同点

与非同一控制下合并业务不同的是，同一控制下的企业控股合并，本质上是两个独立的企业或业务的整合，合并后主体视同在以前期间一直存在，母公司在合并日即应编制包括合并资产负债表、合并利润表、合并现金流量表在内的全套合并财务报表。除此之外还有另一个不同点，即同一控制下企业合并的现金流量表编制，不会涉及"取得子公司及其他营业单位支付的现金净额"项目。

这是因为，同一控制下合并中，被合并方的现金流量表自最早期间开始已经纳入合并报表范围，而不是合并日新纳入的。合并日支付现金对价，在合并报表层面相当于借记资本公积，贷记现金，视同对权益持有者的分配。在发生同一控制下合并时，在合并方的合并报表层面，需要视同该项合并在最早期间的期初就已经完成，合并后形成的投资架构在最早期间的期初即已存在并一直延续至今，也就是被合并方的各项资产、负债并不是在合并日才开始纳入合并报表的，而是在最早期间就已经纳入了。因此，在合并日不会体现为资产的增加，而仅仅体现为由于合并对价的支付而减少合并净资产。这种行为，符合《企业会计准则第31号——现金流量表》中对筹资活动的定义："筹资活动，是指导致企业资本及债务规模和构成发生变化的活动。"

非同一控制下的合并业务，则符合《企业会计准则第31号——现金流量表》中对投资活动的定义："投资活动，是指企业长期资产的购建和不包括在现金等价物范围的投资及其处置活动。"因此，应将其合并对价支付对现金流量的影响在"取得子公司及其他营业单位支付的现金净额"项目中反映。

12.6.4　同一控制下合并业务现金流量的列示

由于合并日支付的合并现金对价在合并报表层面并不是伴随着长期资产和投资同步增加，而是体现为权益的减少，所以合并日支付的合并现金对价不是投资活动现金流出，而是筹资活动现金流出。在单体报表上，合并方所支付的对价款列入"投资支付的现金"，而在合并日只能将所支付的对价款作为"支付其他与筹资活动有关的现金"列示。

反之，如果处置子公司股权，其收到的价款在单体报表中体现为"收回投资收到的现金"，在合并报表中则在"收到其他与筹资活动有关的现金"中列示。

12.6.5　少数股东权益项目在合并现金流量表中的反映

在合并现金流量表中，如果集团内子公司为非全资子公司，会产生子公司和少数股东的现金流入和流出，在这种情况下，应在合并现金流量表中反映少数股东权益项目的情况，这是与个别现金流量表的一个最主要的区别。

对合并现金流量表产生影响的事项主要包括：少数股东对子公司增加

权益性投资、依法从子公司中抽回权益性投资、子公司向其少数股东支付现金股利或利润等。对于整个集团来说，这些经济业务导致的现金流入和流出，影响了整个集团的现金增减变动，因此应在合并现金流量表中单独予以反映。涉及少数股东权益项目的现金流量情况，均在筹资活动现金流量中反映。少数股东对子公司增加权益性投资和子公司向少数股东分配现金股利的经济业务，在"子公司吸收少数股东投资收到的现金""子公司支付少数股东的股利、利润或偿付的利息"这两个项目中反映。少数股东抽回在子公司中的权益性投资的经济业务，在"支付其他与筹资活动有关的现金"中单独反映。

【例12-7】 甲公司是乙公司控股权为90%的非全资子公司。2022年所发生的与股东权益相关的经济业务包括：①甲公司的全体股东按各自股权比例以现金追加对甲公司权益性资本投资40万元；②甲公司本年向股东分派现金股利20万元。

根据业务①，子公司的少数股东增加其在子公司中的权益性资本投资4万元，在合并现金流量表中"筹资活动产生的现金流量"之下的"吸收投资收到的现金"项目之后单独列示，"其中：子公司吸收少数股东投资收到的现金"4万元。

根据业务②，子公司向少数股东支付现金股利2万元，在合并现金流量表中"筹资活动产生的现金流量"之下的"分配股利、利润或偿付利息支付的现金"项目之后单独列示，"其中：子公司支付少数股东的股利、利润或偿付的利息"2万元。

12.7 其他应注意事项

（1）某些现金流量在进行抵销处理后，需站在企业集团的角度，重新对其进行分类。比如，母公司持有子公司向其购买商品所开具的商业承兑汇票向商业银行申请贴现，母公司所取得现金在其个别现金流量表中反映为经营活动的现金流入，在将该内部商品购销活动所产生的债权与债务抵销后，母公司向商业银行申请贴现取得的现金在合并现金流量表中应重新归类为筹资活动的现金流量。

（2）《企业会计准则第 33 号——合并财务报表》应用指南所附合并现金流量表的格式中没有"补充资料"及"现金流量表附注"等内容，但这并不意味着母公司不必披露集团公司的相关信息。《企业会计准则第 33 号——合并财务报表》应用指南指出："合并现金流量表，还应遵循《企业会计准则第 31 号——现金流量表》应用指南的相关规定进行披露。"《企业会计准则第 33 号——合并财务报表》第四十二条规定："合并现金流量表及其补充资料也可以根据合并资产负债表和合并利润表进行编制。"

12.8　现金流量表编制综合案例

【例 12-8】 甲公司为母公司，对乙公司控股权为 80%。乙公司为非全资子公司。2022 年主要发生如下经济业务。

（1）乙公司向甲公司购入原材料，以银行存款支付原材料价款 10 万元和增值税额 1.3 万元。

（2）甲公司购入乙公司按面值发行的 6 个月期债券 20 万元，年利率为 6%。

（3）乙公司于上述债券到期日赎回债券，偿还本金 20 万元并支付利息。

（4）甲公司出售一台不用的设备给乙公司，原值 60 万元，已提折旧 24 万元，发生清理费用 0.6 万元，售价 32 万元，以银行存款结算。

（5）乙公司的全体股东按各自股权比例以现金追加对乙公司权益性投资 40 万元。

（6）乙公司本年向股东分派现金股利 20 万元。

2022 年，甲公司和乙公司的个别现金流量表如表 12-12 所示。

表 12-12　个别现金流量表

编制单位：甲公司、乙公司　　　　2022 年度　　　　单位：万元

项目	甲公司	乙公司
一、经营活动产生的现金流量：		
销售商品、提供劳务收到的现金	1 980	660
收到的税费返还	0	0
收到其他与经营活动有关的现金	120	60
经营活动现金流入小计	2 100	720
购买商品、接受劳务支付的现金	1 080	360
支付给职工以及为职工支付的现金	480	180
支付的各项税费	0	0
支付其他与经营活动有关的现金	120	40
经营活动现金流出小计	1 680	580
经营活动产生的现金流量净额	420	140
二、投资活动产生的现金流量：		
收回投资收到的现金	140	80
取得投资收益收到的现金	135	20
处置固定资产、无形资产和其他长期资产收回的现金净额	191.4	40
处置子公司及其他营业单位收到的现金净额	0	0
收到其他与投资活动有关的现金	40	60
投资活动现金流入小计	506.4	200
购建固定资产、无形资产和其他长期资产支付的现金	311.4	120
投资支付的现金	150	40
取得子公司及其他营业单位支付的现金净额	0	0
支付其他与投资活动有关的现金	0	0
投资活动现金流出小计	461.4	160
投资活动产生的现金流量净额	45	40
三、筹资活动产生的现金流量：		
吸收投资收到的现金	80	100
取得借款收到的现金	60	20
收到其他与筹资活动有关的现金	0	0
筹资活动现金流入小计	140	120
偿还债务支付的现金	0	60
分配股利、利润或偿付利息支付的现金	0	20.6

(续)

项目	甲公司	乙公司
支付其他与筹资活动有关的现金	0	0
筹资活动现金流出小计	0	80.6
筹资活动产生的现金流量净额	140	39.4
四、汇率变动对现金的影响	0	0
五、现金及现金等价物净增加额	605	219.4
加：期初现金及现金等价物余额	300	100
六、期末现金及现金等价物余额	905	319.4

（一）编制合并抵销分录

1. 抵销甲公司与乙公司之间当期以现金投资增加的投资所产生的现金流量

（1）2022年甲公司以32万元增加对乙公司的权益性资本投资，应抵销该笔权益性投资相关的内部现金流量（以下分录单位均为万元）。

  1）借：投资活动现金流量——投资支付的现金　　32
    贷：筹资活动现金流量——吸收投资收到的现金　　32

（2）将甲公司对乙公司的债权性投资相关的内部现金流量予以抵销。

  2）借：投资活动现金流量——投资支付的现金　　20
    贷：筹资活动现金流量——吸收投资收到的现金　　20

2. 抵销甲公司与乙公司之间与投资收益相关的现金流量

（1）2022年乙公司向股东分派现金股利20万元，甲公司应分得现金股利16万元，将甲公司收到的现金股利与乙公司分派的现金股利相关的内部现金流量予以抵销。

  3）借：筹资活动现金流量——分配股利、利润　　16
     或偿付利息支付的现金
    贷：投资活动现金流量——取得投资收益收到的现金　　16

（2）乙公司在债券到期日赎回债券时，支付了利息0.6万元（=20×6%×6÷12），将甲公司收到的债券利息与乙公司支付的债券利息相关的内部现金流量予以抵销。

4）借：筹资活动现金流量——分配股利、利润或　　0.6
　　　　　偿付利息支付的现金
　　　贷：投资活动现金流量——取得投资收益收到的现金　0.6

3. 抵销甲公司与乙公司之间以现金结算债权与债务所产生的现金流量

2022年乙公司在债券到期日赎回债券，偿还了本金20万元，抵销该笔以现金结算的债权与债务所产生的现金流量。

5）借：筹资活动现金流量——偿还债务支付的现金　20
　　　贷：投资活动现金流量——收回投资收到的现金　　20

4. 抵销甲公司与乙公司之间当期销售商品所产生的现金流量

2022年甲公司向乙公司以现金销售方式销售了原材料，价税合计为11.3万元，抵销该笔销售业务产生的现金流量。

6）借：经营活动现金流量——购买商品、接受劳务　11.3
　　　　　支付的现金
　　　贷：投资活动现金流量——销售商品、提供劳务　　11.3
　　　　　收到的现金

5. 抵销甲公司与乙公司之间处置固定资产、无形资产和其他长期资产收回的现金净额与购建固定资产、无形资产和其他长期资产支付的现金

2022年甲公司向乙公司出售一台设备，产生处置固定资产收回的现金净额为31.4万元，应抵销处置固定资产和购进固定资产产生的现金流量。

7）借：投资活动现金流量——购建固定资产、　　31.4
　　　　　无形资产和其他长期资产支付的现金
　　　贷：投资活动现金流量——处置固定资产、　　　31.4
　　　　　无形资产和其他长期资产收回的现金净额

（二）对少数股东权益对合并现金流量表的影响予以单独列示

（1）乙公司的少数股东增加其在子公司中的权益性资本投资8万元（=40×20%），因此，应当在合并现金流量表中"筹资活动产生的现金流量"之下的"吸收投资收到的现金"项目之后单独列示，"其中：子公司

吸收少数股东投资收到的现金"8万元。

(2)子公司向少数股东支付现金股利4万元(=20×20%),因此,应当在合并现金流量表中"筹资活动产生的现金流量"之下的"分配股利、利润或偿付利息支付的现金"项目之后单独列示,"其中:子公司支付给少数股东的股利、利润"4万元。

(三)编制合并现金流量表的工作底稿

将上述合并抵销分录过入合并工作底稿,并根据上述特殊的列示要求在合并工作底稿中予以反映(见表12-13)。

表12-13　合并现金流量表工作底稿

(单位:万元)

项目	甲公司	乙公司	抵销分录 借方	抵销分录 贷方	合并数
一、经营活动产生的现金流量:					
销售商品、提供劳务收到的现金	1 980	660		6)11.3	2 628.70
收到的税费返还	0	0			0
收到其他与经营活动有关的现金	120	60			180
经营活动现金流入小计	2 100	720			2 808.70
购买商品、接受劳务支付的现金	1 080	360	6)11.3		1 428.70
支付给职工以及为职工支付的现金	480	180			660
支付的各项税费	0	0			0
支付其他与经营活动有关的现金	120	40			160
经营活动现金流出小计	1 680	580			2 248.70
经营活动产生的现金流量净额	420	140			560
二、投资活动产生的现金流量:					
收回投资收到的现金	140	80		5)20	200
取得投资收益收到的现金	135	20		3)16 4)0.6	138.40
处置固定资产、无形资产和其他长期资产收回的现金净额	191.4	40		7)31.4	200
处置子公司及其他营业单位收到的现金净额	0	0			0
收到其他与投资活动有关的现金	40	60			100
投资活动现金流入小计	506.4	200			638.40

(续)

项目	甲公司	乙公司	抵销分录 借方	抵销分录 贷方	合并数
购建固定资产、无形资产和其他长期资产支付的现金	311.4	120		7）31.40	400
投资支付的现金	150	40		1）32 2）20	138
取得子公司及其他营业单位支付的现金净额	0	0			0
支付其他与投资活动有关的现金	0	0			0
投资活动现金流出小计	461.4	160			538
投资活动产生的现金流量净额	45	40			100.4
三、筹资活动产生的现金流量：					
吸收投资收到的现金	80	100		1）32 2）20	128
其中：子公司吸收少数股东投资收到的现金					8
取得借款收到的现金	60	20			80
收到其他与筹资活动有关的现金	0	0			0
筹资活动现金流入小计	140	120			208
偿还债务支付的现金	0	60	5）20		40
分配股利、利润或偿付利息支付的现金	0	20.6	3）16 4）0.6		4
其中：子公司支付给少数股东的股利、利润	0	0			4
支付其他与筹资活动有关的现金	0	0			0
筹资活动现金流出小计	0	80.6			44
筹资活动产生的现金流量净额	140	39.4			164
四、汇率变动对现金的影响	0	0			0
五、现金及现金等价物净增加额	605	219.4			824.4
加：期初现金及现金等价物余额	300	100			400
六、期末现金及现金等价物余额	905	319.4			1 224.4

（四）编制正式的合并现金流量表

根据合并现金流量表工作底稿的合并数，可以编制正式合并现金流量表，如表12-14所示。

表 12-14　合并现金流量表

编制单位：甲公司　　　2022 年度　　　单位：万元

项目	金额
一、经营活动产生的现金流量：	
销售商品、提供劳务收到的现金	2 628.70
收到的税费返还	0
收到其他与经营活动有关的现金	180
经营活动现金流入小计	2 808.70
购买商品、接受劳务支付的现金	1 428.70
支付给职工以及为职工支付的现金	660
支付的各项税费	0
支付其他与经营活动有关的现金	160
经营活动现金流出小计	2 248.70
经营活动产生的现金流量净额	560
二、投资活动产生的现金流量：	
收回投资收到的现金	200
取得投资收益收到的现金	138.40
处置固定资产、无形资产和其他长期资产收回的现金净额	200
处置子公司及其他营业单位收到的现金净额	0
收到其他与投资活动有关的现金	100
投资活动现金流入小计	638.40
购建固定资产、无形资产和其他长期资产支付的现金	400
投资支付的现金	138
取得子公司及其他营业单位支付的现金净额	0
支付其他与投资活动有关的现金	0
投资活动现金流出小计	538
投资活动产生的现金流量净额	100.4
三、筹资活动产生的现金流量：	
吸收投资收到的现金	128
其中：子公司吸收少数股东投资收到的现金	8
取得借款收到的现金	80
收到其他与筹资活动有关的现金	0
筹资活动现金流入小计	208
偿还债务支付的现金	40
分配股利、利润或偿付利息支付的现金	4

(续)

项目	金额
其中：子公司支付给少数股东的股利、利润	4
支付其他与筹资活动有关的现金	0
筹资活动现金流出小计	44
筹资活动产生的现金流量净额	164
四、汇率变动对现金的影响	0
五、现金及现金等价物净增加额	824.4
加：期初现金及现金等价物余额	400
六、期末现金及现金等价物余额	1 224.4

【例 12-9】 2022 年自然人李四以货币资金投资设立甲公司，实收资本 500 万元；甲公司以货币资金 100 万元投资成立乙公司。甲公司和乙公司均为增值税一般纳税人。不考虑其他相关税费。

2022 年，甲公司还发生如下经济业务：甲公司从 A 公司购入库存商品 113 万元，已全部用银行存款支付；甲公司销售库存商品给乙公司，存货成本 50 万元，销售价款合计 67.8 万元，尚未收到；计算得出应交企业所得税 2.5 万元 [=（60-50）×25%]。根据净利润提取盈余公积 0.75 万元。假设该业务发生时的增值税税率为 13%。

乙公司发生的经济业务如下：从甲公司购入存货 67.8 万元，款项尚未支付。乙公司将库存商品全部销售给 B 公司，销售价款合计 90.40 万元，款项已收到。应交企业所得税 5 万元 [=（80-60）×25%]，应交增值税 2.6 万元（=10.4-7.8）。根据净利润提取盈余公积 1.5 万元。

2022 年甲公司发生的经济业务如下：收回乙公司所欠货款 67.80 万元。甲公司缴纳企业所得税 2.5 万元。经股东会批准向投资者分配现金股利 2 万元，并以银行存款支付。将持有的乙公司的 20% 股份出售给丙公司，取得价款 40 万元，确认投资收益 20 万元，仍然对乙公司保持控制权。应交企业所得税 5 万元（=20×25%）。根据净利润提取盈余公积 1.5 万元。

2022 年乙公司发生的经济业务如下：乙公司归还甲公司货款 67.80 万元。用银行存款支付管理人员工资 10 万元。用银行存款缴纳上年应交税费 7.6 万元。支付货币资金 70 万元从自然人李四处购入甲公司 10% 股权，由于不具有重大影响，在"其他权益工具投资"中核算。本年利润总额为 -10 万元，应交企业所得税为 0。未计提盈余公积。

根据上述业务，编制甲、乙公司个别报表简表如表 12-15 所示，现金流量表简表如表 12-16 所示。

表 12-15　甲、乙公司的个别报表简表

（单位：万元）

a）资产负债表

项目	甲公司		乙公司	
	年初数	年末数	年初数	年末数
货币资金	287.00	390.30	190.40	35.00
应收账款	67.80			
存货	50.00	50.00		
其他流动资产	5.20	5.20		
其他权益工具投资				70.00
长期股权投资	100.00	80.00		
资产总计	510.00	525.50	190.40	105.00
应付账款			67.80	
应交税费	2.50	5.00	7.60	
负债合计	2.50	5.00	75.40	
实收资本	500.00	500.00	100.00	100.00
盈余公积	0.75	2.25	1.50	1.50
未分配利润	6.75	18.25	13.50	3.50
所有者权益合计	507.50	520.50	115.00	105.00
负债和所有者权益总计	510.00	525.50	190.40	105.00

b）利润表

项目	甲公司		乙公司	
	上年数	本年数	上年数	本年数
营业收入	60.00		80.00	
营业成本	50.00		60.00	
管理费用				10.00
投资收益		20.00		
所得税费用	2.50	5.00	5.00	
净利润	7.50	15.00	15.00	-10.00

表 12-16　现金流量表简表

（单位：万元）

现金流量表主表简表	甲公司		乙公司	
	上年数	本年数	上年数	本年数
销售商品、提供劳务收到的现金		67.80	90.40	
购买商品、接受劳务支付的现金	113.00			67.80
支付的各项税费		2.50		7.60
支付给职工以及为职工支付的现金				10.00
经营活动产生的现金流量净额	−113.00	65.30	90.40	−85.40
吸收投资收到的现金	500.00		100.00	
收回投资收到的现金		40.00		
投资支付的现金	100.00			70.00
投资活动产生的现金流量净额	400.00	40.00	100.00	−70.00
分配股利、利润或偿付利息支付的现金		2.00		
筹资活动产生的现金流量净额		−2.00		
现金及现金等价物净增加额	287.00	103.30	190.40	−155.40

现金流量表附注简表	甲公司		乙公司	
	上年数	本年数	上年数	本年数
净利润	7.50	15.00	15.00	−10.00
加：存货的减少	−50.00			
加：经营性应收项目的减少	−67.80	67.80		
加：经营性应付项目的增加	2.50	2.50	75.40	−75.40
减：投资收益		−20.00		
加：其他	−5.20			
经营活动产生的现金流量净额	−113.00	65.30	90.40	−85.40

编制 2022 年合并报表抵销分录如下（以下分录单位均为万元）。

1. 将剩余股权 80% 由成本法调整为权益法

在合并财务报表中，因出售部分股权后，母公司仍能够对被投资单位实施控制，被投资单位应当纳入母公司合并范围。从合并报表角度来看，母子公司作为一个整体，也就不存在长期股权投资和子公司，相应地也应将投资收益予以抵销。处置长期股权投资取得的价款（或对价的公允价值）与处置长期股权投资相对应享有子公司净资产的差额计入所有者权益（资本公积——资本溢价或股本溢价），资本公积（资本溢价或股本溢价）的余额不足冲减的，调整留存收益。

（1）将上年成本法转权益法所做的分录结转至本年。

借：长期股权投资　　　　　　　　　　　　　　15
　　贷：年初未分配利润　　　　　　　　　　　　　　　15

（2）本年处置20%投资后，剩余投资由成本法转为权益法。

借：投资收益　　　　　　　　　　　　　　　　8
　　贷：长期股权投资　　　　　　　　　　　　　　　　8

（3）在合并报表角度下将成本法转为权益法后，本期处置20%的长期股权投资账面价值为23万元（=115×20%）。而在个别报表角度下，处置长期股权投资转出的长期股权投资账面价值为20万元，因此在合并报表层面补充转出长期股权投资3万元。

借：投资收益　　　　　　　　　　　　　　　　3
　　贷：长期股权投资　　　　　　　　　　　　　　　　3

（4）处置长期股权投资时取得的价款40万元与处置长期股权投资应享有的子公司净资产的份额23万元的差额17万元计入资本公积，并将投资收益予以抵销。

借：投资收益　　　　　　　　　　　　　　　　17
　　贷：资本公积——资本溢价　　　　　　　　　　　　17

将上述四笔分录合并后即得到如下抵销分录。

借：长期股权投资　　　　　　　　　　　　　　4
　　投资收益　　　　　　　　　　　　　　　　28
　　贷：年初未分配利润　　　　　　　　　　　　　　　15
　　　　资本公积——资本溢价　　　　　　　　　　　　17

2. 抵销母公司长期股权投资与子公司所有者权益

借：实收资本　　　　　　　　　　　　　　　　100
　　盈余公积　　　　　　　　　　　　　　　　1.5

年初未分配利润　　　　　　　　　　　　　　13.5
　　　未分配利润　　　　　　　　　　　　　　　　−10
　　　　贷：长期股权投资　　　　　　　　　　　　　　　84
　　　　　　少数股东权益　　　　　　　　　　　　　　　21

3. 抵销母公司投资收益和子公司利润分配
　　　借：投资收益　　　　　　　　　　　　　　　　−8
　　　　　少数股东损益　　　　　　　　　　　　　　−2
　　　　　年初未分配利润　　　　　　　　　　　　　13.5
　　　　贷：年末未分配利润　　　　　　　　　　　　　　　3.5

4. 抵销交叉持股
　　　借：库存股　　　　　　　　　　　　　　　　　70
　　　　贷：其他权益工具投资　　　　　　　　　　　　　　70

5. 编制合并现金流量表抵销分录
　　　借：支付其他与筹资活动有关的现金　　　　　　70
　　　　贷：投资支付的现金　　　　　　　　　　　　　　　70
　　　借：购买商品、接受劳务支付的现金　　　　　67.80
　　　　贷：销售商品、提供劳务收到的现金　　　　　　　67.80
　　　借：收到其他与筹资活动有关的现金　　　　　　40
　　　　贷：收回投资收到的现金　　　　　　　　　　　　　40

对上述合并现金流量表抵销调整事项说明如下。

（1）本例中，甲公司出售乙公司 20% 股权收到转让款 40 万元，甲公司的个别报表层面体现为"收回投资收到的现金"，而在合并报表层面，因为不存在长期股权投资，所以也就不存在"收回投资收到的现金"。甲公司转让股权后，在合并报表层面，将"收回投资收到的现金"予以抵销，增加"收到其他与筹资活动有关的现金"。

（2）乙公司购买甲公司 20% 股权，形成交叉持股。从子公司个别报表角度来看，属于投资活动现金流出。而从合并报表层面来看，不存在投资活动，相当于将自然人李四的投资予以返还，因此应增加筹资活动现金流出，列示于"支付其他与筹资活动有关的现金"，同时将"投资支付的现金"予以抵销。

根据上述调整分录，编制合并报表简表和现金流量表简表，如表 12-17 和表 12-18 所示。

表 12-17　合并报表简表

（单位：万元）

资产负债表简表	合并数	
	年初数	年末数
货币资金	477.40	425.30
应收账款	—	—
存货	50.00	50.00
其他流动资产	5.20	5.20
其他权益工具投资	—	—
长期股权投资		
资产总计	532.60	480.50
应付账款	—	—
应交税费	10.10	5.00
负债合计	10.10	5.00
实收资本	500.00	500.00
减：库存股		70.00
盈余公积	2.25	2.25
资本公积		17.00
未分配利润	20.25	5.25
归属于母公司所有者权益合计	522.50	454.50
少数股东权益		21.00
负债和所有者权益总计	532.60	480.50

利润表简表	合并数	
	上年数	本年数
营业收入	80.00	
营业成本	50.00	
管理费用		10.00
所得税费用	7.50	5.00
净利润	22.50	−15.00
其中：归属于母公司所有者净利润		−13.00
少数股东损益		−2.00

表 12-18　现金流量表简表

(单位：万元)

现金流量表主表简表	合并数	
	上年数	本年数
销售商品、提供劳务收到的现金	90.40	
购买商品、接受劳务支付的现金	113.00	
支付的各项税费		10.10
支付给职工以及为职工支付的现金		10.00
经营活动产生的现金流量净额	−22.60	−20.10
收回投资收到的现金		
投资支付的现金		
投资活动产生的现金流量净额	—	—
收到其他与筹资活动有关的现金	500.00	40.00
分配股利、利润或偿付利息支付的现金		2.00
支付其他与筹资活动有关的现金		70.00
筹资活动产生的现金流量净额	500.00	−32.00
现金及现金等价物净增加额	477.40	−52.10

现金流量表附注简表	合并数	
	上年数	本年数
净利润	22.50	−15.00
加：存货的减少	−50.00	
加：经营性应收项目的减少		
加：经营性应付项目的增加	10.70	−5.10
减：投资收益		
加：其他	−5.80	
经营活动产生的现金流量净额	−22.60	−20.10

经合并抵销，当期现金及现金等价物净增加额与资产负债表中使用未受限制的货币资金本期变动额一致，附注和主表中经营活动产生的现金流量净额一致。由此可见，通过合并分录的抵销与报表的列报，编制的合并现金流量表客观地反映了报表期间的合并现金流量。

第13章

现金流量表编制的常见问题及解决思路

13.1 现金流量表初稿无法平衡如何处理

现金流量表的第一稿编制不平衡，是初学者最为常见的问题。无论是用工作底稿法，还是用公式分析法，初学者的第一次编制，往往都难以编制平衡，且无法检查，不知从何下手。

什么叫编不平？编不平主要表现在：

（1）经营活动现金净流量、投资活动现金净流量、筹资活动现金净流量、汇率变动对现金及现金等价物的影响额的合计数不等于现金及现金等价物净增加额。

（2）间接法下用净利润加上或减去调整因素后调节出的经营活动产生的现金净流量与主表中经营活动产生的现金净流量不相等。

遇到编不平时怎么办？有人反复检查，浪费了大量的时间和精力。还有人随意倒轧，看起来报表是平衡了，实际上没有满足现金流量表与另两大主表的钩稽关系。

一套高质量的现金流量表，应该不仅仅是满足报表的平衡，还要符合与另两大主表的钩稽关系，能够合理、真实地反映企业的现金流量情况。报表编制不平衡时我们可以通过什么方法来检查呢？

13.1.1 直接法下的检查与处理

首先，检查编制的调整分录借贷方发生额是否平衡。现金流量表工作底稿法编制的基本思路是调整资产负债表和利润表各科目的发生额，发生额调节平衡了，根据复式记账法的基本原理，现金流量表也一定会是平衡的。那么，第一步就是检查调整分录是否借贷平衡，看是否由于笔误导致调整分录未编制平衡。

其次，如果所有的调整分录借贷方都是平衡的，再检查资产负债表和利润表的科目是否全部调整平衡。根据现金流量表的编制原理，如果每一个科目都编制平衡了，现金流量表也一定是平衡的。在实务工作中，经常有初学者，前面已经调整的科目，在后面又重复调整，导致科目发生额未编制平衡，这样现金流量表一定是不平衡的。另一种常见的错误是方向编制错误，导致资产负债表和利润表科目未调整平衡。不管是什么原因造成的，我们只需要检查科目的发生额调整是否正确。

在经过上面两项检查后，我们可以确信，现金流量表是可以编制平衡的。如果这时候还是不平衡，那么我们只有检查是否存在笔误了。

13.1.2　间接法下的检查与处理

在检查间接法下编制是否平衡时，首先回顾一下间接法编制的基本原理。间接法的编制，是将净利润还原为企业的经营活动现金净流量的过程。净利润与经营活动现金净流量的差异主要来自两方面因素，分别为影响了净利润但没有影响经营活动现金净流量的因素，以及影响了经营活动现金净流量但没有影响净利润的因素。那么，在检查时就要检查这两方面的因素是否已经调整平衡。间接法下的调整因素中，资产减值损失、固定资产折旧、无形资产摊销、公允价值变动等因素是比较容易确定的，一般来说我们可以直接引用利润表的数字。比较容易导致不平衡的因素是存货的变动、经营性应收项目和经营性应付项目的变动，这几个因素影响了经营活动的现金流量，但没有影响净利润。在编制过程中，可能会存在如下因素影响现金流量表的编制平衡。

1. 存货变动中的非经营性存货变动

在填列附注中的"存货的减少"(减：增加)时，应理解为此处的存货，是指经营性存货。而在企业的正常经营中，存货的变动，不仅仅是经营性活动发生的。如果存货中有借款利息资本化的因素，或者将存货用于对外投资、领用于在建工程等，则不属于经营性存货变动，应该在填列附注时予以扣除。

根据《企业会计准则》规定，企业借款购建或者生产的存货，符合借款费用资本化条件的，应当予以资本化。符合借款费用资本化条件的存货，主要包括房地产开发企业开发的用于对外出售的房地产开发产品、企业制造的用于对外出售的大型机械设备等。这类存货通常需要经过相当长时间的建造或者生产过程，才能达到预定可销售状态。其中"相当长时间"，是指存货的购建或者生产所必需的时间，通常为1年以上(含1年)。在编制调整分录时，通常做如下调整分录。

借：存货
　　贷：分配股利、利润或偿付利息支付的现金

可见，资本化的利息计入存货但没有影响经营活动现金净流量，应在存货的变动中予以扣除。

此外，存货如果用于对外投资，或者用于在建工程的领用，则对应的现金流量为投资活动现金流量，也应该在存货的变动中加以调整。

2. 经营性应付项目中非经营活动的因素

在经营性应付项目中，可能存在一些非经营活动的因素。比较常见的因素如下。

(1)应付账款中存在非经营活动的应付款。

固定资产、无形资产的应付款，在应付账款中反映，在间接法的编制中，如果将这部分应付账款在经营性应付项目的变动中反映，则会导致间接法下的经营活动产生的现金净流量不等于主表中的经营活动现金净流量。

【例13-1】 某公司在其他应付款中反映无形资产的应付款,所做的调整分录为:

借:无形资产　　　　　　　　　　　　　　　　30 000
　贷:购建固定资产、无形资产和其他长期资产支付　20 000
　　　的现金
　　　其他应付款　　　　　　　　　　　　　　　10 000

这一经济事项,在编制附注时,应在经营性应付项目的增加中,减去10 000元。因为其虽在其他应付款中反映,但对应的现金流量为投资活动现金流量,如果不在经营性应付项目中剔除,则会导致直接法和间接法的经营活动现金流量差异10 000元。

(2)固定资产进项税在间接法中的处理。

我们在编制调整分录时,对进项税的处理一般是在购买商品、接受劳务支付的现金的调整中反映。

【例13-2】 在确认购买商品、接受劳务支付的现金时,我们所做的分录为:

借:主营业务成本　　　　　　　525 292 663.96
　　应付账款　　　　　　　　　 13 655 665.72
　　预付账款　　　　　　　　　219 073 382.46
　　应交税费——应交增值税　　 92 365 911.93
　　(进项税额)
　贷:存货　　　　　　　　　　　　　　 11 163 998.62
　　　应交税费——应交增值税(进项税转出)　473 170.20
　　　应付票据　　　　　　　　　　　　　11 000 000.00
　　　购买商品、接受劳务支付的现金　　　827 750 455.25

在做完这笔调整分录后,将固定资产的进项税做调整,因为其并不属于购买商品、接受劳务支付的现金,而应当在购建固定资产、无形资产和其他长期资产支付的现金中反映。假设本案例中固定资产的进项税为 33 455 689.78 元，所做分录为：

借：购买商品、接受劳务支付　　33 455 689.78
　　的现金
　贷：购建固定资产、无形资产和其他长期　　33 455 689.78
　　　资产支付的现金

在这个案例中，在采用间接法时，应在"经营性应付项目的增加"一项中将这笔 33 455 689.78 元予以加回，因为经营活动现金流量所对应的项目为投资活动现金流量。

（3）计提信用减值准备对间接法的影响。

在实务处理中，对应收账款计提信用减值准备，对现金流量本身并不产生影响。但是，由于其通过"信用减值损失"科目列支，对公司的净利润产生了影响，在间接法中我们应考虑其对经营活动现金净流量的影响。

【例 13-3】甲公司 2022 年对公司应收账款计提坏账准备 100 000 元，2023 年转回 50 000 元。在编制调整分录时，所做分录如下。

计提坏账准备时：

借：信用减值损失　　　　　　　　　100 000
　贷：应收账款——坏账准备　　　　　　　　　100 000

冲回坏账准备时：

借：信用减值损失　　　　　　　　　-50 000
　贷：应收账款——坏账准备　　　　　　　　　-50 000

从上述分录可知，2022 年、2023 年对信用减值损失的影响，是不影响现金流量的。但是，在采用间接法调整时，由于信用减值损失会对净利润产生影响，所以应在间接法中予以反映。

2022 年，在间接法的处理中，应在信用减值损失一行中计入 100 000

元，2023年应在信用减值损失一行中计入 –50 000 元。应注意的是，由于所做分录的贷方为应收账款，该科目在间接法中是在经营性应收项目中反映的，而在间接法的信用减值损失一行中已经确认了这个因素的影响，那么应在经营性应收项目的变动中予以调整，否则直接法和间接法的经营活动现金流量不平衡。调整的方法是，2022年，在间接法中的"经营性应收项目的减少"中调减 100 000 元。2023年，在间接法中的"经营性应收项目的减少"中调增 50 000 元。

（4）财务费用的填列对间接法的影响。

在实务工作中，有些初学者对现金流量表的编制原理理解不够透彻，在采用间接法时，直接在"财务费用"一栏中填列本科目的发生额，实际上，"财务费用"科目所包含的明细项目，无论在直接法中还是在间接法中，都应根据其性质分别做调整处理。

一般来说，一个公司的"财务费用"科目中主要包含的因素有：利息支出、利息收入、汇兑损益、手续费等，在现金流量表的编制中应分别做出调整。我们以一个公司的财务费用明细表来说明，如表 13-1 所示。

表 13-1　某公司的财务费用明细表

项目	本期发生额
利息收入	–5 296 098.43
利息支出	36 263 743.28
汇兑损益	1 678 355.43
手续费	5 905 564.17
合计	38 551 564.45

在直接法的编制中，一般所做分录如下。

调整利息收入时：

借：财务费用　　　　　　　　　　　　　　　　　　–5 296 098.43

借：收到其他与经营活动有关的现金　　　　　　　　5 296 098.43

调整利息支出时：

借：财务费用　　　　　　　　36 263 743.28

　贷：分配股利、利润或偿付利息支付的现金　36 263 743.28

调整汇兑损益时（假设均为货币资金产生的汇兑损益）：

借：财务费用　　　　　　　　1 678 355.43

　贷：汇率变动对现金的影响　　　　　1 678 355.43

调整手续费时：

借：财务费用　　　　　　　　5 905 564.17

　贷：支付其他与经营活动有关的现金　　5 905 564.17

从上述 4 笔调整分录可以看到，在调整财务费用对现金流量表的影响时，影响经营活动现金流量的因素为利息收入和手续费，影响筹资活动现金流量的因素为利息支出，影响汇率变动对现金影响的因素为汇兑损益。

在间接法的编制中，如果将上述"财务费用"的因素全部计入财务费用中，则会导致直接法和间接法的经营活动现金流量不平衡。在采用间接法时，只需要将不影响经营活动现金流量的因素计入"财务费用"，对于既影响了净利润又影响了经营活动现金流量的因素，不应计入"财务费用"，因为间接法编制的基本原理就是只考虑影响净利润但不影响经营活动现金流量的因素及影响经营活动现金流量但不影响净利润的因素。在本例中，只需将利息支出和汇兑损益的因素填列在间接法的"财务费用"项目中。

（5）固定资产累计折旧应填列本期计提数而不是差额。

在附注中，固定资产累计折旧应该填列本期的实际计提数。因为固定资产累计折旧期初与期末的变动，可能不仅仅是因为本期计提的影响，固定资产对外投资或出售、清理等因素也都会对固定资产的折旧额产生影响。固定资产清理与转出，其影响在"处置固定资产、无形资产和其他长期资产的损失（收益以"－"号填列）"中反映，不应在本期计提累计折旧一行中反映。

此外需要注意的是，固定资产累计折旧的填列，不仅仅是计入损益类科目的折旧，还应包括制造费用中的累计折旧。也就是说，我们只需要填列累计折旧的贷方发生额。因为制造费用中的累计折旧最终是要计入存货里的。存货的本期增加数在附注中是予以调减的，那么在累计折旧里包含这一部分金额并不会对经营活动现金流量产生影响。

以上列举了一些可能导致直接法与间接法的经营活动现金流量不平衡的因素。在实际工作中，我们可能会遇见更多复杂的情况。但不管情况如何，我们只需要把握现金流量表编制的基本原理，即可以不变应万变。在用调整分录法编制现金流量表时，我们检查平衡时，可以在调整分录中查找有无借贷方分别为经营活动和投资或筹资活动的会计分录。如果借贷方均为经营活动的事项，则不需要在间接法中调整。如果借贷方为经营活动对应投资或筹资活动，则应在间接法中予以调整。

13.2 银行承兑汇票保证金在现金流量表中的列报

银行承兑汇票保证金是指企业向开户行申请办理银行承兑汇票业务时，作为银行承兑汇票出票人按照自己在开户行（承兑行）信用等级的不同所需缴纳的保证银行承兑汇票到期承付的资金。《中华人民共和国票据法》和《支付结算办法》对银行承兑汇票有着严格的使用限制，要求银行承兑汇票的出票人为在承兑银行开立存款账户的法人以及其他组织，与承兑银行具有真实的委托付款关系，具有支付汇票金额的可靠资金来源。所以，我国银行业在开具银行承兑汇票的实际操作中，都要求出票人提供一定数额的保证金，一般与银行承兑的数额相一致，如果出票人在该银行享有信用贷款，则可以少于银行承兑的数额。银行承兑汇票出票人在开具银行承兑汇票前存于承兑银行的保证金在本质上属于动产质押的范畴，承兑银行享有优先受偿权。"银行承兑汇票保证金"通常在"其他货币资金"中列报。

对于银行承兑汇票保证金是否属于现金或现金等价物，现在主要有两种观点：

1. 3 个月内可用于支付的票据保证金属于现金，反之不属于现金

依据：2006 年 5 月中国注册会计师协会专业技术咨询委员会咨询意见，即以"3 个月"期限作为保证金能否视为"可以用于随时支付"的判断标准。

中国注册会计师协会专业技术咨询委员会咨询意见（三）
（2006 年 5 月 22 日）

问：在资产负债表货币资金项目中包含的信用证保证金存款和银行承兑汇票保证金存款，因不能随时用于支付，在编制现金流量表时是否均应从"现金"中扣除？

答：《企业会计准则第 31 号——现金流量表》应用指南规定，"现金指企业的库存现金以及可以随时用于支付的存款。会计上所说的现金通常指企业的库存现金。现金流量表中的'现金'不仅包括'现金'账户核算的库存现金，还包括企业'银行存款'账户核算的存入金融企业、可以随时用于支付的存款，也包括'其他货币资金'账户核算的外埠存款、银行汇票存款、银行本票存款、信用卡存款、信用证保证金存款和存出投资款等其他货币资金。需要注意的是，银行存款和其他货币资金中有些不能随时用于支付的存款，如不能随时支取的定期存款等，不应作为现金，而应列作投资；提前通知金融企业便可支取的定期存款，则应包括在现金范围内"。

对于信用证保证金存款和银行承兑汇票保证金存款是否应从"现金"中扣除，建议按以下原则考虑，在资产负债表日后 3 个月内可以用于支付的，在编制现金流量表时不从"现金"中扣除。反之，在资产负债表日后 3 个月内不可以用于支付的，在编制现金流量表时应从"现金"中扣除。

2. 保证金不属于现金或现金等价物

（1）不属于现金的依据：《企业会计准则第 31 号——现金流量表》中，现金的定义中规定"不能随时用于支付的存款不属于现金"。票据保证金属于借款的质押物，和任何其他用于借款质押的银行存款一样，不论时间长短，都不能随时用于支付。

中国注册会计师协会的讲解非强制标准。借款质押是强制性的，是否能用于支付不是公司能够控制的，不能理解为可随时用于支付。

（2）不属于现金等价物的依据：在现金等价物定义中，现金等价物首先是"一种投资"或"闲置现金的存放方式"。保证金当然不属于投资，所以无论期限是否在 3 个月之内，都不属于现金等价物。

本书更赞同第二种观点。虽然部分票据在资产负债表日可能到期时间少于 3 个月，但是由于票据保证金到期前不能随意支取，因此不满足"易于转换为已知金额现金"这一特征，不能作为现金等价物。因其不能随时用于支付，应在现金及现金等价物中予以扣除。

3. 银行票据保证金在现金流量表中应如何体现

我们在判断一项支出在现金流量表中如何列示时，首先要判断业务的性质，属于经营活动、投资活动还是筹资活动；其次结合现金流量表中各个明细所反映的项目，查看该项支出最适合在哪个明细中列示。保证金在主表的列示，要分析保证金的流动路径，及其对应的银行承兑汇票的性质，即要注意到期后银行是直接从保证金账户支付，还是原保证金到期退回再以其他账户资金支付。

（1）票据到期后直接动用保证金支付票据款。

缴付保证金时，应区分所开具的应付票据的用途，按照用途将保证金计入对应的现金流量表项目，用于支付生产用材料款的，则支付的票据保证金应作为"购买商品、接受劳务支付的现金"；如果用作支付固定资产、无形资产等长期投资款，则支付的票据保证金应作为"购建固定资产、无形资产和其他长期资产支付的现金"等。

（2）票据到期后原保证金退回，以另外来源的现金支付票据款。

缴付保证金时，仅是单纯的质押，应作为"其他筹资活动"；保证金到期收回时，亦作为"其他筹资活动"。

对于不具有真实交易背景的融资票据，则支付的票据保证金应作为"支付其他与筹资活动有关的现金"。

保证金对现金流量表附注的影响，应根据其在主表中的列示来分析填列。如果主表作为经营活动，直接将应付票据期末增加作为经营现金加回项目列入附注，会导致对应的保证金实际流出无法体现。处理方法一，将应付票据增加额扣除支付的保证金增加额；处理方法二，保持应付票据增加额不变，把保证金增加额列入"其他"项。如果主表作为非经营活动，作为投资或筹资活动，对附注则没有影响，不需要体现。

在实务中，曾经有客户问过我：银行承兑汇票保证金不在现金流量表中的"现金及现金等价物"中体现，这样不是与资产负债表中的货币资金不钩稽了吗？实际上，资产负债表中的货币资金与现金流量表中的"现金及现金等价物"，原本就是两个概念。货币资金中还包含不能作为现金及现金等价物的资金，比现金及现金等价物的范围要广。那么在对外报送报表时，这种钩稽关系如何体现呢？在会计报表附注中，披露货币资金时，可以将使用受限的货币资金予以列示。此外，在现金流量表的补充资料中，也可以单独披露使用受限的货币资金。

13.3　定期存款在现金流量表中的列报

定期存款是否在现金流量表上作为现金等价物，在很大程度上取决于管理者的持有意图。

参照《国际会计准则第 7 号——现金流量表》第七条的规定，结合国内习惯上对"现金"和"现金等价物"概念的分类，无论是现金还是现金等价物，持有目的都是为了满足短期内对外支付的流动性需求，而不是以获取利息收入或投资收益为主要持有目的。也就是说，一项定期存款，要成为"现金"或"现金等价物"，最关键的一点是其持有目的应当是为了满足短期内对外支付对现金的需求。

用于满足短期内对外支付对现金的需求的定期存款才可能作为"现金等价物"，而具有明确的持有至到期意图的定期存款不能作为"现金等价物"。

以下定期存款不应作为现金及现金等价物：

（1）已经被质押或担保的定期存款。

（2）企业已按定期存款利率计提存款利息。这表明：①管理层有持有定期存款至到期的明确意图；②具备持有定期存款至到期的财务能力。

除上述两种情况之外的其他定期存款，企业均可以"随时支取"，因此可以作为现金及现金等价物。

如果是为企业自身提供担保而被质押的定期存款，应作为"支付其他与筹资活动有关的现金"列示。如果是为其他企业提供担保而被质押的定期存款，则再区分具体情况：如果是用于互保或反担保的，则作为"支付其他与筹资活动有关的现金"列示；如果是提供质押担保后收取担保费的，则作为"支付其他与投资活动有关的现金"列示；其他情形一般作为"支付其他与经营活动有关的现金"列示。

已按定期存款利率计提存款利息的定期存款，因企业持有目的是获取较活期存款更高的利息，基于的是一种投资目的，因此应作为"支付其他与投资活动有关的现金"列示。

如果管理层没有明确的将某项定期存款持有至到期的意图，或者虽有此意图但无法证明具备所需的财务能力，则意味着存在较大的在到期日之前提前支取的可能性，在这种情况下，该项定期存款在现金流量表中可以作为"现金"，但期末不可以按照定期存款利率对其计提确认利息收入。

如果管理层具有明确的将某项定期存款持有至到期的意图，且可以证明企业确实具有所需的财务能力，无须在其到期日之前将其提前支取用于满足现金支付需求，则该项定期存款在现金流量表中不能作为"现金"，但期末可以按照定期存款利率对其计提确认利息收入。

13.4　银行存款利息收入在现金流量表中的列报

作为现金及现金等价物的存款，是为了满足公司流动性需要而储备的，并非一项投资，其利息收入应在"收到其他与经营活动有关的现金"中列示。

当作为非现金及现金等价物的定期存款利息金额较大时，应考虑根据定期存款目的将该利息进行区分列报。

13.5　"以前年度损益调整"的处理

执行《企业会计准则》或《企业会计制度》的企业，其会计核算事项中可能会涉及"以前年度损益调整"这个会计科目。以前年度损益调整属于损益类科目，其核算主要基于对以前年度财务报表中涉及利润事项的调整。通常产生的原因包括：

（1）发生在以前年度的涉及利润表的相关事项于本期调整。

（2）以前年度产生的与利润事项相关的会计差错于本期调整。

（3）对以前年度已确认的所得税费用根据汇算清缴予以调整。

【例13-4】上一年度已确认的企业所得税费用为100万元，本年汇算清缴时应补充确认应交企业所得税120万元，应做分录为（以下分录单位均为万元）：

借：以前年度损益调整　　　　　　　　　　　　20
　　贷：应交税费——应交企业所得税　　　　　　20

借：盈余公积——法定盈余公积　　　　　　　　2
　　　　利润分配——未分配利润　　　　　　　　　18
　　　　　贷：以前年度损益调整　　　　　　　　　　20

在资产负债表中，对期初应交税费调增20万元，期初盈余公积调减2万元，期初未分配利润调减18万元。

【例13-5】 本年报销上一年度已发生而未取得发票的费用10万元（假定不考虑其他税费），所做分录为（以下分录单位均为万元）：

　　借：以前年度损益调整　　　　　　　　　　　　10
　　　　　贷：其他应付款　　　　　　　　　　　　　10
　　借：盈余公积——法定盈余公积　　　　　　　　1
　　　　利润分配——未分配利润　　　　　　　　　9
　　　　　贷：以前年度损益调整　　　　　　　　　　10

在资产负债表中，对期初其他应付款调增10万元，期初盈余公积调减1万元，期初未分配利润调减9万元。

在编制现金流量表时，对上述事项应如何处理？

（1）应明确的是：以前年度损益调整是对以前年度损益类科目的调整事项，不属于当期的损益类事项，不会影响现金流量，对现金流量表的主表和附注都不会产生影响。

（2）由于系统核算，通常企业提供的报表不会对期初数进行调整。这样将会导致资产负债表中留存收益类科目的发生额与利润表不钩稽。在编制现金流量表时应考虑该事项影响。正确的处理应该是，以对期初数进行调整后的数据为依据，调整本期发生额，这样才能对现金流量表做出正确的处理与列报。

13.6　汇兑损益在现金流量表中的列报

汇兑损益的形成原因如下：

（1）外币银行存款账户期末余额按照期末汇率进行调整形成的汇兑损益。

（2）外币银行存款兑换业务形成的汇兑损益。

（3）外币经营性货币性资产、经营性货币性负债项目，按照期末汇率调整形成的汇兑损益（应收账款、应付账款等）。

（4）外币经营性货币性资产、经营性货币性负债项目，结算形成的汇兑损益（应收账款、应付账款等）。

（5）筹资和投资性质的货币性资产、货币性负债项目期末汇率调整、结算形成的汇兑损益（短期借款等）。

第1类计入"汇率变动对现金及现金等价物的影响"，因其影响净利润，但不属于经营活动现金流量，在采用间接法时需要通过"财务费用"进行调整。

第2类计入"支付其他与经营活动有关的现金"，因其既影响净利润，又属于经营活动现金流量，故采用间接法时不需要调整。

第3、4类在填列"销售商品、提供劳务收到的现金"以及"购买商品、接受劳务支付的现金"时均应予以考虑。其中第3类因其属于未实现汇兑损益，影响净利润，但不影响经营活动现金流量，需要通过"财务费用"或"经营性应收项目减少"或"经营性应付项目增加"来反映，注意不能重复反映，只需在一处反映；第4类因其属于已实现汇兑损益，既影响净利润，又属于经营活动现金流量，故无须在采用间接法时进行调整。

第5类在填报投资、筹资活动现金流量时应予以考虑。其包括已实现和未实现汇兑损益，均影响净利润，同时又均不属于经营活动现金流量，因此在采用间接法时需要进行调整。对"财务费用——汇兑差额"的性质进行正确的分类，是正确编制现金流量表相关项目的必要前提。如果企业将外币结算和外币兑换业务合并为一笔会计分录进行处理，此时形成的汇兑差额总括反映了外币结算和外币兑换两项业务形成的汇兑差额，应进行拆分。

13.7 现金流量是以总额反映还是以净额反映

现金流量一般是以总额反映的，但是，对于那些代客户收取或支付的现金以及周转快、金额大、期限短的项目的现金收入和现金支出应当以净额列示，因为这些现金流量项目周转快，在企业停留的时间短，企业加以利用的余地较小，净额更能说明其对企业支付能力和偿债能力的影响。反之，如果以总额反映，反而会对评价企业的支付能力和偿债能力、分析企业的未来现金流量产生误导。这些项目包括吸收的活期储蓄存款以及代客户收取或支付的款项等，如证券公司代收的客户证券买卖交割费、印花税等，旅游公司代游客支付的房费、餐费、交通费、行李托运费、门票费等。

13.8 核销应收款项转销的坏账准备在现金流量表上如何列报

信用减值准备是指当期计提扣除转回的应收款项坏账准备。企业当期计提的信用减值准备影响了净利润，但并无实际的现金流出。在将净利润调节为经营活动现金流量时，需要加回。

如果本期有核销应收账款转销的坏账准备，并不通过"信用减值损失"科目核算。而计入现金流量表补充资料中的"计提的信用减值损失"金额，一般为本期计提扣除本期转回的金额。该金额正常情况下应与利润表中计提的"信用减值损失"金额一致。因此，核销应收账款转销的金额，不在现金流量表补充资料中的"信用减值损失"科目中反映，而是在计算"经营性应收项目的减少（减：增加）"这个项目的金额时，将因核销坏账导致的应收账款减少额从该项目中予以减除。

13.9 外币现金流量表折算为本位币报表时，主表和补充资料分别使用何种折算汇率

《企业会计准则第 31 号——现金流量表》中规定："外币现金流量以

及境外子公司的现金流量，应当采用现金流量发生日的即期汇率或按照系统合理的方法确定的、与现金流量发生日即期汇率近似的汇率折算。汇率变动对现金的影响额应当作为调节项目，在现金流量表中单独列报。"

1. 主表的折算汇率确定

由于现金流量表主表中的各流入、流出项目都是发生额的概念，因此，各现金流量的流入、流出项目应当按照《企业会计准则第 31 号——现金流量表》第七条的要求，采用现金流量发生日的即期汇率或按照系统合理的方法确定的、与现金流量发生日即期汇率类似的汇率进行折算。

"现金及现金等价物期初余额"和"现金及现金等价物期末余额"两个项目，分别按照期初、期末时点的即期汇率折算，以折算后这两个项目的差额作为折算后现金流量表"现金及现金等价物净增加额"项目的列报金额。该金额与各流入、流出项目的折算后净额之间的差额，通过"汇率变动对现金的影响"项目的调节来平衡。

2. 补充资料中折算汇率的确定

现金流量表的补充资料，与资产负债表、利润表项目之间通常具有较为密切的钩稽关系。一般做法是：

（1）对于与利润表及其附注有直接对应关系的间接法项目，如"净利润""信用减值损失""资产减值损失""固定资产折旧""长期待摊费用摊销"等科目，一般直接按照折算后利润表上的相应金额填列。

（2）"递延所得税资产的减少""递延所得税负债的增加"项目，应与"所得税费用"附注中的"递延所得税费用"项目具有钩稽关系，应确保在折算后报表中该钩稽关系仍然成立。

（3）与利润表关系密切的项目，应按照与利润表项目相一致的原则确定折算汇率。

（4）通过资产、负债的年初和年末余额相减确定的项目，与资产负债表项目之间的钩稽关系更明显，应以折算后的资产负债表上的年初数、年末数为基础重新计算确定这些项目的金额。

13.10 注销清算子公司的现金流量表问题

子公司的注销清算，如果采用变卖资产、清偿负债、遣散人员后由股东以现金形式收回其剩余净资产的方式，则实质上与处理子公司相同，即把子公司的剩余净资产换回现金，此时基于"实质重于形式"的原则，在母公司的合并现金流量表中，可把注销清算后收回的剩余现金填列在"处置子公司及其他营业单位收到的现金净额"项目中。

如果采用注销子公司后将其原有资产、负债、人员、业务均并入母公司或母公司所控制的其他子公司继续经营的方式，则母公司可控制的经济资源并未发生变化，不属于处置子公司。

在注销子公司的过程中，分配给子公司少数股东的现金属于经营活动、投资活动还是筹资活动的现金流量？《企业会计准则第31号——现金流量表》第十四条规定："筹资活动，是指导致企业资本及债务规模和构成发生变化的活动。"母公司向子公司少数股东分配其应得的剩余净资产份额后，合并资产负债表中的权益总额将因此减少，"归属母公司股东的权益"和"少数股东权益"的相对结构也将发生变化，所以注销子公司时分配给少数股东的现金属于筹资活动现金流量，应填入合并现金流量表的"支付其他与筹资活动有关的现金"项目中。

13.11 房地产公司将开发的项目转为自用时在现金流量表上如何归类

某房地产开发企业，已经将建设开发产品时支付的成本在"开发成本"中列示，在现金流量表中反映在"购买商品、接受劳务支付的现金"里，项目完工后，根据完工产品的实际用途分别转入"固定资产""投资性房地产"科目。随着资产归类的调整，是否有必要对当初的现金流量分类进行相应的调整？

现金流量表上对现金流量的列报项目归类并不是一个孤立的问题，需要与开发或者固定资产购建支出在资产负债表上的列报方式综合起来考虑，并使得这两者实现最大限度的协调和一致。相关项目的支出，在资产负债表上是列入存货、投资性房地产还是固定资产，还涉及资产负债表上资产的流动性或非流动性划分，从而影响流动比率等重要财务指标。

总体上，资产负债表项目和现金流量表项目归类的原则，取决于这些支出发生时管理层对这些项目的未来持有和处置的意图。资产负债表上的支出是权责发生制口径，而现金流量表上的支出是收付实现制口径。因此，现金流量表项目的归类，应根据管理层对项目的未来持有和处置的意图。

（1）在项目立项时，对开发的产品持有意图可明确为出售或者出租、自用的，应当根据已明确的持有意图，将相关项目开发支出分别在"存货——开发成本""投资性房地产——在建""在建工程"等科目中核算。相应地，现金流量的归类也根据其核算项目来确定。在"存货——开发成本"中归类的现金流量，应列入"购买商品、接受劳务支付的现金"。在"投资性房地产""在建工程"等项目中归类的现金流量，应列入"购建固定资产、无形资产和其他长期资产支付的现金"。

（2）在项目立项时，对其持有意图尚不明确的时候，如果预计本项目中的大部分将用于出售，则将所发生的相关开发支出暂在"存货——开发成本"中核算，相应的现金流量归类为"购买商品、接受劳务支付的现金"。待明确具体的用途后，再将用于出租或自用部分的成本转入"投资性房地产——在建"或"在建工程"项目中核算。用途明确后，后续再发生的支出，按照已明确的用途分配到出售部分或者出租及自用部分，分别计入相应科目，现金流量也采用相同的方式直接计入或者分配计入"购买商品、接受劳务支付的现金""购建固定资产、无形资产和其他长期资产支付的现金"科目。

（3）在项目立项时，尚不明确其持有意图，但预计其中大部分将用于出租或者自用，可以将所发生的相关开发支出暂在"购建固定资产、无形资产和其他长期资产支付的现金"科目中反映。待明确具体用途后，将用于出售或者部分出售的成本转入"投资性房地产——在建"或者"存货——开发成本"项目中核算。用途明确后，后续再发生的支出按照已明确的用途分配到出售部分或出租及自用部分，分别计入相应的科目，现金流量也采用相同方式直接计入或者分配计入"购买商品、接受劳务支付的现金"或"购建固定资产、无形资产和其他长期资产支付的现金"项目。

在上述（2）（3）情形中，对于用途明确、之前已经发生的现金流出归属项目，在明确用途并在资产负债表上进行重分类的项目，其现金流量表可不再调整。

13.12 公司在研发活动中发生的现金流出应在经营活动还是投资活动中列报

公司的研发支出，应根据《企业会计准则第6号——无形资产》中的相关规定，确定其处于研究阶段还是开发阶段，以及是否符合资本化条件。

企业内部研究开发项目研究阶段的支出，应当于发生时计入当期损益。企业内部研究开发项目开发阶段的支出，同时满足下列条件的，才能确认为无形资产：①完成该无形资产以使其能够使用或出售在技术上具有可行性；②具有完成该无形资产并使用或出售的意图；③无形资产产生经济利益的方式，包括能够证明运用该无形资产生产的产品存在市场或无形资产自身存在市场，无形资产将在内部使用的，应当证明其有用性；④有足够的技术、财务资源和其他资源支持，以完成该无形资产的开发，并有能力使用或出售该无形资产；⑤归属于该无形资产开发阶段的支出能够可靠地计量。

《企业会计准则第31号——现金流量表》中，将"经营活动"定义为：企业投资活动和筹资活动以外的所有交易和事项。将"投资活动"定义为：企业长期资产的购建和不包括在现金等价物范围的投资及其处置活动。

根据上述原则，在明确了研究开发支出的会计处理是应该资本化还是费用化后，对于对应于费用化研究开发支出的现金流量，应列报为经营活动的现金流量。对于对应于资本化研究开发支出的现金流量，应列报为投资活动的现金流量。资本化的开发支出，先在"开发支出——资本化支出"中归集，研发完成后转入无形资产，在资产负债表上列报为非流动资产。与资本化开发支出对应的现金流量符合投资活动的定义，应列报为投资活动的现金流量。而费用化的研究开发支出并不形成长期资产，直接费用化，其对应的现金流量不符合投资活动的定义，也不属于导致企业资本及债务规模和构成发生变化的活动，因此应列报为经营活动的现金流量。

13.13 关联方之间的资金拆借在现金流量表中的列报

母子公司之间进行资金拆借，未签订借款协议，也未收取利息，账务处理中在"其他应收款"和"其他应付款"中核算，此种情况下，现金流量表中应列报为经营活动还是投资活动、筹资活动？

关联方之间的资金拆借，在现金流量表中如何列报，实务中并没有统一的做法。通常情况下，关联方的资金拆借，如果未签订借款协议，未约定借款期限和利息，拆出和归还交易发生频繁，且发生金额较大，在实务中作为经营活动的现金流量列报。如果双方签订了借款协议，并约定了还款期限和利息，且借款方按期偿还利息，借出方应作为投资活动的现金流量，借入方应作为筹资活动的现金流量。因此，借出方公司可以将借出的资金在"支付其他与经营活动有关的现金"或"支付其他与投资活动有关的现金"中反映。借入方可以将借入的资金在"收到其他与经营活动有关的现金"或"收到其他与筹资活动有关的现金"中反映。

【例 13-6】 A 公司向关联方 B 公司借入 100 万元，收到银行存款，不久，A 公司向 B 公司偿还 80 万元，已用银行存款支付。该资金拆借未签订借款协议，未约定借款期限和利息。

解析： 对于 A 公司，在编制现金流量表时可将往来资金当作经营活动产生的现金流量，即将借入资金 100 万元列入"收到其他与经营活动有关的现金"，将偿还 80 万元列入"支付其他与经营活动有关的现金"。也有少部分企业当作筹资活动产生的现金流量，即将借入资金 100 万元列入"取得借款收到的现金"，将偿还 80 万元列入"偿还债务支付的现金"。

对于 B 公司，在编制现金流量表时可将往来资金当作经营活动产生的现金流量，即将借出资金 100 万元列入"支付其他与经营活动有关的现金"，将收到资金 80 万元列入"收到其他与经营活动有关的现金"。

应注意的是：

（1）集团内部母公司与子公司、子公司与子公司的资金往来均作为经营活动产生的现金流量，有利于母公司编制合并现金流量表。

（2）企业向其他企业借入的资金，如果金额较大，引起企业的债务规模及构成发生较大变化的，企业可以将借入的资金与偿还的资金当作筹资活动产生的现金流量；如果借入的资金金额较小，或者企业与关联单位、关系客户的资金往来比较频繁，会导致企业有时是债务人，有时是债权人，企业应将借入的资金与偿还的资金当作经营活动产生的现金流量。

（3）企业借入的资金无论当作经营活动产生的现金流量还是筹资活动产生的现金流量，都要注意偿还的口径与借入的口径在填列现金流量表时要一致。

（4）对于 B 公司，如果拆出资金要收取 A 公司的利息，且收取的利息比较高,可以将拆出的资金、收回的资金和利息当作投资活动产生的现金流量。

(5)在编报会计报表附注时,要注意在现金流量表相关信息的披露中,关联方资金拆借款的披露应前后一致。

13.14 保理业务在现金流量表中的列报

应收账款出售所产生现金流量的分类,主要取决于出售的应收账款是否满足终止确认的条件。企业采用附追索权方式出售金融资产,或将持有的金融资产背书转让,应当根据《企业会计准则第 23 号——金融资产转移》的规定,确定该金融资产所有权上几乎所有的风险和报酬是否已经转移。企业已将该金融资产所有权上几乎所有的风险和报酬转移给转入方的,应当终止确认该金融资产。保留了金融资产所有权上几乎所有的风险和报酬的,不应当终止确认该金融资产。既没有转移也没有保留金融资产所有权上几乎所有的风险和报酬的,应当继续判断企业是否对该金融资产保留了控制,并进行相应的会计处理。

如果在发生应收账款出售时,已将应收账款所有权上几乎所有的风险和报酬转移给转入方,则满足了终止确认的条件,属于一次性出售,相当于付出代价提前收回应收账款,属于经营活动现金流入。如果保留了应收账款所有权上几乎所有的风险和报酬,则不能满足终止确认的条件,则属于以应收账款融资的情形,应作为筹资活动现金流入。

【例 13-7】2022 年 3 月 15 日,甲公司销售一批商品给乙公司,开出的增值税专用发票上注明的销售价款为 300 000 元,增值税销项税额为 39 000 元,款项尚未收到。双方约定,乙公司应于 2022 年 10 月 31 日付款。2022 年 6 月 1 日,经与银行协商后约定:甲公司将应收乙公司的货款出售给银行,价款为 320 000 元。在应收乙公司货款到期无法收回时,银行不能向甲公司追偿。

解析：在该情形下，应收账款符合了终止确认的条件，应予以转销，同时确认投资损失 19 000 元。在现金流量表主表中，收到的出售应收账款的价款 320 000 元计入经营活动现金流量。在附注中，假设净利润为 –19 000 元，确认的投资损失 19 000 元因为既影响了净利润又影响了经营活动现金流量，所以不做调整。而应收账款变动 339 000 元属于经营性应收项目变动，应做调整，则调整后经营活动现金净流量为 320 000 元。

如果不符合终止确认的条件，则应将收到的出售价款 320 000 元计入筹资活动现金流量。在附注中，由于该应收账款的变动不影响经营活动现金流量，不需要在经营性应收项目的变动中进行调整。而确认的投资损失 19 000 元因为影响了净利润但不影响经营活动现金流量，故而应在附注中进行调整。假设净利润为 –19 000 元，则调整后经营活动现金流量为 0。

【例 13-8】 A 公司 2022 年 12 月 15 日与某银行签订了不附追索权的应收账款保理合同，将应收账款 8 000 万元转让给银行，并于当日获得银行的保理资金 8 000 万元。12 月 31 日收到已经办理保理业务的应收账款债务人偿还的款项 4 000 万元，A 公司于 2022 年 1 月 10 日将该款项划转给保理银行。

解析：企业采用附追索权方式出售金融资产，或将持有的金融资产背书转让，应当根据《企业会计准则第 23 号——金融资产转移》规定，确定该金融资产所有权上几乎所有的风险和报酬是否已经转移。企业已将该金融资产所有权上几乎所有的风险和报酬转移给转入方的，应当终止确认该金融资产。保留了金融资产所有权上几乎所有的风险和报酬的，不应当终止确认该金融资产。既没有转移也没有保留金融资产所有权上几乎所有的风险和报酬的，应当继续判断企业是否对该金融资产保留了控制，并进行相应的会计处理。

根据上述规定，如果 A 公司应收账款保理业务可以满足终止确认相关应收款项的条件，即 A 公司已经将标的应收账款所有权上几乎所有风险和报酬都转移给了保理银行，就可以于保理生效时终止确认对应的应收账款，则收到的银行保理资金 8 000 万元可以视同"销售商品、提供劳务收到的现金"；如果不能终止确认标的应收账款，需要把收到的保理款项确认为借款，则相应的现金流量应作为"取得借款收到的现金"列报。

13.15 企业购买理财产品产生利息收入的现金流量表列报

一般情况下，购买理财产品的本金（含投出和收回）以及取得投资收益的现金流量，均作为投资活动的现金流量，可分别列入"投资支付的现金""收回投资收到的现金""取得投资收益收到的现金"等相关项目。

13.16 填列"利息收入、支付的金融机构手续费"时应注意哪些事项

由于《企业会计准则第 31 号——现金流量表》没有明确财务费用中的利息收入、支付的金融机构手续费在哪个项目中进行反映，企业在实际操作中的普遍做法是填列在"收到其他与经营活动有关的现金""支付其他与经营活动有关的现金"。也有些企业将其填列到"收到其他与筹资活动有关的现金""支付其他与筹资活动有关的现金"。在填列现金流量表附注中的"财务费用"项目时，要根据主表中利息收入、支付的金融机构手续费的分类来进行分析，因为现金流量表附注中"财务费用"为非经营活动产生的财务费用。如果企业将利息收入、支付的金融机构手续费列入经营活动产生的现金流量，由于已经在附注中的"净利润"项目内体现，所以不应在"财务费用"项目中反映，这样现金流量表附注中的财务费用与利润表中的财务费用就不一致了。

如果财务费用中的利息收入、支付的金融机构手续费金额较大，为

使报表使用者清楚了解，最好将其当作筹资活动的现金流量。另外，集团内母子公司的分类口径应该一致。

13.17 "支付给职工以及为职工支付的现金"与相关会计科目存在什么样的钩稽关系

"支付给职工以及为职工支付的现金"在填报时，应考虑哪些因素？与会计报表附注相关科目通常存在什么样的钩稽关系？

《企业会计准则》规定，职工是指与企业订立劳动合同的所有人员，含全职、兼职和临时职工，也包括虽未与企业订立劳动合同但由企业正式任命的人员。职工薪酬是指企业为获得职工提供的服务或解除劳动关系而给予的各种形式的报酬或补偿，企业提供给职工配偶、子女、受赡养人、已故员工遗属及其他受益人等的福利，也属于职工薪酬，即用人的代价都属于职工薪酬。职工薪酬包括短期薪酬、离职后福利、辞退福利和其他长期职工福利四类。

在现金流量表中，"支付给职工以及为职工支付的现金"不仅包括本期实际以现金支付给职工的工资、奖金、津贴和补贴、福利费等，还包括为职工支付的五险一金，以及代扣代缴的个人所得税等。

执行《企业会计准则》的企业，所有与职工相关的支出均通过"应付职工薪酬"科目核算，因此，"支付给职工以及为职工支付的现金"通常与会计报表附注中披露的"应付职工薪酬"的本期支付数一致。此外，还应考虑在"应交税费"科目中反映的代扣代缴个人所得税的变动。如果本期代扣代缴个人所得税增加，说明有部分计提的个人所得税尚未支付，则减少"支付给职工以及为职工支付的现金"。如果本期代扣代缴个人所得税减少，说明本期缴纳的个人所得税中还包括以前年度计提尚未缴纳的个人所得税，则相应增加"支付给职工以及为职工支付的现金"。

因此，执行《企业会计准则》的企业，"支付给职工以及为职工支付的现金"通常等于"应付职工薪酬"科目的本期支付数与本期代扣代缴个人所得税变动数的合计数。

需要注意的是：

（1）在存在非货币性福利、因合并范围变动而导致的应付职工薪酬减少等情形时，上述等式可能不成立。

（2）执行《企业会计制度》的企业，涉及职工薪酬的科目主要包括"应付工资""应付福利费"等，此外，涉及的与职工相关的费用，如工会经费、职工教育经费、社会保险费等，通常根据受益原则，在费用科目中核算。因此，执行《企业会计制度》的企业在调整"支付给职工以及为职工支付的现金"时，不仅要考虑"应付工资""应付福利费"的本期支付数和应交个人所得税的变动数，还要考虑在其他费用科目中直接列支的与职工相关的费用。

13.18　商业汇票背书在现金流量表中的列报

实务工作中常会遇到商业汇票背书的业务。对于商业汇票背书业务是否属于支付"现金及现金等价物"并产生现金流量，《企业会计准则》中未明确规范，实务工作者对此经常产生疑惑。要弄清这个问题，需要先搞清商业汇票是否属于《企业会计准则第31号——现金流量表》中所规范的"现金及现金等价物"。

商业汇票是指由付款人或存款人（或承兑申请人）签发，由承兑人承兑，并于到期日向收款人或被背书人支付款项的一种票据。从商业汇票的定义来看，商业汇票作为票据仅仅是一种结算工具，不在《企业会计准则第31号——现金流量表》中所规定的"现金及现金等价物"范围之内。

银行承兑汇票是商业汇票的一种，对于其收付业务在现金流量表中如何编制和列报，上海证券交易所及深圳证券交易所均发布了备忘录。上海证券交易所颁布的《2006年年度报告工作备忘录第三号：新旧会计准则衔接若干问题（一）》及深圳证券交易所颁布的《上市公司执行新会计准则备忘录第 1 号》中均规定，对于公司在经济业务中收到和对外作为货款支付的银行承兑汇票，公司不应将其作为现金流量计入现金流量表。

依据《企业会计准则第 31 号——现金流量表》的规定并参照上述备忘录的精神，商业汇票首先不属于现金流量表准则中所规定的"现金及现金等价物"，商业汇票背书不产生现金流量，不应将其作为现金流量计入现金流量表。从实务的角度来理解，背书就是持票人将票据权利转让给他人或者将一定的票据权利授予他人行使。实务中背书时的会计分录为：

借：应付账款

贷：应收票据

如果是公司开立的票据，直接用于支付采购款，则：

借：应付账款

贷：应付票据

从上述分析可知，由于背书转让票据实质未产生现金流，因此这部分在现金流量表中无须体现。而结合我们编制销售、采购现金流所采用的间接法，这部分需要作为调整项目，同时减少销售和采购的现金流。为了便于报表使用者了解此事项，实务中我们通常会在现金流量表的注释中补充说明票据背书的金额，对销售收现和采购付现的现金流加以补充说明。

13.19 向有关劳务中介机构支付的劳务费用在现金流量表中的列报

通过有关劳务中介机构向企业派遣劳务工的，劳务工为企业提供劳务，有关劳务中介机构向劳务工支付劳动报酬，企业向有关劳务中介机构支付劳务费用。如果劳务工为企业提供与经营活动有关的劳务，企业以"现金"形式向有关劳务中介机构支付劳务费用，现金流量表的编制者则难以判断是将该支付款项作为支付给职工的"现金",归属于"支付给职工以及为职工支付的现金"项目,还是将该支付款项作为支付与经营活动相关的费用,归属于"购买商品、接受劳务支付的现金"项目。

《企业会计准则第9号——职工薪酬》应用指南规定:

职工,是指与企业订立劳动合同的所有人员,含全职、兼职和临时职工,也包括虽未与企业订立劳动合同但由企业正式任命的人员。具体而言,本准则所称的职工至少应当包括:

与企业订立劳动合同的所有人员,含全职、兼职和临时职工。按照我国《劳动法》和《劳动合同法》的规定,企业作为用人单位应当与劳动者订立劳动合同。本准则中的职工首先应当包括这部分人员,即与企业订立了固定期限、无固定期限或者以完成一定工作作为期限的劳动合同的所有人员。

未与企业订立劳动合同但由企业正式任命的人员,如部分董事会成员、监事会成员等。企业按照有关规定设立董事、监事,或者董事会、监事会的,如所聘请的独立董事、外部监事等,虽然没有与企业订立劳动合同,但属于由企业正式任命的人员,属于本准则所称的职工。

在企业的计划和控制下,虽未与企业订立劳动合同或未由其正式任命,但向企业所提供服务与职工所提供服务类似的人员,也属于职工的范畴,包括通过企业与劳务中介公司签订用工合同而向企业提供服务的人员,这些劳务用工人员属于本准则所称的职工。

因此,笔者认为企业使用的与劳务中介公司签订劳务合同的劳务工属于"职工"的范畴。企业以现金形式向有关劳务中介机构支付的劳务费用属于企业以现金形式向职工支付的工资薪酬。

由此可见,企业以"现金"形式向有关劳务中介机构支付的劳务费用,若该支付的款项与企业的经营活动相关,在编制现金流量表时应归属于"支付给职工以及为职工支付的现金"项目。

13.20　固定资产盘亏在现金流量表中的列报

固定资产是一种价值较高、使用期限较长的有形资产，因此，对于管理规范的企业而言，盘盈、盘亏的现象并不多见。对于企业在财产清查中所发生的盘亏固定资产的情况，应将其损失计入当期损益。在发现盘亏时，首先将盘亏固定资产的账面价值转入"待处理财产损溢——待处理固定资产损溢"科目，同时结转已经计提的累计折旧和减值准备，冲减固定资产原值。处理时，按可收回的保险赔偿或过失人赔偿，确认"其他应收款"和"营业外支出——盘亏损失"，冲减"待处理财产损溢——待处理固定资产损溢"。经过上述处理后，固定资产原值、累计折旧、减值准备、待处理财产损溢等科目均无余额。上述处理，对企业的损益产生影响，但并不产生现金流量。因此，固定资产盘亏对于在直接法下编制现金流量表不产生影响。

固定资产盘亏损溢是否对现金流量表在间接法下的编制及列报产生影响？若产生影响，又如何编制及列报？

固定资产盘亏与固定资产减少有关，固定资产的减少在编制现金流量表时又与投资活动相关联。由此可见，固定资产盘亏产生的损益应属于投资活动产生的损益，不属于经营活动产生的损益。所以，在间接法下将净利润调节为经营活动现金流量时，需要予以剔除。现金流量表附注中单独列示了"固定资产报废损失"项目，却没有列示"固定资产盘亏损失"项目。因此，盘亏固定资产产生的损失，可在现金流量表附注的"其他"项目中以负数列报。

【例13-9】甲公司本年度进行财产清查时发现短缺一台笔记本电脑，原价为10 000元，已计提折旧7 000元。假设应由责任人小王赔偿1 000元。甲公司本年度现金流量表在间接法下将净利润调节为经营活动现金流量除固定资产盘亏外无其他调节事项。甲公司做如下会计处理。

（1）盘亏固定资产时：

借：待处理财产损溢　　　　　　　　　3 000
　　累计折旧　　　　　　　　　　　　7 000
　　贷：固定资产　　　　　　　　　　　　　10 000

（2）报经批准转销时：

借：营业外支出——盘亏损失　　　　　2 000
　　其他应收款——小王　　　　　　　1 000
　　贷：待处理财产损溢　　　　　　　　　3 000

解析：本年度甲公司发生固定资产盘亏，该事项不产生现金流量，因此对直接法下编制的现金流量表不产生影响。但甲公司所发生的固定资产盘亏损失2 000元，属于投资活动产生的损益，不属于经营活动产生的损益，所以在将净利润调节为经营活动现金流量时，需要予以剔除。

列报：甲公司本年度现金流量表补充资料的"其他"项目应以−2 000元列报，其他应收款不属于经营性往来，在"经营性应收项目的变动"中予以剔除。

13.21　安全生产费在现金流量表中的列报

对于安全生产费的会计核算，《财政部关于印发企业会计准则解释第3号的通知》规定："高危行业企业按照国家规定提取的安全生产费，应当计入相关产品的成本或当期损益，同时计入"4301专项储备"科目。企业使用提取的安全生产费时，属于费用性支出的，直接冲减专项储备。企业使用提取的安全生产费形成固定资产的，应当通过'在建工程'科目归集所发生的支出，待安全项目完工达到预定可使用状态时确认为固定资产；同时，按照形成固定资产的成本冲减专项储备，并确认相同金额的累计折旧。该固定资产在以后期间不再计提折旧。"但对于与安全生产费相关产生的现金流量在现金流量表中如何编制及列报，《企业会计准则第31

号——现金流量表》中却未明确规范。

在直接法下，企业支付安全生产费相关支出存在以下两类现金流量表编制及列报：①费用性的安全生产费支出与经营活动中购买材料和商品、接受劳务相关联，属于与经营活动相关的现金流量，应计入现金流量表中"购买商品、接受劳务支付的现金"项目。②形成固定资产的安全生产费支出与投资活动中购买、建造固定资产，取得无形资产和其他长期资产相关联，属于与投资活动相关的现金流量，应计入现金流量表中"购建固定资产、无形资产和其他长期资产支付的现金"项目。

企业计提的安全生产费，有的包括在相关产品成本（制造费用）中，有的包括在当期损益中，不发生现金流出。计入产品成本（制造费用）已经变现的部分或计入当期损益的部分，在计算净利润时已通过销售成本或期间费用予以扣除；计入产品成本（制造费用）中没有变现的部分，在间接法下调节存货时也已经从中扣除。

由此可见，间接法下将净利润调节为经营活动现金流量时，应将企业计提的安全生产费予以加回，然后再减去已支付的与经营活动相关的费用性的安全生产费支出。因此，应根据专项储备中核算的安全生产费发生额分析填列，其计算方法为：加安全生产费计提数（专项储备贷方发生额），减费用性的安全生产费支出（专项储备借方发生额）。上述计算结果应在现金流量表补充资料的"其他"项目列报。

【例 13-10】 2022 年甲企业净利润为 280 万元。2022 年甲企业共支付安全生产费 30 万元，其中：费用性的安全生产费支出为 10 万元，形成固定资产的安全生产费支出为 20 万元。甲企业的安全生产费在专项储备中核算，2022 年专项储备期初余额为 5 万元；贷方发生额为当年提取的安全生产费 40 万元（计入当期损益）；借方发生额为 30 万元，其中：费用性的安全生产费 10 万元，与安全生产有关的固定资产折旧 20 万元；期末余额为 15 万元。假设甲企业 2022 年间接法下净利润调节为经营活动现金流量除安全生产费相关事项外无其他调节事项。

编制：①直接法：2022年甲企业支付费用性的安全生产费10万元，属于与经营活动相关的现金流量；支付形成固定资产的安全生产费20万元，属于与投资活动相关的现金流量。②间接法：加专项储备中核算的安全生产费计提数40万元，减费用性的安全生产费支出10万元。

列报：①直接法：在现金流量表中的"购买商品、接受劳务支付的现金"项目列报10万元，在现金流量表中的"购建固定资产、无形资产和其他长期资产支付的现金"项目列报20万元。②间接法：甲企业2022年现金流量表补充资料中的"其他"项目应以30万元（=40万元-10万元）列报，间接法下净利润调节为经营活动现金流量，数额应为310万元（=280万元+30万元）。

13.22 现金捐赠在现金流量表中的列报

目前理论界和实务界对于企业接受现金捐赠所收到的现金归属于哪类现金流量表项目存在争议。一种观点认为接受捐赠属于企业筹资的一种方式，应该列报于筹资活动中的"收到其他与筹资活动有关的现金"项目。另一种观点认为接受捐赠具有偶然性和不可预测性，与企业常用的筹资方式如借款等有着本质区别，是企业的偶然所得，基本不具有可持续性，不应该归属于企业的筹资活动，而应该归属于企业的经营活动，在"收到其他与经营活动有关的现金"项目中列报。对应地，对于企业发生现金捐赠的支出目前也有两种看法：一是列报于经营活动中的"支付其他与经营活动有关的现金"项目，二是列报于筹资活动中的"支付其他与筹资活动有关的现金"项目。总之，理论界和实务界对于现金捐赠是属于经营活动还是筹资活动存在较大分歧。

现金捐赠列报争议出现的原因在于，现金流量表对经营活动的定义与利润表等其他报表或会计核算对经营活动的定义不一致。《企业会计准则第 31 号——现金流量表》规定：筹资活动是指导致企业资本及债务规模及构成发生变化的活动；投资活动是指企业长期资产的购建和不包括在现金等价物范围的投资及其处置活动。《企业会计准则第 31 号——现金流量表》对经营活动的定义则采用了排除法，即企业发生的所有经济业务中除投资活动和筹资活动以外的所有交易或事项。

在旧准则下，企业接受现金捐赠时账务处理是将其计入"资本公积"科目，因此该活动影响了企业的资本规模，在现金流量表中列为筹资活动。目前实务中很多企业还一直保留着这种处理方式。但如果根据最新企业会计准则，企业接受现金捐赠时的账务处理已经改为：

借：银行存款

贷：营业外收入

由此可见，在新会计准则下接受现金捐赠并未导致企业资本及债务规模及构成发生变化，根据《企业会计准则第 31 号——现金流量表》对筹资活动的界定，接受现金捐赠这一行为已经不属于筹资活动。因此，接受现金捐赠列报在经营活动的"收到其他与经营活动有关的现金"项目比较妥当。与此对应，企业对外进行现金捐赠更与筹资活动无关，在"支付其他与经营活动有关的现金"项目中列报比较妥当。这种做法符合《企业会计准则第 31 号——现金流量表》对经营活动所用的排除法定义。

13.23 递延所得税资产或负债在附注中如何列报

递延所得税资产或负债的确认，并不涉及现金的流入或流出，因此并不会在现金流量表的主表中予以反映。但在现金流量表的补充资料中，如何进行列报则应考虑相关事项的确认是否对利润表产生影响。

对于确认为所得税费用的递延所得税资产或负债，因为影响了净利润，但并不影响经营活动现金净流量，应在补充资料中的"递延所得税资产减少"或"递延所得税负债增加"项目中予以调整。如因计提资产减值准备而确认的递延所得税资产,应借记"递延所得税资产",贷记"所得税费用"。对现金流量表主表不产生影响,但在附注中应在"递延所得税资产减少(增加以'-'号填列)"中予以调整。

对于未确认为所得税费用的递延所得税资产或负债,因为没有影响净利润,同时也不影响经营活动现金净流量,不应在补充资料中的"递延所得税资产减少"或"递延所得税负债增加"项目中调整。比如,以公允价值计量且其变动计入其他综合收益的金融资产,因其公允价值的变动而引起的暂时性差异对递延所得税的影响对应计入的是其他综合收益,对净利润并未产生影响,在补充资料中也无须对这部分因素进行调整。对于非同一控制下合并时产生的合并净资产的账面价值与公允价值之间的差异,由于其确认时对方科目计入的是商誉,故而并未对所得税费用产生影响,在补充资料中同样也不需要进行调整。

13.24 发行债券收到的现金净额在现金流量表中的列报

目前理论界和实务界对于企业发行债券收到的现金,是应该列报于筹资活动中的"吸收投资收到的现金"项目,还是列报于"取得借款收到的现金"项目存在争议。一种观点认为应该将其列入"吸收投资收到的现金"项目,这种观点的支持者认为发行股票和发行债券这两种方式都属于吸收投资。而另一种观点认为要将发行债券收到的现金列入"取得借款收到的现金"项目,认为发行债券属于负债。

《企业会计准则讲解 2008》中将发行债券收到的现金净额列入"吸收投资收到的现金"项目。但从《企业会计准则讲解 2010》来看,财政部会计司编写组已经将发行债券收到的款项调整到了"取得借款收到的现金"项目中,"吸收投资收到的现金"项目只反映企业接受投资者直接投资和以发行股票等方式筹资收到的款项。我们认为这种调整是合理的,发行债券将来需要归还本金和利息,本质上是一项负债,性质与借款类似,所以在"取得借款收到的现金"项目中列报更为合适。

上述处理也与未来企业偿还债券本金支付的现金所列报的项目"偿还债务支付的现金"相吻合，偿还债券本金与偿还短期借款和长期借款本金的性质是一样的。因此，如果归还到期债券本金列报于"偿还债务支付的现金"项目，发行债券就应该属于取得借款，应该将其列入"取得借款收到的现金"项目。

13.25　处置金融性资产时差价现金在现金流量表中的列报

一般情况下，处置金融性资产所收到的价款可分为两个部分：一是该资产账面价值的回收，二是售价高于资产账面价值的差价收益（若售价低于账面价值，则是差价损失）。企业在处置交易性金融资产或长期股权投资时，一般会计上的处理如下。

借：银行存款（或其他货币资金——存出投资款）

贷：交易性金融资产——成本

——公允价值变动

投资收益（差价部分）

借：银行存款

贷：长期股权投资——成本

——损益调整

投资收益（差价部分）

在上述分录中，如果收到的现金少于交易性金融资产或长期股权投资的账面价值，则"投资收益"科目在借方。

对于回收金融性资产的账面价值的列报并无争议，应该列入"收回投资收到的现金"项目，而对于处置该类资产产生的差价现金的列报存在两种观点：一种观点认为收回投资时收到的所有现金都应该统一列报在"收回投资收到的现金"项目中；而另一种观点认为处置差价在会计处理上计入了"投资收益"科目,那么该部分现金应该列报在"取得投资收益收到的现金"项目中。

根据《企业会计准则讲解 2010》第三十二章的内容,"取得投资收益收到的现金"项目所列报的是股权投资分得的现金股利,从子公司、联营企业、合营企业分回的利润以及持有至到期投资的现金利息收入等。《企业会计准则讲解 2010》未将金融性资产的处置差价列入该项目列报内容。笔者认为,将处置金融性资产回收的现金(账面价值+差价)作为一个整体进行反映更加合适,即处置金融性资产时收到的所有价款一并在"收回投资收到的现金"项目中列报。如果处置金融性资产收到的现金低于其账面价值,即"投资收益"出现在借方,那么"收回投资收到的现金"也以实际收到的价格(账面价值-差价)列报。这样处理可以避免下述情况:如果处置金融性资产时收到的现金少于其账面价值,将账面价值与差价分开列报将出现"取得投资收益收到的现金"项目列报金额为负等问题。

【例 13-11】 企业处置交易性金融资产时回收 98 万元,其账面价值为 100 万元,投资损失为 2 万元,相关会计处理如下(单位为万元)。

借:银行存款(或其他货币资金——存出投资款)　　98
　　投资收益　　　　　　　　　　　　　　　　　　2
　贷:交易性金融资产　　　　　　　　　　　　　　100

如果将处置金融性资产的差价现金列入"取得投资收益收到的现金"项目,就会出现该项目列报金额为-2万元,将回收的交易性金融资产的账面价值列入"收回投资收到的现金"项目,则应该列报 100 万元。这显然不符合实际,因为收回投资时总共才收到 98 万元现金。因此应将处置金融性资产的差价与回收的账面价值合并列入"收回投资收到的现金"项目。

13.26　现金折扣和商业汇票贴现息在现金流量表中的列报

现金折扣是指企业在赊销商品时,为了鼓励客户及时归还相应货款,约定如果债务人在相应的期限内及时归还货款,可以享受相应的货款折扣。新修订的《企业会计准则第 14 号——收入》将现金折扣作为合同交易价格可变对价的影响因素。2020 年 12 月 11 日,财政部会计司发布的收入准则实施问答解释中,问:企业在执行《企业会计准则第 14 号——收入》时,对于给予客户的现金折扣,应当如何进行会计处理?答:企业在销售商品时给予客户的现金折扣,应当按照《企业会计准则第 14 号——收入》中关于可变对价的相关规定进行会计处理。在会计核算时不再计入"财务费用"科目。在发生时估计考虑可变对价后的交易价格,以此确认收入,现金折扣确认为预计负债。

商业汇票贴现是指企业将未到期的商业票据转让给银行,银行按照该商业票据到期金额扣除贴现的利息后,将余额支付给企业的行为。在账务处理上,企业商业汇票贴现产生的贴现息分别计入"财务费用——现金折扣"科目和"财务费用——贴现息"科目。

《企业会计准则讲解 2010》中并未对现金折扣和商业汇票贴现息应如何在现金流量表中列报进行说明,实务界对此的意见也不统一。

观点一:应收账款的现金折扣和应收票据的贴现息是在销售商品等生产经营活动中产生的,相关现金流量应该属于经营活动,因此应将应收账款扣除现金折扣后的实收净额或应收票据金额扣除贴现息后的实收净额列报于"销售商品、提供劳务收到的现金"项目。

观点二:应收账款的现金折扣和应收票据的贴现息是为了提早收回款项而产生的,属于筹资活动的范畴,因此应将现金折扣和贴现息列入"支付其他与筹资活动有关的现金"项目。

根据观点一,在现金流量表的"销售商品、提供劳务收到的现金"项目列入扣除现金折扣或贴现息后的净额,比较直观、方便。但是,根据观点二,这种处理混淆了经营活动与筹资活动的范畴。现金折扣和贴现息相当于收款所付出的代价,作为筹资活动来处理更为合适。

如果具有真实交易背景的票据贴现,同时符合终止确认条件,则票据贴现所收到的现金作为销售收到的现金。除此之外的票据贴现，均作为筹资活动中取得借款收到的现金列示。因为如果不基于交易背景，纯粹用票据贴现来获取资金，是一种融资行为，反映在借款或者收到其他筹资活动有关的现金中更为合适。

【例 13-12】某企业销售商品应收款项是 100 万元，按照最可能结果估计考虑可变对价后的交易价格为 99 万元。约定给予客户的现金折扣是 1 万元，实际收到的金额是 99 万元。在不考虑相关税费的前提下，相关会计处理如下（单位为万元）。

借：应收账款　　　　　　　　　　　　　　　100
　　贷：主营业务收入　　　　　　　　　　　　　99
　　　　预计负债——现金折扣　　　　　　　　　 1
借：银行存款　　　　　　　　　　　　　　　　99
　　预计负债——现金折扣　　　　　　　　　　　1
　　贷：应收账款　　　　　　　　　　　　　　100

【例 13-13】某企业销售商品收到一张商业汇票，票据为不带息汇票，面值是 100 万元。企业将该商业汇票拿到银行进行贴现，贴现息是 1 万元，实际收到的金额是 99 万元。相关会计处理如下（单位为万元）。

借：银行存款　　　　　　　　　　　　　　　　99
　　财务费用——贴现息　　　　　　　　　　　　1
　　贷：应收票据　　　　　　　　　　　　　　100

上述案例中，企业实际收到的银行存款均为 99 万元，例 13-12 中，应收账款 100 万元是企业销售商品本该收回的金额，其产生的现金流入应属于经营活动范畴。例 13-13 中，票据贴现相当于银行买断了企业对应收票据到期款 100 万元的收款权，即企业将收取 100 万元货款的权利转让给了银行，从而将货款提早收回。因此，应将票据贴现视同 100 万元销售货款收回，其产生的现金流入应属于经营活动范畴。

因此，企业本应收回的货款 100 万元都应该在"销售商品、提供劳务收到的现金"项目中列报；另外，将现金折扣和贴现息 1 万元视为提前收回这 100 万元所付出的代价，列报于"支付其他与筹资活动有关的现金"项目中。

13.27 "固定资产报废损失"项目在现金流量表中的列报

根据《企业会计准则第 31 号——现金流量表》的规定，现金流量表补充资料中将"处置固定资产、无形资产和其他长期资产的损益"项目和"固定资产报废损失"项目分开列报。而理论界和实务界对固定资产处置的定义有不同的理解，一种观点认为处置即出售，应该将处置（出售）的损益与报废损益分开列报；另一种观点则认为固定资产的处置包含固定资产报废，将上述两个项目分开列报是重复且不必要的。

根据《企业会计准则讲解 2010》第三十二章的内容，"处置固定资产、无形资产和其他长期资产收回的现金净额"项目中包含固定资产报废所收到的现金，可见固定资产报废应该属于处置资产的范畴。假设报废固定资产不属于处置资产的范畴，那么所收到的报废残值现金收入就没有更合适的现金流量表主表项目来反映。

另外，《企业会计准则第 4 号——固定资产》第二十三条规定："企业出售、转让、报废固定资产或发生固定资产毁损，应当将处置收入扣除账面价值和相关税费后的金额计入当期损益。"这也说明固定资产处置包含固定资产报废。因此，现金流量表补充资料中把"固定资产报废损失"和"处置固定资产、无形资产和其他长期资产的损益"这两个项目单独列示的做法是不妥的。

因此，应将"固定资产报废损失"项目包含在"处置固定资产、无形资产和其他长期资产收回的现金净额"项目中列报，不应该单独列示。若要单独列示固定资产报废的损失，应将"处置固定资产、无形资产和其他长期资产收回的现金净额"这个项目的名称改为"出售固定资产、无形资产和其他长期资产收回的现金净额"更为妥当，避免出现二者混淆列报的情况。

13.28　附注中存货的变动如何填列

现金流量表附注中，应调整的"存货的减少（减：增加）"，通常情况下与资产负债表中的存货增减变动额一致。但也存在一些特殊因素，在编制附注时应予以考虑并调整，否则会导致主表和附注的经营活动现金流量调整不平衡。主要因素有以下几个方面。

1. 存货计提了跌价准备

存货跌价准备的增减变动不在"存货的减少（减：增加）"项目中反映，而是列报于"资产减值损失"项目中。在编制附注时应将存货跌价准备的变动从存货的增减变动中剔除。存货跌价准备的计提是需要在附注中调整的，但列示在"资产减值损失"项目中。

2. 投资、筹资活动或者其他性质特殊的活动导致的存货增减

非经营活动导致的存货变动，如债务重组中以存货抵债或者收到抵债存货、对外以存货捐赠、以非流动资产换入存货或者以存货换入非流动资产等，均不在"存货的减少（减：增加）"项目中反映。

债务重组中以存货抵债（指融资性债务，如借款等）改变了债务结构和金额，属于筹资活动；以非流动资产换入存货或者以存货换入非流动资产，或者以存货结算长期应收款，属于非流动资产的处置或购建，也就是投资活动。投资、筹资活动导致的存货增减变动不在间接法的"存货的减少（减：增加）"项目中反映。

3. 报告期内出现合并范围的变动

如果报告期内发生过合并范围变动，会导致合并现金流量表中"存货的减少（减：增加）"项目的发生额与合并资产负债表没有对应关系。

4. 存货是从固定资产中转入的

将固定资产转为存货时，虽然资产负债表中的存货增加，但对现金流量表间接法中的"存货的减少（减：增加）"项目无影响，因为这一事项并不影响经营活动现金流量，而且也不影响净利润。

5. 房地产公司或平台公司发生的存货资本化利息

存货的资本化利息在现金流量表中归入"分配股利、利润或偿付利息支付的现金"，在间接法中不作为存货增加及减少的调节项，因为这部分在现金流量表主表中并非经营活动，所以在间接法中计算存货增减时也需要剔除这部分导致的存货账面价值变动。

总结：

（1）上述事项中，以存货抵债、结算长期应收款或以非流动资产换入存货等事项，既不影响净利润又不影响经营活动现金净流量，因此不在间接法中反映。如果将存货用于结算经营性的应收、应付款项等，属于经营活动，影响了经营活动现金净流量但不影响净利润，由此导致的存货变动应当反映在间接法中的"存货的减少（减：增加）"项目中。

（2）如果无上述事项导致的存货变动，则存货减少=（存货账面价值期初数+期初跌价准备余额）-（存货账面价值期末数+期末跌价准备余额）。

（3）编制附注的关键点在于把握附注的编制原理。附注的编制原理就是将净利润调节为经营活动现金净流量。主要调整因素为：影响了净利润但不影响经营活动现金净流量的因素，影响了经营活动现金净流量但不影响净利润的因素。在编制附注时，对存货的变动因素，把握住这样一个基本原理，基本可以解决编制过程中出现的各种问题。在实务工作中，企业出现的各种特殊事项非常多，任何一本教材都不可能将实务中可能出现的业务均包括其中，因此更需要编制者吃透原理，对特殊事项进行具体分析。

13.29　因银行承兑汇票贴现而取得的现金在现金流量表中的列报

若银行承兑汇票贴现不符合金融资产终止确认条件，因票据贴现取得的现金在资产负债表中应确认为一项借款，该现金流入在现金流量表中应分类为筹资活动现金流量。若银行承兑汇票贴现符合金融资产终止确认的条件，相关现金流入则分类为经营活动现金流量。

银行承兑汇票贴现不符合金融资产终止确认条件，后续票据到期偿付等导致应收票据和借款终止确认时，因不涉及现金收付，在编制现金流量表时，不得虚报现金流量。公司发生以银行承兑汇票背书购买原材料等业务时，比照该原则处理。

13.30　定期存单的质押与解除质押业务

企业首先应当结合定期存单是否存在限制、是否能够随时支取等因素，判断其是否属于现金及现金等价物。如果定期存单本身不属于现金及现金等价物，其质押或解除质押不会产生现金流量。如果定期存单本身属于现金及现金等价物，用于质押不再满足现金及现金等价物的定义，以及质押解除后重新符合现金及现金等价物的定义，均会产生现金流量。

在后者情况下，对相关现金流量进行分类时，应当根据企业所属行业特点进行判断。如果企业属于金融行业，通过定期存款质押获取短期借款的活动可能属于经营活动，相关现金流量分类为经营活动现金流量。如果企业为一般非金融企业，通过定期存款质押获取短期借款的活动属于筹资活动，相关现金流量应分类为筹资活动现金流量。

13.31　关联方之间的票据如何抵销和还原

制造型企业，一般分为生产型和贸易型，集团内部的票据交易比较频繁，相互使用票据支付的情形很常见。那么如何考虑关联方之间的票据处理呢？

1. 期末余额的抵销

如果是集团内部 A 公司开具的票据，背书给 B 公司，B 公司的这部分票据期末仍留存，则两头需要抵销：

借：应付票据

　　贷：应收票据

如果 B 公司这部分票据期末已背书，就无法两头对抵了。

如果是 A 公司收到来自集团外部的票据，背书给 B 公司，B 公司的这部分票据期末仍留存，则两头无法对抵。

因为 A 公司：

借：应付账款——B 公司

　　贷：应收票据

而 B 公司：

借：应收票据——A 公司（前手）

　　贷：应收账款——B 公司

在合并的层面，虽然 B 公司是应收 A 公司的票据，但是实质是集团内部收到了一张来自集团外部的票据。

2. 关联方之间的票据背书

无须抵销：因为背书本身不体现在现金流量表中，所以也不需要对此进行抵销。

3. A 公司开立票据，背书给 B 公司，B 公司用于贴现

在单体层面，A 公司开立票据，B 公司贴现。如果 A 公司背书给 B 公司是基于交易背景，同时 B 公司用于贴现也属于经营活动，且符合终止确认条件，则在 B 公司账面就作为销售收到的现金。

在合并层面，上述交易实质上是一种融资方式，应体现为一项借款，也就是在个别报表层面作为经营活动，但在合并报表层面作为筹资活动。相当于在合并层面，集团利用自己开具的票据贴现，获取了一项融资。

比如 A 公司开立银行承兑汇票 100 万元，背书给 B 公司，B 公司向银行贴现，支付利息 5 万元，收到款项 95 万元。

在 B 公司中，95 万元作为销售收到的现金体现。

在合并中，这实质上是一项融资，应作为借款反映，需要进行还原：

借：取得借款收到的现金　　　　　　　　　　　　　100
　　贷：销售收到的现金　　　　　　　　　　　　　　95
　　　　分配股利、利润或偿付利息支付的现金　　　　5

同时调整现金流量表附注中经营性应付项目变动和财务费用项目。

13.32　现金流量表的行次可以出现负数吗

现金流量表主表的经营活动、投资活动和筹资活动这三大块的现金净流量，以及汇率变动对现金和现金等价物的影响额可以是正数，也可以是负数。但是，需要注意的是，各业务活动的现金流量，如"销售商品、提供劳务收到的现金""购买商品、接受劳务支付的现金"等，不能出现负数。

原因很简单，"销售商品、提供劳务收到的现金"出现负数，不是说明公司卖了商品还欠了别人钱吗，所以出现负数是不合理的。如果出现负数，就需要在编制调整分录时做出恰当的调整。

另外，其他应收款和其他应付款的调整，在作为"收到其他与经营活动有关的现金"进行调整时，如果出现负数，应反映为"支付其他与经营活动有关的现金"。

企业会计准则讲解中也有明确的规定，处置子公司及其他营业单位收到的现金净额若为负数，应将该金额重分类填列至"支付其他与投资活动有关的现金"项目。

另外，还需要注意的是，"期初现金及现金等价物余额"和"期末现金及现金等价物余额"不能出现负数，这个理由就不必多说了，如果现金及现金等价物余额是负数，不用说，账肯定是做错了，需要先去检查账务。

13.33 手工账的情况下如何编制现金流量表

第一步，填"现金及现金等价物净变动情况"

"现金及现金等价物净变动情况"就是报表的最后部分，这里面的数据可以直接从资产负债表或总账获得，是非常简单而快速的。

通过这一步会非常快速地得出"现金及现金等价物净增加额"，这个结果可以直接填到主表的"五、现金及现金等价物净增加额"中，因为二者是相等的。

第二步，统计出整个公司的"现金流入"与"现金流出"的总额，并与"现金及现金等价物净增加额"进行核对

（1）对报表期间的"库存现金""银行存款""其他货币资金"等涉及现金及现金等价物的总账会计科目借方、贷方发生额分别进行累计，如果平时手工账总账已经按照期间进行了累计，可以直接使用。

统计出的现金及现金等价物的借方发生额与贷方发生额相减应该等于"现金及现金等价物净增加额"，如果不等的话，可能统计出错，应重新统计。

（2）由于现金及现金等价物会计科目之间本身也可能发生此增彼减的情况，比如存现、取现等，那么按照（1）中统计的"现金流入"与"现金流出"必然会存在重复的部分，必须想办法剔除重复的部分。因此，此步骤就需要统计报表期间发生的存现、取现等此增彼减的情况，然后分别从流入与流出中减去相同的数字。

第三步，填制"投资活动现金流量"与"筹资活动现金流量"

对于一般的中小企业，在一个年度内发生的"投资"与"筹资"业务相对于经营性活动是比较少的，对照报表的明细栏目，随便翻翻账本就可以搞定。

通过对"投资活动现金流量"与"筹资活动现金流量"相关栏目的填制，很容易得到"投资活动产生的现金流量净额"和"筹资活动产生的现金流量净额"，然后用"现金及现金等价物净增加额"减去这两个数字，就可以得到"经营活动产生的现金流量净额"。

通过对"投资活动现金流量"与"筹资活动现金流量"相关栏目的填制，很容易得到"投资活动现金流入小计"和"筹资活动现金流入小计"，然后用上面第二步得出的现金及现金等价物借方发生额减去这两个数字，就可以得到"经营活动现金流入小计"。用同样的方法，也可以得到"经营活动现金流出小计"。

第四步，填制"经营活动现金流入"

"经营活动现金流入"共有三个明细栏目，实际上相当于只有两个栏目，因为"收到的税费返还"对于一般企业来说，要么没有，要么就屈指可数的那么几笔。因此，该部分重点是"销售商品、提供劳务收到的现金"的填制，可以使用以下公式：

销售商品、提供劳务收到的现金 = 利润表的"收入" × (1 + 增值税税率) + "应收账款"的减少额 + "预收账款"的增加额

说明：如果企业销售适用多种税率，请分别计算；"收入"当然要包括"其他业务收入"。

声明一点，此公式计算出的结果不是绝对准确，因为利润表的"收入"可能包含非货币性资产交换等不涉及现金的情况，若有的话需要调整。

三个栏目，搞定两个栏目，剩下的金额自然就是第三个栏目"其他"的金额了。需要注意的是，如果"其他"栏目是负数，那么肯定是前面两

个栏目的金额计算有误。

第五步，填制"经营活动现金流出"

"经营活动现金流出"明细栏目有四个。

（1）"购买商品、接受劳务支付的现金"：一般中小企业此栏目对应的是原材料采购、水电费耗用、广告费支出等，企业可以根据各自的具体情况进行分析。因此，该栏目可以使用以下公式计算：

购买商品、接受劳务支付的现金＝存货借方发生额＋水电费借方发生额＋广告费借方发生额等＋增值税进项税额借方发生额－"应付账款"的净增加额＋"预付账款"的净增加额

（2）"支付给职工以及为职工支付的现金"可以使用以下公式计算：

支付给职工以及为职工支付的现金＝"应付职工薪酬——工资"借方发生额＋"应付职工薪酬——福利费"借方发生额＋"应付职工薪酬——社保费用"借方发生额＋"应付职工薪酬——住房公积金"借方发生额＋"应付职工薪酬——工会经费"等借方发生额

如果支付给职工以及为职工支付的现金没有通过"应付职工薪酬"科目预提核算，而是直接通过费用科目在实际发生时予以当期费用化，则上述科目应换成对应的费用科目。

如果上述涉及职工的费用中有非货币性福利，则应从上述结果中进行扣除。

（3）"支付的各项税费"可以使用如下公式计算：

支付的各项税费＝"应交税费"借方发生额－增值税进项税额借方发生额－增值税减免的借方发生额＋"管理费用——税金"发生额

（4）"支付其他与经营活动有关的现金"用"经营活动现金流出小计"减去上述三个栏目的数据就可以得到。

第六步，填制"补充资料"

在填制该部分之前，我们先看看该部分的开头与结尾。该部分开头

是"将净利润调节为经营活动现金流量",开宗明义,讲得很清楚该部分是做什么的;结尾是"经营活动产生的现金流量净额"。也就是说,我们需要将"净利润"调整为"经营活动产生的现金流量"。我们知道,一般的会计核算遵循的是权责发生制,净利润与现金流量之间存在必然的差异;同时,企业的"净利润"是企业综合性经营的结果,不但包括经营性利润,还包括投资、筹资活动对当期损益的影响。因此,从"净利润"调整为"经营活动产生的现金流量"就是剔除权责发生制以及投资、筹资对利润的影响。

对于该部分的大多数栏目,只要严格按照栏目明细说明从账本中找出或计算出金额就可以直接填列。只有"财务费用"需要进行特别分析才能填列,不能想当然地把会计账簿上的"财务费用"直接搬上去。此处的财务费用可以用以下公式计算:

财务费用 = 计入"投资活动产生的现金流量"的财务费用 + 计入"筹资活动产生的现金流量"的财务费用 + "应付利息"净增加额 + "未确认融资费用"贷方发生额

通过上述六步,基本上就能编制出一份相对准确的现金流量表。通过该办法编制的现金流量表虽然不是百分之百准确,但是在总体上还是能比较准确地反映企业的真实现金流量情况的,能够满足外部财报需求者,并且能顺利通过注册会计师的审计。

13.34 如何快速用 Excel 编制现金流量表

现金流量表是企业的主要报表之一,在编制现金流量表时可以采用工作底稿法或 T 形账户法,也可以直接根据有关会计科目的记录分析填列。工作底稿法和 T 形账户法比较复杂,分析填列法较为简便。用分析填列法编制现金流量表,关键是如何进行分析计算。会计期间内发生的会计业务比较复杂,而现金流入和流出又分布于多个科目,分析计算的正确与否直接关系到现金流量表的信息质量。在运用分析填列法编制现金流量表的工作实践中，应反复进行理论推导，使之成为易懂且便于操作的现金流量表公式，并将其与 Excel 电子表格的强大功能相结合，从而为企业提供一种准确、经济、简便、灵活、适用的现金流量表编制方法。

13.34.1 基本思路

根据会计理论和现金流量表的原理，反复进行理论推导，使现金流量表的各项转换成易懂且便于操作的现金流量表公式；转换后的现金流量表公式由资产负债表项目、利润表项目及少量特殊业务项目组成；然后利用 Excel 表格将现金流量表公式链接起来：涉及资产负债表和利润表的项目，已在现金流量表公式中由 Excel 自动生成，涉及少量特殊业务的项目，则需要建立一个附件，最后只需完成少量特殊业务项目的填列，就能完成现金流量表的编制了。

13.34.2 Excel 现金流量表编制的具体步骤

第一步，建立"现金流量表.xls"工作簿，在工作簿内建立"资产负债表工作表""利润表工作表""附件工作表"和"现金流量表工作表"四张工作表。

第二步，根据企业实际情况完成"资产负债表工作表"和"利润表工作表"。

第三步，通过分析将现金流量表的各项转换成易懂且便于操作的现金流量表公式。

以"销售商品、提供劳务收到的现金"的分析计算为例。在分析填列法下，"销售商品、提供劳务收到的现金 = 主营业务收入 + 其他业务收入 + 增值税销项税额 + 应收账款期初数 − 应收账款期末数 + 应收票据期初数 − 应收票据期末数 − 预收账款期初数 + 预收账款期末数 − 未收到现金的应收账款（应收票据）的减少 + 当期收到前期核销的坏账损失"。由于当期实现的主营业务收入和其他业务收入并不一定全部收到现金，故减去当期净增加的应收账款后，才是当期实际收到的现金。

主营业务收入和其他业务收入加上应收账款期初数减去应收账款期末数的理论依据如下：从会计恒等式"应收账款期初数＋当期借方发生额－当期贷方发生额＝应收账款期末数"可知，当期实现的业务收入，只有减去应收账款净增加数，才是当期实际收到的现金，因此必须计算出当期应收账款净增加数。将上述会计恒等式进行移项得"应收账款借方发生额－应收账款贷方发生额＝应收账款期末数－应收账款期初数"，而应收账款借方发生额减贷方发生额的差额既是当期应收账款净增加数，也是应收账款期末数减应收账款期初数的差额，"业务收入－（应收账款期末数－应收账款期初数）"才是实际收到的现金，即"业务收入－应收账款期末数＋应收账款期初数"，所以在计算公式中加上应收账款期初数，减去应收账款期末数。应收账款当期净增加数难以从会计记录中直接取数，而在资产负债表上则可以直接查找到应收账款期初数和期末数。

当应收账款符合核销条件时，可以进行核销处理，这时核销会计分录为借记"坏账准备"，贷记"应收账款"。从该会计分录可以看出，核销应收账款使当期的贷方发生额增加，而贷方发生额即应收账款的收回，但核销坏账并未收到现金，故应减去当期核销的坏账。因而，当期未收回应收账款（应收票据）的减少，均应从业务收入中减去。

对于"加上当期收到前期核销的坏账损失"的理解如下，前期已核销的坏账当期收回的，会计分录为借记"应收账款"，贷记"坏账准备"；同时，借记"现金"，贷记"应收账款"。从上述会计分录可知，应收账款期末数额并无变化，所以调整应收账款毫无意义，但确实收到了现金，故应加上当期核销的坏账。应收票据的调整与应收账款类似。

预收账款属于负债类会计科目，其贷方记载预收账款的增加数，借方记载预收账款的减少数。当期实际收到的预收账款净增加数，即预收账款贷方发生额减去借方发生额的差额。预收账款会计恒等式为"预收账款期初数＋贷方发生额－借方发生额＝预收账款期末数",因而公式中应减去预收账款期初数,加上预收账款期末数。

以上从理论上分析了"销售商品、提供劳务收到的现金"的计算公式。其他现金流量表项目计算公式的分析在此从略。

第四步,将少量特殊业务项目用"附件工作表"列示出来,并用Excel将现金流量表相关公式链接起来。由第三步分析推导的公式,即可根据利润表、资产负债表中的相关项目对现金流量表中的"销售商品、提供劳务收到的现金"项目进行设置。其中,通过分析推导的少量特殊业务项目如下：其他业务收入根据"其他业务收入"账户明细账贷方余额直接得到,增值税销项税额根据"应交税金"账户明细账销项税额项贷方余额直接得到,未收到现金的应收账款的减少根据"应收账款"账户明细账的贷方及摘要查找未收到现金的应收账款的数额得到,未收到现金的应收票据的减少根据"应收票据"账户明细账的贷方及摘要查找未收到现金的应收票据的数额得到,当期收到前期核销的坏账损失根据"坏账准备"账户明细账的贷方及摘要查找收到前期核销的坏账损失数额得到。公式中各项目已同资产负债表工作表、利润表工作表相应项链接自动生成数据,只需要分析填列少量特殊业务项目的数据,就能直接自动生成"销售商品、提供劳务收到的现金"项目的数据了。其他现金流量表项目的计算公式可按上述方法设置。

第五步,在"现金流量表工作表"各项中设置相关公式,就能自动生成现金流量表。

需要说明的是,如果企业有外币业务,那么需要填列附件工作表中的"汇率变动对现金的影响"项目。该项目实际中一般可采用倒轧的方法,即首先通过期初、期末的资产负债表计算出"现金及现金等价物净增加额",然后分别减去经营、投资、筹资活动的净额,最后计算出的差额就是要填列的数据。企业只需按上面的过程简单地修改附件工作表中最后两行的公式。

这种编制现金流量表的方法理论性强、适用广泛，主要适合于大、中型企业现金流量表的编制，其使用基础是手工做账，如果把这种小软件作为模板镶嵌在已有的财务软件中，更会起到意想不到的效果。

利用上述方法编制现金流量表的优点体现在以下两个方面：一是经济实用，目前企业绝大多数都有电脑，而且绝大多数都使用微软的 Excel 电子表格，这样就无须增加新的投资；二是操作简便，财务人员只需处理好附件工作表中的少量特殊业务项目，就能自动生成现金流量表。但利用该方法编制现金流量表也有其缺点：其一，推导现金流量表公式，需要有牢固的会计理论、现金流量表方面的知识及较强的工作实践能力，并非所有层次的会计人员都能掌握；其二，此方法并非适合所有企业现金流量表的编制，实际应用此方法时，要根据不同企业、不同行业做适当的调整，因此，在附件工作表每项后都留几行空行，以备调整时用。

总之，利用 Excel 链接相关公式编制现金流量表的方法，是在分析填列法的基础上，对现金流量表编制方法的一个新的探索，相信这种方法能够得到不断的发展与完善，也一定会对企业今后编制现金流量表有所帮助。

自我国《企业会计准则》明确要求企业采用直接法编制现金流量表以来，无论是理论方面还是实务方面，其编制都既是重点也是难点。由于编制方法难掌握、很少参与编制工作等原因，擅长编制现金流量表的会计人员尚不多见。目前实务工作中编制现金流量表可以采用工作底稿法或 T 形账户法，也可以直接根据有关会计科目的记录分析填列。为了使现金流量表编制能被更多人掌握，使现金流量这种重要的财务信息能准确、及时提供，有必要在对这三种方法进行分析的基础上提高认识，寻找更简易的现金流量表编制方法。

第 14 章

现金流量表的实务分析

现金流量表是在收付实现制的基础上反映企业在一定会计期间现金和现金等价物流入与流出的报表，是财务报告的重要组成部分之一。企业的净利润是以权责发生制为基础计算出来的，而现金流量表中的现金流量是以收付实现制为基础的。通过对现金流量和净利润的比较分析，可以对收益的质量做出评价。在财务管理上强调"现金为王"，没有充足的现金，企业就缺少生存的基础。

现金流量表与企业的货币资金存在密切的关联，通常被认为是最难以舞弊的会计报表。近年来，康得新等事件的发生，使企业的货币资金被报表使用人给予了更多的关注。同时，企业的债权和股权投资者等群体也更多地关注现金流量表的重要性，通过这张表了解企业的实际获利能力、偿债能力、盈利能力等。

现金流量表为我们提供了一家公司经营是否健康的证据。如果一家公司经营活动产生的现金流无法支付股利与保持股本的生产能力，得用借款的方式满足这些需要，那么这就给我们一个警告：这家公司从长期来看无法维持正常情况下的支出。现金流量表通过显示经营中产生的现金流量的不足和不得不用借款来支撑无法永久支撑的股利水平，揭示了公司内在的发展问题。投资活动是企业将一部分财力投入某一对象，以谋取更多收益的一种行为。筹资活动是企业根据财力的需求，进行直接或间接融资的一种行为。企业的投资和筹资活动与企业的经营活动密切相关，因此，对现金流量表中所揭示的投资活动和筹资活动产生的现金流入与现金流出信息，可以结合经营活动所产生的现金流量信息和企业的净收益进行具体分析，从而对企业的投资活动和筹资活动做出评价。一个正常经营的企业，在创造利润的同时，还应创造现金收益，通过对现金流入来源进行分析，就可以对企业创造现金的能力做出评价，并可对企业未来获取现金的能力做出预测。现金流量表所揭示的现金流量信息使我们可以从现金角度对企业的偿债能力和支付能力做出更可靠、更稳健的评价。

14.1　现金流量表分析的主要内容

对现金流量表主要从以下三个方面进行分析。

1. 现金净流量与短期偿债能力的变化

如果本期现金净流量增加，表明公司短期偿债能力增强，财务状况得到改善；反之，则表明公司财务状况比较困难。当然，并不是现金净流量越大越好，如果公司的现金净流量过大，表明公司未能有效利用这部分资金，其实是一种资源浪费。

2. 现金流入量的结构与公司的长期稳定

经营活动是公司的主营业务，这种活动提供的现金流量，可以不断用于投资，再生出新的现金来，来自主营业务的现金流量越多，表明公司发展的稳定性越强。公司的投资活动是为闲置资金寻找投资场所，筹资活动则是为经营活动筹集资金，这两种活动所发生的现金流量都是辅助性的，服务于主营业务。这一部分的现金流量过大，表明公司财务缺乏稳定性。

3. 投资活动与筹资活动产生的现金流量与公司的未来发展

在分析投资活动时，要注意分析是对内投资还是对外投资。对内投资的现金流出量增加，意味着固定资产、无形资产等的增加，说明公司正在扩张，这样的公司成长性较好；如果对内投资的现金流入量大幅增加，意味着公司正常的经营活动没有能够充分吸纳现有的资金，资金的利用效率有待提高。如果对外投资的现金流入量大幅增加，意味着公司现有的资金不能满足经营需要，从外部引入了资金；如果对外投资的现金流出量大幅增加，说明公司正在通过非主营业务活动来获取利润。

14.2 现金流量表分析的作用

1. 对获取现金的能力做出评价

一个正常经营的企业，在获取利润的同时还应获取现金的收益。我们在对现金流量表进行分析时，对于"现金及现金等价物的净增加额"是正数还是负数应进行分析，并进一步分析现金及现金等价物的净增加或减少额具体是由哪一类活动产生的，各类活动产生的现金流量净额是多少。在企业的三大活动中，经营活动现金流量净额最能反映一个企业的现金获取能力。在经营活动现金流量中，以"销售商品、提供劳务收到的现金"最能体现企业的创造现金能力。对现金流量表进行分析，不仅可以对企业获取现金的能力做出评价，同时还可以对企业未来的现金创造能力进行预测。

2. 对偿债能力做出评价

对三类活动的现金流入信息和现金流出信息进行分析，可以对企业的偿债能力和支付能力做出更加准确、可靠的评价。一个企业本期实现的利润较高，且具有充足的经营活动现金流量，说明其具有较强的偿债能力和支付能力。如果一个企业将获得的现金流量用于扩大投资，购置固定资产或增加对外投资的份额，则现金流出量会大幅增加，从而降低企业的偿债能力和支付能力。如果企业本期有固定资产处置事项或对外融资，能够增加现金流量净额，在短期内提高企业的偿债能力和支付能力。但是，一个企业只有用持续不断的经营活动现金流量作为偿债能力的保证，才能有效降低其可能存在的经营风险。

3. 对收益的质量做出评价

一个企业净利润的增加，是由经营活动、投资活动、筹资活动共同实现的。企业净利润的核算，存在大量人为估计的因素，如企业对使用的固定资产进行计提折旧，其残值率的确定、折旧年限的确定，离不开企业财务人员的职业判断，对企业当期的盈亏存在一定的影响。另外，我们需要注意的是，企业实现大量的净利润，未必能带来大量现金流量，比如，企业实现了大量的销售，但有部分销售收入只是形成了应收账款，尚未带来现金流，这种情形会导致企业的净利润增加了，却并未实现充足的现金流，即收益质量不佳。对于企业的收益质量，应结合净利润和现金流量指标一同进行分析，才能做出客观的评价。

4. 对投资活动和筹资活动做出评价

企业的经营活动、投资活动和筹资活动是企业重要的三类活动。这三大类活动的共同点是，目的都是增加企业的价值和股东的财富。但这三大类活动存在着一定的矛盾。投资活动是企业将一部分财力投入某一对象，以谋取更多利益的一种行为。筹资活动是企业根据财力的需要，而进行直接融资或间接融资的一种行为。如果企业的经营活动现金流量充裕，相应地可以增加投资活动的投入，减少筹资活动的现金流入。经营活动的现金流量，也是一个企业筹资时的重要保证。对现金流量表中所揭示的投资活动产生的现金流出和流入、筹资活动产生的现金流入和流出信息，可以结合经营活动产生的现金信息和企业的净收益进行具体分析，从而对企业的投资和筹资活动所起的作用做出评价。

企业的报表编制，都是为报表的使用人服务的。这些使用人包括债权人、所有者、政府有关部门、企业经营者等。对现金流量表进行分析，能够帮助报表使用人了解企业各类业务活动的现金流入、流出情况，对企业的偿债能力、获利能力、支付能力做出正确的评价，发现企业在经营活动中可能存在的问题。现金流量表的分析，意义在于能够对企业的收益质量做出客观的评价，对未来的财务状况进行科学的预测。

【例 14-1】 发审会上问询案例

公司：HJ 公司

1. 基本情况

公司一直从事激光有机光导鼓系列产品的研发、生产和销售业务。公司于 2016 年 3 月 4 日通过主板发审会，并于 2016 年 8 月首次公开发行股票并上市。相关报告期为 2013～2015 年。

发审会现金流量问题：请发行人代表进一步说明 2015 年经营活动现金流量净额下降、存货和应收账款余额上升幅度较大的具体原因。

2. 问题评析

公司招股说明书中披露的现金流量数据和指标如表 14-1 所示。

表 14-1　现金流量数据和指标

（金额单位：万元）

项目	2015 年 1～9 月	2014 年	2013 年
销售商品、提供劳务收到的现金	22 211.45	26 618.05	23 657.65
营业收入	31 393.60	41 728.13	37 711.38
现金收入比	70.75%	63.79%	62.73%
购买商品、接受劳务支付的现金	10 864.76	12 335.86	10 354.36
营业成本	20 911.62	28 685.13	26 372.27
现金成本比	51.96%	43.00%	39.26%

2015 年，公司经营活动产生的现金流量净额与净利润的比率下降至 39.90%。主要是由于：一方面，2015 年，公司对于合作时间较长、信誉良好的少量老客户适当调增了信用额度，使得公司的应收账款有所增加，经营活动产生的现金流入有所下降；另一方面，公司的两条生产线

在 2014 年年底及 2015 年年初陆续建成投产，并在本期产能进一步释放，另有两条生产线在 2015 年下半年改造完成。伴随着产量与销量的大幅增加，公司的存货规模有所增加，经营活动产生的现金流出有所上升。

公司为了促进销售，对新增优质客户给予了一定的信用额度，上调了部分长期合作客户的信用额度。根据公司统计，前 13 名客户 2013 年、2014 年和 2015 年的总信用额度分别为 2 600 万元、2 850 万元和 3 400 万元。2015 年对客户的信用额度增加较多，用于促进销售的意图比较明显，在这种销售策略下，2015 年的收入较 2014 年仅增长了 5%，绝对值增长 1 163 万元，尚不及应收账款绝对值增长 2 100 万元。

公司生产部门主要根据客户的订购意向以及对产品的市场需求预测安排并组织生产，即并非以销定产。2013 年、2014 年、2015 年产销率分别为 96.84%、97.31%、85.09%，产销率下降，存货增加，主要是库存商品的增加，说明出现了一定程度上的产品积压问题。

从以上分析可以看出，公司应收账款和存货大幅度增加，增加了资金占用，造成经营活动现金流量水平急速下降，从应收账款和存货增加的具体原因看，公司产品销售很可能是遇到了一些问题。

14.3 现金流量表分析中应关注的常见问题

1. 数据及逻辑错误

现金流量表存在的数据及逻辑错误主要表现为：现金流量表主表中的经营活动产生的现金流量净额与附注中调节得出的经营活动产生的现金流量净额不钩稽；在没有合理理由的情形下，主表中"现金及现金等价物净增加额"与资产负债表中"货币资金"的本期变动额不钩稽；主表中经营、投资、筹资活动现金流量具体项目的金额出现负数，对出现的负数金额未做重分类列报；会计报表附注中对三大活动中的其他活动进行明细披露，相关数据与其他科目披露数据不钩稽；现金流量表附注资料披露的相关数据与会计报表附注中披露的相关数据不钩稽等。

此外，部分财务人员由于专业能力不足，在编制报表时容易出现数据不平衡的情形，并在不平衡时人为倒轧数据。主表不平衡时通常在三大活动中的其他事项中进行调节，主表和附注不平衡的时候通常通过"经营性应收项目的变动""经营性应付项目的变动"以及"其他"项进行调节。在这种情况下，现金流量表看似平衡，实际上在不平衡时未能查找出相关的原因进行调整，导致数据并未反映真实的现金流量情况。

2. 人为调节财务指标

现金流量表反映了一些重要的财务指标，体现了企业偿债、获利、盈利等方面的能力，因此越来越被报表使用人所关注。如经营活动现金流量净额绝对值的高低，是正数还是负数，反映了企业在经营过程中创造现金的能力；将经营活动现金流量净额与当年到期的债务总额进行比较，将现金及现金等价物的期末余额与流动负债进行比较，将经营活动现金流量净额与全部负债进行比较，所计算出的指标均反映了企业是否具有足够的偿债能力；经营现金净流入与投资资本的比值则反映了企业获取现金的能力。将经营活动现金流量净额与净利润、现金流量总额、销售收入、总资产平均余额等进行比较，所得出的比率则反映了企业的盈利能力。

报表编制人为了让报表能够满足使用人的要求，往往人为美化指标，在经营活动、投资活动、筹资活动的现金流量划分中人为调节，导致现金流量表未能真实反映企业的获现能力、偿债能力、盈利能力。主要表现为：由关联方承担与公司经营活动有关的现金流出，然后公司将资金以投资活动或筹资活动的形式返还给关联方；或者期末由关联方支付大量的预付款项，然后在下一期期初再返还给关联方；或者延期付款增加现金流，从而调高当期经营活动现金流量。对于关联方之间的资金拆借，如果未签订借款协议，未约定借款期限和利息，拆出和归还交易发生频繁，通常视同为一种经营活动行为，作为经营活动的现金流量列报。有的公司为了人为调节指标，将关联方资金借入作为经营活动，将关联方资金借出作为投资活动等。对上述粉饰财务报表的行为如果未加以关注并识别，则会导致较高的审计风险。

3. 披露事项不完整

在编制现金流量表的过程中，存在着较多应披露的主要事项。较为常见的应披露的事项包括：在会计报表附注中应披露将净利润调节为经营活动现金流量、不涉及现金收支的重大投资和筹资活动、现金和现金等价物净变动情况等信息。在合并现金流量表中，少数股东对子公司增加权益性投资，依法从子公司中抽回权益性投资，子公司向其少数股东支付现金股利或利润等，都是必须单独反映的经济业务。对上述事项如果未能披露，属于报表栏次披露不完整。

14.4　现金流量表的分析方法

现金流量表分析是整个财务报告分析的一部分，现金流量表分析的方法和其他报表分析方法大致相同，包括对结构和趋势进行分析，以及对偿债能力、支付能力和收益质量进行分析等。对现金流量表进行分析，主要有以下几种方法：

1、现金流量表结构分析

现金流量表结构分析，主要就是分析企业当期取得的现金收入来自哪些方面，用于哪些方面，现金及现金等价物的余额由哪些项目组成。通过结构分析，可以帮助报表使用人了解企业财务状况的形成过程、变动过程及变动原因。

2、现金流量表趋势分析

现金流量表趋势分析是指对现金流量的变动趋势进行分析。分析时应主要对企业的现金收入、支出的变动趋势进行分析，了解企业的财务状况变动趋势，对企业财务状况变动的原因进行分析。和结构分析不同，结构分析主要是分析现有的现金结构，而趋势分析着眼于未来，主要对企业未来的现金流量变动进行预测。

3. 偿债能力分析

现金流量的偿债能力是衡量一个企业持续稳定经营能力的一项重要指标。对于企业经营者来说，如果企业的现金流量充足，偿债能力较好，有利于企业稳定发展，但是，现金是企业获利能力最差的流动资产，保持充足的现金流，不利于企业充分利用财务杠杆，不易获得超值的收益。对现金流量的偿债能力进行分析，有利于经营者测定偿债能力，做出正确的投资和筹资决策。对于企业的债权人来说，现金流量充足，贷款风险较小，企业的偿债能力是他们做出贷款决策的重要参考指标。

4. 支付能力分析

无论是企业的投资者还是经营者，都特别关注企业的现金流量支付能力。一个正常经营的企业，现金支付是其主要的经济活动。企业需要用现金购买材料、支付工资、支付税金、偿还借款、购买固定资产、对外投资、支付股利等。现金的支付能力是维系企业正常经营的必备条件。

5. 收益质量分析

在正常情况下，企业的收益越高，所产生的现金流量也应该越多。但是，在实际情况中，有的企业销售商品形成的是大量的应收账款而非现金流入。净收益增加，可能并非正常经营活动形成的收益，而是处置固定资产、收到捐赠等偶发因素形成的。企业的净收益增加，但增加的现金用于偿还贷款或对外投资，仍会造成企业现金短缺。报表使用人需要对企业的收益质量进行分析，以便做出合理的决策。收益质量分析的主要手段是将现金流量与净利润进行比较分析，以确定现金流量与净利润的差异原因。

14.5 现金流量表结构分析

现金流量表结构分析是指同一时期现金流量表中不同项目间的比较与分析，分析企业现金流入的主要来源和现金流出的方向，并评价现金流入、流出对净现金流量的影响。

现金流量表的结构分析，主要是计算各项目的具体构成。通过结构分析，可以揭示各个组成部分的重要性，揭示报表中各个项目的相对地位和总体结构关系。

14.5.1 现金流量表结构分析的重要性

现金流量表结构分析的重要性体现在以下两个方面。

（1）根据现金流入的结构，可以了解企业获取现金收入的途径，从而据以判断企业获取现金能力的大小，评价现金收入的质量。

经营活动产生的现金流入体现的是一个企业主营业务创造现金流入的能力，只有主业兴旺，才是获取现金的不竭源泉。

投资活动产生的现金流入虽然很重要，但对于一般企业，它不应该成为现金增加的主要来源，因为对外投资毕竟只是企业经营活动的延伸而非核心，对外投资资产的所有权虽然在投资公司，但资产的实际控制或经营权却在被投资公司，因此对外投资产生的现金流量具有不确定性和偶然性，投资活动不能代替经营活动成为创造现金流入的主角。至于内部处置长期资产而产生的现金流入，则更可能是不得已而为之，即使正常，也不会经常发生。

至于筹资活动产生的现金流入，虽然能反映企业从外部获取现金能力的大小，但它所带来的现金流入是否有利，取决于使用效果——是否带来经营活动和投资活动的现金流入的增加，故筹资活动同样不能成为创造现金流入的主角。

（2）根据现金流出的结构，可以了解企业现金支出的去向，从而据以判断企业的理财水平和理财策略。

现金是一项盈利性较差的资产，过多持有现金并非明智之举，因此，现金管理效果的好坏并非在于尽量减少现金支出或者保持较高的现金余额，而是应该在保证足够的支付能力的前提下，把现金投放到盈利性更好的资产上，故现金支出的合理性是衡量企业理财水平的一个重要因素。

通常现金支出首先应满足生产经营正常交易的需要，如支付货款、发放工资、缴纳税金等，然后才能用于支付借款利息、分配股息，最后才能考虑对外投资。当然，要评价现金使用的合理性，仅仅根据结构指标很难判断，因为不同时期现金支出的需要是不同的，通常只要支付能力正常，各类支出的比重高低并不十分重要。但如果把现金支出的结构与上期比较，则可以反映出企业的理财策略。

一般来说，如果经营活动现金支出的比重下降，投资活动现金支出的比重上升，则说明企业在保证生产经营的基础上，用更多的资金进行扩大再生产和对外投资，以求进一步发展。而筹资活动现金支出的比重上升，则说明以前举借的债务到期需要偿还或企业打算发放更多的股利以回报投资者。

14.5.2　现金流量表结构分析的主要方式

现金流量表是反映企业在一定时期内现金流入、现金流出及其现金净额的报表，它主要告诉报表使用者，企业本期现金来自何处，本期现金用于何处，现金余额是由哪几种类型的流量组成的。现金流量表的结构分析就是在现金流量表有关数据的基础上，进一步明确现金流入的构成、现金支出的构成及现金余额是如何形成的。

14.5.3　现金流量表结构分析的内容

现金流量表结构分析可以分为现金流入结构、现金支出结构和现金余额结构分析三个方面。

1. 现金流入结构分析

现金流入结构分析是反映企业各项业务活动的现金流入，如经营活动现金流入、投资活动现金流入、筹资活动现金流入等在全部现金流入中的比重以及各项业务活动现金流入中具体项目的构成情况，明确企业的现金究竟来自何方，要增加现金流入主要应在哪些方面采取措施等。

现金流入结构分析分为总流入结构分析和内部流入结构分析。通过现金流入结构分析，可以明确企业现金的来源，把握增加现金流入的途径，明确各现金流入项目在结构中的比重，分析存在的问题，为增加现金流入提供决策依据。

2. 现金支出结构分析

现金支出结构是指企业的各项现金支出占企业当期全部现金支出的百分比，它具体反映企业的现金用在哪些方面。

3. 现金余额结构分析

现金余额结构分析是指企业的各项业务活动，其现金的收支净额占全部现金余额的百分比，它反映企业的现金余额是如何构成的。

14.6 偿债能力分析

14.6.1 现金流量偿债能力分析的意义

企业的偿债能力是指企业用其资产偿还长期债务与短期债务的能力。企业有无支付现金的能力和偿还债务的能力，是企业能否生存和健康发展的关键。企业的偿债能力是反映企业财务状况和经营能力的重要标志。偿债能力是企业偿还到期债务的承受能力或保证程度，包括偿还短期债务和长期债务的能力。

企业在生产经营过程中，为了弥补自身资金的不足，经常会通过举债来筹集部分生产经营资金。企业的举债要以能够偿还为前提。如果企业不能按时偿还债务的本息，其生产经营就会陷入困境。

对于企业经营者来说，偿债能力的分析，有助于其做出正确的筹资决策和投资决策。经营活动现金流量越充足，企业的偿债能力就越强。但是，现金属于获利能力最弱的资产，持有现金越多，企业的获利能力就越弱。因此，企业既要让现金持有量满足偿债能力的需要，也要让现金的持有量处于一个合理的状态。

对于企业的投资者来说，企业只有保持较强的偿债能力，才可能有良好的理财环境，才有可能筹集到更多的资金，并节省筹资的费用成本，才有可能把握住有利的投资机会，从而为投资者带来更多的利润。

对于债权人来说，特别是银行等金融机构和基金会等非金融机构及债权投资者，它们出借资金就是为了获得利息收入，企业偿债能力的强弱是它们做出贷款决策的基础和决定性依据。如果债务人到期不能还本付息，那么债权人就不能从这种资金借贷业务中获取预期收益，而且会遭受一定的损失。遇到债务人破产，债权人将会遭受更大的损失。因此，债权人最关心的是企业的偿债能力。

如果财务状况不佳，偿债能力较弱，企业就很难通过举债筹集到更多的资金，即使能够筹资，也要付出非常高的筹资费用，这样企业就会丧失很多投资机会，导致机会成本上升。在这种情况下，企业的获利能力就会降低。如果财务状况继续恶化，企业资不抵债，甚至破产，投资者就会因此而遭受损失。企业保持一定的偿债能力，一方面可以降低企业的财务风险，不至于因无钱还债而陷入困境，甚至破产；另一方面，也树立了企业的良好形象和信誉，增强了债权人、投资人、政府机构等有关方面对企业的信心，使企业能够筹集到更多的资金，保持良好的外部环境，并维护良好的外部形象。

通过对企业财务报表的分析，企业的债权人、投资者、经营者以及其他报表使用者可以了解企业的偿债能力。企业的债务是要通过现金流量来偿还的，因此反映企业现金收支情况的现金流量表就成为报表使用者分析企业偿债能力的重要依据。

14.6.2 通过现金流量的相关指标对偿债能力进行分析

1. 用现金比率对企业的短期偿债能力进行分析

运用现金流量表分析企业的偿债能力，最为常用的指标是现金比率。现金比率是企业的现金与企业的流动负债总额的比率。现金比率是衡量企业短期偿债能力的一个重要指标。企业的流动负债是指一年内到期的负债，企业需要一定量的现金储备才能有流动负债的偿还能力。如果债务到期时，企业临时筹资去偿还，说明企业存在较大的财务风险。

对于企业的债权人来说，现金比率越高越好。因为现金比率越高，说明企业的现金持有量越足，短期偿债能力就越强。现金比率越低，说明企业的现金持有量越小，短期偿债能力就越弱。如果企业的现金比率等于或超过1，则现金余额等于或大于流动负债总额，说明企业只凭手中的现金就足以偿还流动负债，不需要其他流动资产的变现。对于债权人来说，这是最理想的状态。

对于企业的经营管理者来说，现金比率越高，则说明企业持有的现金越多。资产的变现能力和其盈利能力相反：流动性越差，盈利能力越强；流动性越强，盈利能力越差。现金是资产负债表上的第一个资产，是流动性最强的资产，也是盈利能力最差的资产。保持过高的现金比率，企业的资产则过多地保留在盈利能力最差的现金上，此时企业的偿债能力很强，但是盈利能力很差。企业的管理层是不会让过多的现金闲置的。因此，对于企业来说，只需要保持一定的偿债能力，不需要保持过高的现金比率。

现金比率的计算公式为：

现金比率＝现金余额/流动负债总额

现金余额的金额，通常等于现金流量表中"期末现金及现金等价物余额",是指企业在会计期末拥有的现金数额。流动负债总额,是指企业在会计期末拥有的各项流动负债总额,等于资产负债表中"流动负债合计"项目的期末数。需要注意的是,如果企业有将于一年内到期的长期负债,会计报表上应将其重分类至"一年内到期的长期负债",流动负债总额应包含这一部分的金额。

现金比率指标的计算较为简单。如果某企业 2020 年年末的"现金余额"为 200 万元,"流动负债总额"为 500 万元,此外,企业的存货、应收账款等流动资产合计为 400 万元,则该企业 2020 年年末的现金比率为 200/500=0.4。通过该指标的计算,可以看出企业具有一定的短期偿债能力。企业在需要偿还负债时,可以将应收账款和存货变现,不会发生财务风险。

2. 以现金流量指标对企业的偿债能力进行分析

现金比率是较为常见的分析偿债能力的指标。虽然现金流量指标相对而言受人为粉饰的可能性较小,但是,也有一些企业,为了在报表上显示自身有足够的偿债能力,会人为地对该指标进行调节。调节的主要方式有,在会计期末,推迟企业购货、提前偿还借款、抓紧收回应收账款等。通过这些方式,可以给债权人等报表使用者以错误的信息,人为地提高现金比率。实际上,这时的现金比率不是企业在正常经营活动中的指标,是中断了正常生产经营过程的指标,不能真实、客观地反映企业的偿债能力。

相对来说,以企业在一个会计期间内实际收到和支出的现金量与结存量进行分析,能够更真实、直观地了解企业的偿债能力。

运用现金流量分析企业的偿债能力,主要是将本期取得的现金流入与本期偿付的债务相比较,来确定企业的偿债能力。企业在本期内取得的现金流入,首先用来偿付各项债务。企业在本期内偿付的债务,包括以前各期借入而在本期内到期偿付的债务扣除本期借入在本期偿付的各项债务。企业在以前各期借入在本期到期偿付的债务,在上年年末的资产负债表上表现为期末余额,在本年年末的资产负债表上表现为期初余额。企业在本期内取得的现金流量，首先应用来偿付以前各期借入本期到期的债务，然后用来偿付本期发生的各项债务。

在正常的生产经营情况下，公司当期取得的现金流入，首先应满足生产经营活动的一些基本支出，如采购原材料、支付职工工资、支付日常经营管理费用、支付各项税费等。这些是为取得经营活动的现金流入所必须支出的，没有这些支出，就无法取得经营活动现金流入。企业取得的经营活动现金流入，必须在满足这些支出后，才能用于偿还债务，这样才能保证生产经营活动的顺利进行。在分析企业的偿债能力时，首先应该看企业当期取得的现金流入，在满足了生产经营活动的基本支出后，是否还足够用于偿还到期债务的本息。

需要注意的是，在确定偿债能力时，企业当期取得的现金流量不包括企业本期借入的现金数额。衡量偿债能力的现金流量指标，应该是企业在正常经营活动中产生的现金流量。我们主要考量的是在没有借入资金的情况下，企业当期的现金流入是否能偿还到期债务的本息。只有经营活动现金流量，才是企业偿债的重要来源。在企业失去获利能力时，不会有债权人将资金借给企业。此外，如果企业本期非经常性项目的净额为净支出，在分析企业的偿债能力时，可以将这部分净支出先从现金收入中扣除，因为它和经营活动的费用支出一样也是必须支付的，尽管它并不是为了取得收入而必需的。

企业当期可以用来偿还债务的现金，等于企业当期取得的全部现金收入，减去企业在筹资活动及投资活动中取得的现金（其中包括发行股票获得的现金、发行债券取得的现金、借入中长期贷款获得的现金，以及通过其他方式获得的投资或筹资活动中产生的现金），减去企业生产经营活动基本现金支出后的余额。用公式来表示如下：

可以用来偿还债务的现金＝全部现金流入－筹资活动现金流入－经营活动基本的现金支出＝经营活动现金流入＋投资活动现金流入－经营活动现金流出

应偿还的债务＝企业到期借款＋应付债券的本金＋支付的利息支出＋应支付的融资租赁固定资产的租赁费

可以用于投资、分派股利的现金＝可以用来偿还债务的现金－应偿还的债务

比较常见的有以下几个指标：

（1）现金流动负债比率。

现金流动负债比率是企业经营活动现金净流量与流动负债的比率，用公式表示为：

现金流动负债比率＝经营活动现金净流量／流动负债总额

该指标从现金流入和流出的动态角度对企业的实际偿债能力进行考察，反映本期经营活动所产生的现金净流量足以抵付流动负债的倍数。

由于净利润与经营活动产生的现金净流量有可能背离，有利润的年份不一定有足够的现金（含现金等价物）来偿还债务，所以利用以收付实现制为基础计量的现金流动负债比率指标，能更客观地体现企业经营活动所产生的现金净流量，可以在多大程度上保证当期流动负债的偿还，直观地反映出企业偿还流动负债的实际能力。

一般该指标大于1，表示企业流动负债的偿还有可靠保证。该指标越大，表明企业经营活动产生的现金净流量越多，越能保证企业按期偿还到期债务，但也并不是越大越好，该指标过大则表明企业流动资金利用不充分，盈利能力不强。

运用该指标时要注意以下两个问题。

一是对经营活动产生的现金净流量的计量。企业的现金流量分为三大类，即经营活动产生的现金流量、投资活动产生的现金流量、筹资活动产生的现金流量。计算企业现金流动负债比率时所取的数值仅为经营活动产生的现金流量。这是因为企业的现金流量来源主要取决于该企业的经营活动，评价企业的财务状况也主要是为了衡量企业的经营活动业绩。投资及筹资活动仅起到辅助作用且其现金流量具有偶然性、非正常性，因此用

经营活动产生的现金流量来评价企业业绩更具有可比性。

二是对流动负债总额的计量。流动负债总额中包含预收账款。由于预收账款并不需要企业当期用现金来偿付，因此在衡量企业短期偿债能力时应将其从流动负债中扣除。对于预收账款数额不大的企业，可以不予考虑。但如果一个企业存在大量的预收账款，则必须考虑其对指标的影响程度，进行恰当的分析处理。

另外，经营活动产生的现金净流量是过去一个会计年度的经营结果，而流动负债是未来一个会计年度需要偿还的债务，二者的会计期间不同。因此，这个指标是建立在以过去一年的现金流量来估计未来一年的现金流量的假设基础之上的。使用这一财务比率时，需要考虑未来一个会计年度影响经营活动现金流量变动的因素。

（2）到期债务本息偿付率。

到期债务本息偿付率是经营活动产生的现金流量与本期到期债务本息的比率，其计算公式为：

到期债务本息偿付率 = 经营活动产生的现金净流量 /（本期到期债务本金 + 现金利息支出）

该指标反映企业经营活动产生的现金净流量是本期到期债务本息的倍数，它主要是衡量本年度内到期的债务本金及相关的现金利息支出可由经营活动所产生的现金来偿付的程度。该比率越高，说明企业经营活动所产生的现金对偿付本期到期债务本息的保障程度越高，企业的偿债能力也越强。

流动负债可以分为两类：一类是融资性负债，即企业通过资本市场筹集的负债资金，如短期借款；另一类是经营性负债，即企业在生产经营中自动形成的负债，如应付账款。由于企业的付款政策一般比较稳定，因而在流动负债中，经营性负债在一定时期内一般都是相对稳定的，随着现金的流转，这部分负债具有在短期内的自我清偿性。

如果到期债务本息偿付率为负，即经营活动现金净流量为负值，表明企业的现金流转存在问题，经营性负债的自我清偿性受到破坏，此时不仅相应部分的经营性负债需要外部资金的支持，而且融资性负债也全部需要外部借款偿还，企业的偿债能力较差。

如果到期债务本息偿付率大于0而小于1，表明企业经营活动产生的现金不足以偿付本期到期债务的本息，经营性负债的清偿不存在问题，但融资性负债不能全部由经营活动创造的现金偿还，需要外部资金的支持。如果到期债务本息偿付率大于1，这时企业的偿债能力较强，企业不存在债务到期不能偿还的问题。

（3）到期融资负债本息偿付率。

到期融资负债本息偿付率是偿还债务所支付的现金与到期融资负债本息的比率，其计算公式为：

到期融资负债本息偿付率＝偿还债务所支付的现金/（短期借款＋一年内到期的长期负债＋现金利息支出）

该指标反映企业流动负债中融资性负债的支付情况，比率的高低反映了企业对外借款的偿还情况。如果偿还比率小于1，表明企业在经营过程中发生了债务拖欠现象，没有及时足额偿还借款，此时应结合到期债务本息偿付率，分析没有及时足额偿还借款的原因，是由于经营活动产生的现金不足以偿还，还是企业的主观原因。如果比率等于或者大于1，说明企业能够及时偿还到期的债务，企业资信不存在问题。

与流动比率和速动比率相比，以上三个指标更具有真实性、客观性和可靠性。通过以上指标的计算分析，可以使债权人对企业的短期偿债能力有真实的了解，从而为做出决策提供依据。

14.7 趋势分析

企业的现金收入、现金支出及其余额发生了怎样的变动，其变动趋势如何，这种趋势对企业是有利还是不利，这就是现金流量的趋势分析。

现金流量的趋势分析，可以帮助报表使用者了解企业财务状况的变动趋势，了解企业财务状况变动的原因，并在此基础上预测企业未来的财务状况，从而为做出决策提供依据。

趋势分析法的具体运用是：通过观察连续数期的会计报表，比较各期的有关项目金额，分析某些指标的增减变动情况，在此基础上判断其发展趋势，从而对未来可能出现的结果做出预测的一种分析方法。趋势分析是将连续多年的报表并列在一起加以分析，以观察变化趋势。连续多年，至少包括最近三年，甚至可以多至前五年、前十年。观察连续数期的会计报表，比单独看一期的会计报表能了解更多的信息和情况，有利于分析变化的趋势。

运用趋势分析法，报表使用者可以了解有关项目变动的基本趋势，判断这种变动趋势是有利还是不利，并对企业的未来发展做出预测。

主要方法有：

（1）环比分析法。环比分析法是指将项目本年数和前一年数相比较，从而计算出趋势百分比。环比分析法的比较基数均为前一期的数据，能更明确地说明项目的发展变化速度。

（2）定比分析法。定比分析法是指选定某一年作为基期，然后其余各年均与选定的基期做比较，计算出趋势百分比。这种方法的计算基准均为选定的基数，因此计算出的各会计期间的趋势百分比，能更加明确地反映出有关项目和基期相比发生了多大变化。

【例 14-2】 表 14-2 为 A 公司 2019～2022 年的现金流量表简表，我们可以根据这张表进行以 2019 年为基期的定比分析，以及以上年为基期的环比分析。

根据 A 公司 2019～2022 年的现金流量表有关情况，我们可以计算出以 2019 年为基期的定比分析表，如表 14-3 所示。

从表 14-3 可以看出，A 公司的现金流入在不断增加，2020 年与 2019 年相比增加了 26.96%，2021 年与 2019 年相比增加了 41.39%，2022 年与

2019 年相比增加了 70.31%。2019～2022 年的经营活动现金流入增长率均高于总的现金流入增长率，说明 A 公司的经营活动处于向上发展的良好态势。投资活动现金流入有所增长，说明 A 公司的投资政策较为稳健。筹资活动现金流入逐年下降，说明 A 公司对筹资的依赖性逐渐减少。主要原因是经营活动现金的流入大于投资活动现金的流入，使 A 公司不再需要过多对外融资，融资成本有所降低。

表 14-2　A 公司 2019～2022 年现金流量表

（单位：万元）

项目	2019 年	2020 年	2021 年	2022 年
现金流入	4 187	5 316	5 920	7 131
其中：				
经营活动现金流入	3 547	4 690	5 280	6 398
投资活动现金流入	260	298	328	435
筹资活动现金流入	380	328	312	298
现金流出	3 719	4 005	4 817	5 385
其中：				
经营活动现金流出	3 084	3 340	4 080	4 360
投资活动现金流出	325	379	439	498
筹资活动现金流出	310	286	298	527

表 14-3　A 公司现金流量定比分析表

（%）

项目	2019 年	2020 年	2021 年	2022 年
现金流入	100	126.96	141.39	170.31
其中：				
经营活动现金流入	100	132.22	148.86	180.38
投资活动现金流入	100	114.62	126.15	167.31
筹资活动现金流入	100	86.32	82.11	78.42
现金流出	100	107.69	129.52	144.80
其中：				
经营活动现金流出	100	108.30	132.30	141.37
投资活动现金流出	100	116.62	135.08	153.23
筹资活动现金流出	100	92.26	96.13	170.00

A 公司的现金流出也在不断增加，但总体低于现金流入的趋势。2020年与 2019 年相比增加了 7.69%，2021 年与 2019 年相比增加了 29.52%，2022 年与 2019 年相比增加了 44.80%。2022 年经营活动现金流出比总的现金流出下降了 3.43 个百分点。2019～2022 年的投资活动现金流出增长率均高于总的现金流出增长率，说明公司的投资活动投入在加大，与公司投资活动现金流入的增长趋势基本保持一致。筹资活动现金流出于 2019～2021 年均有所下降，而 2022 年大幅上升，说明公司大量借款到期，用于还款的现金支出大幅增长。另一种可能是公司将更多的现金用于利润分配，以回报投资者。

根据 A 公司 2019～2022 年的现金流量表有关情况，我们可以计算出以上年为基期的环比分析表，如表 14-4 所示。

表 14-4　A 公司现金流量环比分析表

(%)

项目	2019 年	2020 年	2021 年	2022 年
现金流入	100	126.96	111.36	120.46
其中：				
经营活动现金流入	100	132.22	112.58	121.17
投资活动现金流入	100	114.62	110.07	132.62
筹资活动现金流入	100	86.32	95.12	95.51
现金流出	100	107.69	120.27	111.79
其中：				
经营活动现金流出	100	108.30	122.16	106.86
投资活动现金流出	100	116.62	115.83	113.44
筹资活动现金流出	100	92.26	104.20	176.85

从表 14-4 可以看出，公司的现金流入增长速度于 2021 年有所减缓，2022 年有所上升。经营活动现金流入的增长速度与 2019 年相比有所上升，但增长趋势并不是很有规律。投资活动的现金流入 2020～2021 年较为稳定，2022 年大幅增长，比 2019 年增长了 32.62 个百分点。筹资活动的现金流入基本为负增长，且趋势较为稳定。

公司的现金支出也在增长，但增幅不大，其变动趋势与经营活动现金流入的趋势基本一致。投资活动的流出较为稳定，与投资活动的现金流入趋势基本一致。筹资活动现金流出大幅增长，尤其在2022年上升了76.85个百分点，说明公司2022年的筹资活动现金流出增幅很大。

从上面的分析我们还可以看出现金流量结构的变化趋势。在现金流入方面，筹资活动呈现负增长的趋势，使筹资活动的现金流入在全部现金流入中的比重不断下降。而经营活动和投资活动的现金流入逐渐增长，说明A公司正处于向上发展的趋势。和经营活动现金流入相比，经营活动现金流出增长速度较慢，与总的现金流出增长趋势基本保持一致。投资活动现金流出的趋势比较稳定，而筹资活动的现金流出增幅较大，使其在总的现金流出中的比重不断上升。

14.8 支付能力分析

企业在生产经营过程中，除了用现金偿还贷款外，还需要用现金购买货物，支付工资，支付税金，支付各种经营费用，进行对内对外投资，向投资者支付股利、利润等。企业如果没有足够的现金来支付这些款项，那么企业正常的生产经营活动就不能顺利进行，企业就无法成长发展，投资者就无法取得投资回报。所以无论是企业的投资者还是经营者，都非常关心企业的支付能力，需要通过对现金流量表进行分析，来了解企业的支付能力。

对企业的经营者和投资者来说，企业的支付能力分析具有十分重要的意义。对企业的经营者而言，企业的支付能力是做出筹资和投资决策的重要依据之一。如果企业当期所取得的经营活动现金流入和投资活动现金流入在偿付本期债务后能够足以支付经营活动的各项支出，说明企业不需要举借外债即可以满足生产经营活动的需要。如果企业当期所取得的经营活动现金流入和投资活动现金流入在偿付本期债务后不能够支付经营活动的各项支出，那么企业就需要通过借款等方式筹集资金来满足生产经营活动的需要。

　　如果企业本期及以后各期取得的经营活动现金流入和投资活动现金流入在偿付债务以及满足经营活动的各项支出后仍有一定的盈余，这部分盈余如果保留在现金里，将会削弱企业的获利能力。企业可以考虑购买设备来进行对内投资，或者对外投资有成长性的企业，以提高企业的获利能力，促进企业持续发展。企业还可以充分利用财务杠杆，通过举借外债、发行债券等方式筹集资金，以此进行对内或对外投资，通过较低的利息获取更高的收益率。如果企业本期取得的经营活动现金流入在偿还债务、满足生产经营活动支出、对内对外投资以及非经常性支出后仍有大量盈余，或者是企业历年积存的盈余很大，企业可以做出分派股利和利润的决策，以回报投资者，提高投资者的信心。

　　对企业的投资人而言，如果企业具有很强的支付能力，每年在偿还借款、满足经营活动的开支后，还能够分派股利，那么投资者就能够在较短的时间内收回投资成本，这会使投资者增强对企业的信心，愿意投入更多的资本用于企业扩大经营，增强企业的实力。相反，如果企业的支付能力较差，尽管账面上有很多的利润，却没有充足的现金流用于偿还债务、支付经营所需资金、分配股利，投资者就会对企业失去信心，不再向企业投入资金，甚至要求企业放弃投资项目，将资金用于股利分配，进而影响企业的获利能力。

　　通常从以下三个方面分析企业的支付能力：

　　（1）普通股每股净现金流量：该指标是经营活动现金净流量与流通在外普通股股数之比，用来反映企业支付股利和资本支出的能力。一般来说，该比率越大，企业支付股利的能力及资本支出能力越强。

　　（2）支付现金股利的净现金流量：该比率是经营活动现金净流量与现金股利之比，用来反映企业年度内使用经营活动现金净流量支付现金股利的能力。该比率越大，企业支付现金股利的能力越强。

　　（3）支付能力综合分析：支付能力的分析，主要是通过企业当期取得的现金收入，特别是其中的经营活动现金收入与现金的各项开支的比较进行的。

将企业本期经营活动所取得的现金收入与企业本期所偿还的债务、企业经营活动所发生的各项支出进行对比，可以确定可用于投资和发放股利的现金。如果企业本期有投资活动取得的现金收入，可以将这部分收入加入经营活动的现金收入，这样，将企业当期取得的现金收入与偿还债务、经营活动各项支出相抵后的余额，即为企业可用于投资和分派股利的现金。

企业取得的收入，首先要用于偿还债务，然后用于满足企业的各项生产经营活动开支。企业在本期内偿还的债务，既包括各项借款，也包括应付账款、应付职工薪酬等负债。这些债务，一部分通过现金流量表中的筹资活动现金流量反映，如"偿还债务支付的现金""分配股利、利润或偿付利息支付的现金"等项目；另一部分通过经营活动现金流量反映，如"购买商品、接受劳务支付的现金""支付给职工以及为职工支付的现金""支付的各项税费"等项目。如果企业本期有投资活动所取得的现金流入，也可以作为可用于支付现金支出的现金。企业当期取得的现金流入减去偿还债务、经营活动各项支出、非经常性项目的净支出后的余额，即为企业可用于投资和分派股利的现金。用公式可表示为：

可用于投资、分派股利的现金＝（本期经营活动现金流入＋投资活动现金流入＋非经常性现金流入）－（偿还借款、偿付债券等现金流出＋经营活动各项开支＋非经常性现金流出）

如果企业可用于投资、分派股利的现金小于零，则说明企业当期经营活动的现金流入加上投资活动的现金流入不足以支付企业的债务和经营活动日常开支，需要通过筹资活动来弥补这方面的不足。

【例14-3】A公司2022年经营活动现金流入为5 000万元，投资活动现金流入为150万元，非经常性项目的现金流入为30万元。同期A公司的经营活动现金流出为3 000万元，偿还借款支付的现金为300万元，支付利息等融资费用30万元，非经常性现金流出为20万元，则A公司可用于投资、分派股利的现金支出为：

（5 000+150+30）-（3 000+300+30+20）=1 830（万元）

通过分析可知，A公司当期的经营活动和投资活动、非经常性项目的现金流入足以偿付债务，支付日常经营活动开支，并有一定的余额可用于企业的积累扩大或股利分配，企业的成长性较好。

14.9　对现金流量表应做综合性的分析

对于现金流量表的分析，最重要的是要和其他报表相结合，进行综合性的分析。

1. 与利润表相结合进行分析

在具体的分析过程中，我们既可以将现金流量表的有关指标与利润表的相关指标进行对比，也可以将利润表的数据与现金流量表的数据结合起来，生成一些新的财务指标，以从不同的角度对企业的经营业绩与盈利质量进行评价。

联系利润表以及现金流量表的财务指标主要包括：

（1）经营活动现金流量净增加额与净利润之比。该指标反映被投资公司年度内每一元净利润中包含多少经营活动现金净流量，该比值越大意味着公司利润中水分越少，反之则说明其获取利润可能主要是依赖于非经常性的收益，如公允价值变动收益、处置长期资产的收益、对外投资收益、政府补助收入等，这些收益不具备长期稳定性，公司可持续盈利能力值得质疑。当然，也只有在企业经营正常，既能创造利润又能获得现金净流量的时候，分析这一比例才有意义。

（2）销售商品、提供劳务收到的现金与营业收入之比。该指标大致反映企业销售回收现金的情况以及企业销售的质量，收现数所占比重大表明企业的销售政策和收账政策较为严格，能够保证货款的及时收回。

（3）经营活动现金净流量与当期营业收入之比。该指标反映企业在会计期间每实现一元营业收入，能够获得多少现金净流量。该比率高表明企业不仅能及时回收货款，而且可以有效控制成本支出。

2. 与资产负债表相结合进行分析

相对于利润表，资产负债表主要是用来反映企业在某一特定时点的风险状况，其中既包括由企业资产结构所决定的经营风险，也包括由企业权益结构所决定的财务风险。现金流不仅可以用来帮助评价企业的盈利能力，更是企业偿还债务、支付股利的保证，是对企业抵御风险能力的直接衡量，因此同样可以为资产负债表信息提供有益的补充。

结合现金流量表可以获得一些财务指标，比如经营活动产生的现金净流量与流动负债、负债总额之比，可以用来反映被投资单位在一定期间，每一元负债得到多少经营性现金净流量的支撑，也可以计算经营活动产生的现金净流量与期末到期应付的长短期借款本息之比，用以衡量被投资单位用经营活动现金流入净额支付到期债务本息的能力。

14.10 重点关注现金流的操纵

1. 现金流的操纵动机

（1）粉饰盈利质量。目前监管部门对于现金流量数据在投资分析中所扮演的重要角色越来越重视，财务分析师也往往把经营性现金净流量与净利润的背离看成是影响公司盈利质量的一个重要的风向标。纯粹的盈余操纵可能达不到管理者的目的，上市公司为了使经营活动现金流量的指标与净利润指标相匹配协调，避免遭到投资者的质疑，就有动机对经营活动现金净流量进行操纵，如公司前三季度经营性现金流量高于净利润，就可能在第四季度采取减少经营性现金流量的行为，为修饰未来的财务报表提供储备，反之则可能调增经营性现金流量。

（2）满足监管的要求。现金流量的指标，特别是经营活动产生的现金流量净额的指标，已经受到监管方的重视，是新股发行资格审核中的重要内容，成为新股发行契约中的隐形条款。当有股权再融资的可能和现实需求时，为了当前或以后更顺利地通过监管方的审核，公司可能会对现金流量进行操纵。

（3）掩盖资金的占用和不实。上市公司大股东占用上市公司的资金，现在已经引起了广泛的社会关注，在强烈的利益驱使下，这类行为在许多公司中存在，而且变得十分隐蔽。目前资金占用的表现主要为高额的应收账款，或者直接虚增货币资金，在财务舞弊导致现金流不足的情况下，公司可能通过伪造银行存款对账单、函证等方式，掩盖账实差异。

2. 现金流操纵的主要手法

（1）利用准则提供的判断空间与选择余地。现金流量按三大类活动的分类，给现金流量表留下判断的余地和选择的空间，公司出于美化经营活动现金流量的需要，有可能将实质上属于投资、筹资活动的现金流纳入经营活动的现金流。

（2）利用往来款影响现金收付的发生时间。公司往往通过在第四季度加快货款回收清理资金占用，延长采购付款期限，由关联方代垫费用支出等方式，增加经营活动现金流量，从而达到粉饰年度现金流量的目的。

主要手法：通过期末收回应收账款，期初再予以大量返还来降低期末的应收账款余额；为客户提供货款担保或其他融资服务，促使客户清偿所欠货款，大幅度降低期末应收账款余额；将应收账款转让给母公司或其他不需要纳入合并范围的关联方；对应收票据进行贴现；虚构交易对经营活动现金流直接造假；配合收入造假虚构销售收现，同时通过虚构现金支出将其转化为其他资产。

3. 对现金流操纵进行分析的主要思路

（1）关注现金流量表中与其他活动相关的现金。如果这些项目的金额巨大，那么就应当对数额较大的事项进行单项填列，并据此进行分析。

（2）检验现金流量表与资产负债表、利润表之间的钩稽关系。资产负债表、利润表和现金流量表之间存在内在逻辑关系，可以从另外两张表的各项目变动中，寻找公司经营性现金流量增减的实质。如果钩稽关系出现不一致，就应当对现金流量表进行进一步分析。

（3）关注与现金流相关的敏感性特征或科目。公司有大量的经营现金流的余额，又不进行股利分配，而是把这些现金投资于无形资产或者一些无法确认其存在和具体价值的固定资产，此时现金流量值得怀疑。如果公司一方面在账面上长期保留大量的现金余额，另一方面银行贷款或融资成本却不断增加，往往意味着公司的货币资金被质押或者存在虚构。

（4）关注财务报表的附注与细节。财务报表之间的内在联系，决定了各个报表之间无论是当期还是前后期，都必须保持一定的钩稽关系。如果公司对财务进行操纵，那么本期进行操纵，下一期也要进行操纵，另外也要在其他报表和附注方面进行相应的虚构。比如关注公司使用受限的资金是否与附注中披露的信息相匹配。

（5）关注公司现金流量的记录或者是第四季度的异常变化，以及公司在进行再融资前年度现金流的变化。

参考文献

[1] 王晓钊,陈敏.我国财务报表列报的变迁与评析:现金流量表列报的变迁与评析[J].会计之友,2012(12).

[2] 中国注册会计师协会.会计[M].北京:中国财政经济出版社,2020.

[3] 凌辉贤.现金流量表编制跟我学[M].广州:广东经济出版社,2010.

[4] 杜安国.透过现象看本质:现金流量表编制案例分析[M].上海:立信会计出版社,2009.

[5] 瑞华会计师事务所技术与标准部.计学撮要:会计审计实务前沿专题研究(2013)[M].上海:立信会计出版社,2013.

[6] 徐峥,郑庆华.子公司处置后合并现金流量表的编制[J].财务与会计,2019(16):38-42.

[7] 徐峥,夏诗源.现金流量表编制中的特殊考虑[J].新会计,2019(10):62-64.

[8] 徐峥.政府补助在现金流量表中的列报[J].中国注册会计师,2018(12):88-90.

[9] 徐峥.现金流量表附表编制应注意的问题[J].财务与会计,2015(20):59-61.

财务知识轻松学

书号	定价	书名	作者	特点
45115	39	IPO财务透视：方法、重点和案例	叶金福	大华会计师事务所合伙人经验作品，书中最大的特点就是干货多
58925	49	从报表看舞弊：财务报表分析与风险识别	叶金福	从财务舞弊和盈余管理的角度，融合工作实务中的体会、总结和思考，提供全新的报表分析思维和方法，黄世忠、夏草、梁春、苗润生、徐珊推荐阅读
62368	79	一本书看透股权架构	李利威	126张股权结构图，9种可套用架构模型；挖出38个节税的点，避开95个法律的坑；蚂蚁金服、小米、华谊兄弟等30个真实案例
52074	39	财报粉饰面对面	夏草	夏草作品，带你识别财报风险
62606	79	财务诡计（原书第4版）	（美）霍华德·M·施利特 等	畅销25年，告诉你如何通过财务报告发现会计造假和欺诈
58202	35	上市公司财务报表解读：从入门到精通（第3版）	景小勇	以万科公司财报为例，详细介绍分析财报必须了解的各项基本财务知识
67215	89	财务报表分析与股票估值（第2版）	郭永清	源自上海国家会计学院内部讲义，估值方法经过资本市场验证
58302	49	财务报表解读：教你快速学会分析一家公司	续芹	26家国内外上市公司财报分析案例，17家相关竞争对手、同行业分析，遍及教育、房地产等20个行业；通俗易懂，有趣有用
67559	79	500强企业财务分析实务（第2版）	李燕翔	作者将其在外企工作期间积攒下的财务分析方法倾囊而授，被业界称为最实用的管理会计书
67063	89	财务报表阅读与信贷分析实务（第2版）	崔宏	重点介绍商业银行授信风险管理工作中如何使用和分析财务信息
58308	69	一本书看透信贷：信贷业务全流程深度剖析	何华平	作者长期从事信贷管理与风险模型开发，大量一手从业经验，结合法规、理论和实操融会贯通讲解
55845	68	内部审计工作法	谭丽丽 等	8家知名企业内部审计部长联手分享，从思维到方法，一手经验，全面展现
62193	49	财务分析：挖掘数字背后的商业价值	吴坚	著名外企财务总监的工作日志和思考笔记；财务分析视角重于为管理决策提供支持；提供财务管理和分析决策工具
67624	49	新手读财报：业务、数据、报表与财务分析实战	郑瑞雪	零基础财报入门，业财融合视角，大量案例，配有练习题和答案
66825	69	利润的12个定律	史永翔	15个行业冠军企业，亲身分享利润创造过程；带你重新理解客户、产品和销售方式
60011	79	一本书看透IPO	沈春晖	全面解析A股上市的操作和流程；大量方法、步骤和案例
65858	79	投行十讲	沈春晖	20年的投行老兵，带你透彻了解"投行是什么"和"怎么干投行"；权威讲解注册制、新证券法对投行的影响
65894	79	一本书看透价值投资	林奇 何天峰	基金经理长线投资经验；13个行业专题研究，36家龙头上市公司案例分析，8大选股指标
67511	69	我在通用汽车的岁月	阿尔弗雷德·斯隆	经典商业著作，畅销50多年；译文准确、流畅
68421	59	商学院学不到的66个财务真相	田茂永	萃取100多位财务总监经验
68080	79	中小企业融资：案例与实务指引	吴瑕	畅销10年，帮助了众多企业；有效融资的思路、方略和技巧；从实务层面，帮助中小企业解决融资难、融资贵问题
68640	79	规则：用规则的确定性应对结果的不确定性	龙波	华为21位前高管一手经验首次集中分享；从文化到组织，从流程到战略；让不确定变得可确定
69051	79	华为财经密码	杨爱国 高正贤	揭示华为财经管理的核心思想和商业逻辑
68916	99	企业内部控制从懂到用	冯萌 宋志强	完备的理论框架及丰富的现实案例，展示企业实操经验教训，提出切实解决方案